乡村旅游
发展现状与创新研究

李巧义 著

中国原子能出版社

图书在版编目（ＣＩＰ）数据

乡村旅游发展现状与创新研究 / 李巧义著 . -- 北京：
中国原子能出版社, 2019.11（2023.1重印）
　ISBN 978-7-5221-0182-8

　Ⅰ . ①乡… Ⅱ . ①李… Ⅲ . ①乡村旅游—旅游业发展
—研究—中国 Ⅳ . ①F592.3

中国版本图书馆 CIP 数据核字（2019）第 257408 号

乡村旅游发展现状与创新研究

出版发行	中国原子能出版社（北京市海淀区阜成路43号　100048）	
责任编辑	王　青　刘　佳	
责任印制	赵　明	
印　　刷	河北宝昌佳彩印刷有限公司	
经　　销	全国新华书店	
开　　本	787mm×1092mm　　　1/16	
印　　张	14	**字　数**　250千字
版　　次	2019年11月第1版　　2023年1月第2次印刷	
书　　号	ISBN 978-7-5221-0182-8	**定　价**　72.00元

前　言

我国是一个传统的农业大国,农村在我国的经济发展过程中具有重要的意义。随着经济建设和现代化建设的不断发展,我国的农村生活水平得到显著的提高,农村的环境和娱乐设施也有明显的改善。当前,农村旅游已经成为农村经济发展的主要方式之一。农村旅游作为一种经济发展模式,不仅为我国的农村经济发展提供新的思路和途径,还有利于促进城乡的一体化发展,有利于减小城乡的发展差距,对我国社会的和谐和稳定也具有重要意义。

然而,乡村旅游在其发展过程中,也出现了一些问题,例如,乡村旅游的发展方式较为单一,在创新性上有明显的限制等,为了解决这些问题,我国的相关研究机构和专家正在进行积极的探索。在对农村居民生活基础保障和环境改善的过程中,乡村旅游建设被列入社会发展进程条款中并进行贯彻落实。

本书基于乡村旅游的发展现状,对乡村旅游进行创新研究,首先概述了乡村旅游的基本概念、特点以及起源发展等,其次分析了乡村旅游的发展现状,然后详细地探讨了乡村旅游模式与规划创新、乡村旅游产品开发创新以及乡村旅游营销策略创新,最后对乡村旅游活动与环境保护进行了总结和讨论。

本书在编写过程中借鉴了许多专家的研究成果,参阅了大量的文献资料,谨致真挚感谢。由于时间仓促,作者水平有限,文中若有不足之处,热烈欢迎广大读者提出宝贵意见。

目　录

第一章　乡村旅游概述

世界最原始的乡村旅游缘于古人的求生存谋发展,捕猎和驯养是其最初形式。远古的先民们为了生存而进行的奔波、流浪之旅饱含行路过程中胜利的愉悦、失败的懊丧和对未来的希望,是原始人从生存斗争中引发出的旅行或旅游的原始模式,揭开了乡村旅游的序幕。夏、商、周时期的男女相约而游、春天的"修禊之旅"、先秦游学、帝王巡游、外交聘问、宫廷婚旅、学子游学、谋士游说、王侯游猎等丰富多彩的功利旅游活动,都发生在广袤的乡村地区。自唐朝起,城郊游乐,旅游下移,春节、元宵节、寒食节、清明节等时节踏青游春,附以荡秋千、踢足球、打马球、拔河、斗鸡等游乐活动,形式多样。

18 世纪后半期,乡村旅游作为一种社会休闲活动而正式在欧洲出现,受"浪漫旅游者"的影响,尤其在斯科特的文学作品和特纳油画的感召下,大量的旅游者涌入苏格兰高地。1865 年意大利"农业与旅游全国协会"的成立拉开了国际乡村旅游的序幕。20 世纪 20 年代,铁路的发展使更多的人能够去往乡村,从而使乡村旅游发展迅速。在英国、德国、美国、加拿大、澳大利亚、新西兰、西班牙等发达国家,乡村旅游已逐渐成为大众化的社会活动。

现代意义上的乡村旅游在我国出现较晚,以 1978 年中国台湾苗栗县大湖葡萄园的偶然开辟为发端。此后,改革开放较早的深圳举办荔枝节,各地效仿,也纷纷开办了各具特色的观光农业项目。20 世纪 90 年代初,北京、广东、上海、苏南、山东等地乡村旅游悄然兴起,并以 1998 年的"华夏城乡游"正式拉开乡村旅游序幕。1999 年推出"生态旅游年",以"返璞归真,怡然自得"为口号,推出观鸟、徒步、垂钓、探险、登山等乡村旅游活动;2002 年推出"民间艺术游";2004 年为"中国百姓旅游年"等。至此,中国乡村旅游进入前所未有的发展时期,乡村旅游市场也出现了空前繁荣。2004 年、2005 年国务院 1 号文件先后两次将"三农"问题提到前所未有的高度,因乡村旅游是解决"三农"问题的助推剂,是旅游扶贫的"试金石",所以受到各地乡村的高度重视。党的十八大以来,实施精准扶贫、精准脱贫,开创了扶贫工作的新局面。2017 年 5 月,农业部办公厅印发了《关于推动落实休闲农业和乡村旅游发展政策的通知》,旨在促进、引导休闲农业和乡村旅游持续健康发展，加快培育农业、农村经济发展新动能，壮大新产业、新业态、新模式，推进农村二、三产业融合发展。党的十九大报告提出实施乡村振兴战略，乡村振兴战略是今后解决"三农"问题、全面激活农村发展新活力的重大决策。

"城乡融合发展"不仅要求注重城市发展质量，也要求把农村建设成美丽乡村，并使二者互补共生。进一步扫除"三农"发展障碍，促进城市对农村的反哺，努力推动农村、农民和农业的发展，是实现中国经济社会持续稳步向前发展的重要环节，也是建设和谐社会的必然要求。

乡村旅游是利用乡村资源充分发挥其多重价值的一种重要旅游类型，是乡村振兴战略的重要发展方向。乡村旅游在促进农业产业结构调整，充分发挥农业的多种功能，吸引人才、科技、资金等资源向农业投入，打破乡村地区相对封闭的经济社会运行环境，重构农村社会和经济系统，增强农民的自我发展能力和提高农民的生活质量，促进乡村地区的内生化发展等方面发挥着重要的作用，是解决"三农"问题的重要途径，能够有力地推动乡村地区社会经济的快速发展。

乡村旅游很少是以旅游单体而存在的，它往往是以一定区域范围内的所在目的地作为整体旅游产品。其中的旅游项目会受到目的地的自然条件、社会环境、基础设施和旅游服务设施等诸多因素的影响。

生态性是乡村旅游目的地环境的重要特性，乡村旅游目的地环境生态性顺应乡村旅游的发展趋势。认识乡村旅游目的地环境生态性的内涵和特征，明确乡村旅游目的地环境生态性的要素，是乡村旅游目的地环境生态性规划和管理的基础。对乡村旅游目的地展开环境生态性评价，不仅可以对旅游资源的合理开发提供依据和保障，更可以实现资源的高效配置，实现其可持续发展价值。为了科学评价乡村旅游目的地的环境生态性，必须探索乡村旅游目的地环境生态性的评价方法，构建乡村旅游目的地环境生态性评价指标体系，明确评价过程。根据评价模型及结果进行的乡村旅游目的地生态环境规划具有科学性和客观性。

生态环境保护与利用是新时代的大主题之一，开展乡村旅游活动，必须注意保护当地村庄、农田、林地、水域等自然和人文环境，实现可持续发展。首先要尽可能地减少对原有地形地貌的破坏，确保乡村的自然资源不受到破坏；其次是对乡村旅游目的地附近的湖泊、河流和村内的溪水及其周围水环境进行保护，同时在能耗方面也要大力提倡可再生清洁能源的使用。在遵循保护环境的大准则之下，对不同类型的乡村旅游目的地进行生态环境的规划。面对我国乡村旅游目的地存在的诸多问题，需要通过科学有效的乡村旅游目的地环境生态管理来改善现状，特别需要注意的是，在此过程中一定要加强城乡交流，促进乡村发展。

第一节　乡村旅游的概念

乡村旅游概念的界定是构建乡村旅游经营与管理的理论基石。但由于乡村概念的复杂性与广博性，导致乡村旅游在理解上的多元化。关于乡村旅游的概念，国内外学者莫衷一是，以下分别从国外与国内两个角度对乡村旅游进行阐释。

一、国外乡村旅游定义

1990 年，Gilbert 和 Tung 对西班牙的农场、牧场开发乡村旅游情况进行了研究，之后将乡村旅游定义为：乡村旅游就是农场主或农户为旅游者提供餐饮、住宿等基本条件，旅游者可在其经营范围内的农场、牧场等具有农村典型特征的自然环境中进行各种娱乐、休闲和度假等活动的一种旅游形式。

Bramwell 和 Lane（1994）侧重于研究游客的活动方式，他们认为：乡村旅游是涉及几个层面的旅游活动。其中，体现传统文化的民俗活动是其中的重头戏。他们提出了一个较为全面的乡村旅游概念，并描述了乡村旅游的 5 个核心特性：

（1）地处乡村；

（2）旅游活动是乡村的，活动内容与传统乡村的生产、生活以及乡村自然紧密相连；

（3）小规模化；

（4）旅游活动受当地乡村社区控制；

（5）乡村地域的复杂性决定了乡村旅游类型的多样性。

这虽与中国当今的乡村旅游发展形式与现状有较大差异，但为中国更好地理解乡村旅游的内涵以及未来乡村旅游的可持续发展方向提供了思想借鉴。Lane 还进一步阐述了乡村旅游、农业旅游及农场旅游的关系，他认为后两者是乡村旅游的重要组成形式之一。

欧盟（EU）和世界经济合作与发展组织（OECD）将乡村旅游（Rural tourism）简单地定义为"发生在乡村的旅游活动"。

世界旅游组织（UNWTO）认为乡村旅游（Rural tourism）是指旅游者在乡村（通常是偏远地区的传统乡村）及其附近逗留、学习、体验乡村生活模式的活动。

尼尔森（Nilsson）认为乡村旅游是替代旅游（Alternative tourism）的一种，是一种基于什么是城市与什么是乡村之间的思想观念上的生活风格。

二、国内乡村旅游定义

国内学者从 20 世纪 90 年代就开始关注乡村旅游。杜江以吸引物作为重点展开研究后认为：农业、农村、农事和传统民俗是乡村旅游的主要吸引物，通过吸引物将参观考察、娱乐购物、吃住度假等一系列活动融为一体，这种旅游形式可称为乡村旅游。肖佑兴则从各个不同的视角对乡村旅游的概念进行了分析，他认为乡村旅游是指依托农村特定的空间分布格局，把乡村特有的自然田园风光、民间特色建筑、农事生产模式和乡风民俗文化等作为对象，最大化地利用城市与乡村的差异性来规划设计旅游线路并组合成旅游产品，将观光、游览、娱乐、休闲、度假和购物融为一体的一种旅游形式。乌恩从吸引物的角度对传统农村发展乡村旅游进行研究后得出结论：乡村旅游的发生地必须是传统的农村地区，旅游的主要吸引物集中在农村自然环境、当地特色物产和传统典型的生产生活方式，但同时又要排除大量资金和科技投入，需要专门建设接待、服务等基础附属设施。并认为"乡村旅游"应该属于"农业旅游"的范畴。贺小荣认为，所谓乡村旅游就是指以乡村地域上发生的一切可吸引旅游者的旅游资源为凭借，以满足观光、休闲、度假、学习、购物、娱乐等各种旅游需求为目的的旅游消费行为以及由其引起的各种现象和关系的总和。戴斌等以时空和环境为要素对乡村旅游展开了研究，他们认为，乡村旅游是指旅游者以农村特定的时空和环境为依托，将农村的自然景观格局和特色人文环境作为主要活动对象，将吃、住、行、游、购、娱融合在一起。蒙睿等归纳了国内外乡村旅游概念界定的 30 多种提法后，对乡村旅游必须具备的六个本质特征进行了阐述：

（1）乡村旅游是一个处于不断变换之中的时空概念；

（2）乡村旅游作为一个组合体系，融合了观光、体验、休闲、度假等一般性的旅游活动；

（3）乡土性是乡村旅游的本质属性，囊括了大农业的生产方式和农、林、牧、渔各具特色的文化；

（4）乡村生态环境是开展乡村旅游的核心吸引物；

（5）城市居民成为了乡村旅游的主要客源；

（6）社区参与也是乡村旅游的特性之一，乡村旅游的开展必须要为当地居民创造经济效益。

李洪波认为，乡村旅游是指以乡村特色旅游资源为基础，以乡村聚落空间为主要限定范围，以休闲作为旅游者主要目的的旅游活动。韩宾娜等将乡村旅游定义为发生在乡村地区，以乡村景观为主要吸引物，将城市居民作为主要目标市场，达到满足旅游者体验乡村特色目的的旅游体验活动。

随着旅游需求结构的升级，我国乡村旅游概念也在不断丰富和延展，呈现出本地化的特点。王素洁认为乡村旅游有广义与狭义之分，广义是指发生在乡村地区，以乡村性、体现社会主义新农村特点的乡村风貌和乡村文化为核心吸引要素的旅游活动；乡村旅游的狭义则是发生在乡村地域，以真实的乡村资源和环境为依托，以真实的乡村性为核心吸引物的旅游活动。尤海涛等认为乡村旅游核心吸引力是由乡村性和乡村性决定的乡村意象构成，乡村性包括乡村景观和乡村文化，乡村意象包括乡村景观意象和乡村文化意象，是人们对乡村的精神印象。夏学英和刘兴双定义乡村旅游是发生在乡村地区，旅游活动的目的是欣赏、体验乡村风光、风情、风物和新农村建设中取得的成就。

上述专家学者们从各自研究领域出发，对乡村旅游进行了多元化论述，可归纳为三个方面：

（1）其客源多为城市近郊居民；

（2）旅游活动依托于特定的时空环境，以农村特有的自然景观和特色人文景观为主要吸引物；

（3）城市居民为了舒缓压力、愉悦身心、了解农村等目的而进行的专项旅游活动。

因此，乡村旅游是以乡村特有的田园风情与独特的人文景观为核心资源，吸引城市居民到乡村进行的以休闲、度假、观光、娱乐、研学和康养等为目的的专项旅游活动。

第二节　乡村旅游的特征

相对于传统的观光旅游、会议旅游、探险旅游或研学旅游，乡村旅游有其自身的特点。

一、乡村性

乡村性是乡村旅游的本质特征，表现在三个方面。

（一）乡村景观特有的丰富性

无论是清新质朴的自然风光，还是独具魅力的风土人情，抑或是风味独特的当地菜肴，古朴的村落民居，原始的劳作形态，传统的手工制作，都具有鲜明的地方特色、乡土气息与民族特色，都是乡村历经千年积淀和传承的生态文明与农耕文明，这些"古、始、真、土"的景观特质是乡村特有的资源禀赋，吸引着城市居民到乡村开展丰富多元的旅游活动，如风光摄影、古镇怀远、秘境探险等。

阳春三月，春暖花开。具有"中国最美梯田"的江西省婺源县篁岭古村落内，油菜花盛然绽放，与白墙黛瓦的徽派民居交相辉映，在春光照射下，宛如金龙舞动，气势磅礴，唯美壮观，吸引了众多游客前去赏花摄影。具有"四菜一汤"形制的福建土楼——永定客家土楼堪称世界一绝，它以历史悠久、种类繁多、规模宏大、结构奇巧、内涵卡富、功能齐全而著称于世，被誉为"世界上独一无二的、神话般的民居建筑奇葩"，因此被评为世界文化遗产。置身土楼，可以感悟100多年前闽商安土重迁的家国理念，凭吊昔日的流金岁月。

（二）地域的多样性及时间的可变性

乡村旅游资源主要分为自然风貌、劳作形态和传统习俗。顺应农业四时节令规律，中华大地从南向北、从东到西呈现出五彩斑斓的生态景观。"人间四月芳菲尽，山寺桃花始盛开"。当江西婺源的油菜花怒放时，河北顺平的桃花正含苞待放。每年10月上旬当平原大地秋风四起时，内蒙古额济纳的胡杨林渐入佳境。

（三）旅游活动的参与性与体验性

不同于传统的单一观光旅游，乡村旅游内容广博，集观光游览、康养保健、休闲度假、寻根访祖、科普研学、民俗体验于一体，适应了当前旅游消费结构的多元化、个性化需求。在观光农园中，游客可以参与农业生产的全过程，在果农的指导下，进行施肥、灌溉、除草、剪枝、套袋、采摘等务农体验。也能上山采果挖笋，下海捕鱼捞虾，学习当地传统食物如酿酒、传统工艺（剪纸）的制作技术，以此更好地深入体验乡村农户生活，了解农村真实生活状态，融入当地乡情民意，而不是作为一个纯粹欣赏风景的匆匆过客。另外，一些节庆赛事也能强化游客的实际旅游体验效果，如河北赵县梨花节、满城草莓采摘节、集观光摄影、采摘购物于一体；体育类活动如环衡水湖国际马拉松赛、美食类节庆如青岛国际啤酒节和艺术类活动如河北涞水野三坡国际音乐节等。旅游景点赛事活动融合了体育、美食、文化、艺术与参与体验等内容，依托当地原生乡土资源举办活动，既能招徕游客，又能带动当地经济增长。

二、益贫性

乡村旅游目的地为广袤的乡村地区，而这也正是我国贫困多发地带。当前我国扶贫工作已进入关键时期，旅游覆盖面广、关联度高、具有"1+2+3"的叠加效应与"1×2×3"的乘数效应，能有效促进农村二、三产业融合，改善农村公共基础设施和公共服务；带动当地居民就业，是农村经济增长的新引擎；释放乡村旅游的富民效能有助于缩小城乡差距，加快城乡建设一体化的步伐。

三、可持续性

乡村旅游"三生（生产、生活、生态）一体"，既能保证农业生产功能，带动经济效益显著提高，又可以带动农村整体环境的明显改善、提高村民文明素质，促进新农村建设，因此是一种可持续旅游。尤其是近年来流行的休闲农业，依托于乡村原生资源，对其加以整合性开发利用，延伸农业传统生产功能到观光、休闲、采摘、加工等产业链条，特别是采摘项目，采摘为农户带来了可观、持续而稳定的收入，同时还节省了雇佣人力成本以及农产品运输、存贮、销售成本，成本低、投入少、见效快。由此可见，乡村旅游具有显著的社会效益、经济效益和生态效益，有利于实现人与自然、社会的和谐相处。

第三节　乡村旅游的起源与发展

一、乡村旅游的产生及发展阶段

有关国际乡村旅游的起源，业界和学界的说法不一，一种说法是乡村旅游起源于1855年的法国，当时法国巴黎市的贵族组织到郊区乡村度假旅游；另一种说法是乡村旅游起源于1865年的意大利，那一年意大利成立了"农业与旅游全国协会"，专门介绍城市居民到乡村休闲旅游。尽管众说纷纭，但乡村旅游起源于19世纪的欧洲却是大家的共识。

纵观国际乡村旅游规划发展的过程，大致可以分为三个阶段：

（一）19世纪中期到20世纪前期的萌芽——兴起阶段

城市人开始认识农业旅游价值，并参与了乡村农业旅游，如法国、意大利。

（二）20世纪中期到20世纪80年代的观光——发展阶段

乡村观光农业发展，形成农业和旅游相结合的新产业，如西班牙、日本、美国。

（三）20世纪80年代后的度假——提高阶段

观光农业由观光功能向休闲、度假、体验、环保多功能扩展，如日本、奥地利、澳大利亚。

我国的乡村旅游起步较晚，一种说法是，萌芽于20世纪50年代，当时为适应外事接待的需要，在山东省安丘市石家庄村率先开展了乡村旅游活动；另一种说法是，在20世纪80年代后期，改革开放较早的深圳首先开办了荔枝节，其主要目的是为了招商引资，随后又开办了采摘园，取得了较好的效益。于是各地纷纷效仿，开办各具特色的观光农业项目。国内绝大多数的学者认为我国的乡村旅游从20世纪80年代末兴起。

由于起步较晚，我国的乡村旅游目前尚处于从导入期向成长期过渡的阶段。20世纪90年代以来，我国积极推动乡村旅游和农业旅游的发展。1998年，国家旅游局推出"华夏城乡游"，提出"吃农家饭、住农家院、做农家活、看农家景、享农家乐"的口号，有力地推动了我国乡村旅游业的发展。1999年，国家旅游局推出"生态旅游年"，全国各地抓住新机遇，充分利用和保护乡村生态环境，开展乡村农业生态旅游，进一步促进了我国乡村旅游业的发展。目前，我国乡村旅游发展势头良好，呈现出欣欣向荣的景象。乡村旅游的发展速度较快，各种农业观光园、农家乐、采摘节等乡村旅游形式在各地大量涌现。总的来说，乡村旅游在空间布局上主要分布于都市郊区、远离客源的景区和老少边穷地区。

二、国内外乡村旅游发展现状

乡村旅游开发的形式没有统一的标准，应根据当地社区的实际情况，因地制宜，结合农业生产和农村产业结构调整进行开发，充分体现"社区事务，社区参与"的主旨，尽量通过不同模式的探索以实现当地文化的保护和持续发展。

（一）国内外乡村旅游的现状

1. 国内乡村旅游的发展现状

截止到 2011 年，中国乡村旅游的年接待游客人数已经达到 3 亿人次，旅游收入超过 400 亿元，占全国出游总量的近 1/3。目前全国农业旅游示范点已经达到 359 家，遍布内地的 31 个省区市，覆盖了农业的各种业态。每年全国城市居民在小长假期间出游选择乡村旅游的比例约占 70%。2006 年和 2007 年，国家旅游局分别把旅游年主题定义为"中国乡村游"和"和谐城乡游"，将旅游发展的重点直指农村，乡村游在悄无声息中受到游客热捧。农家旅馆在我国经济发达地区悄然兴起，并成为乡村度假的重要承载。乡村旅游实现了从观光到度假旅游方式的升级，并成为我国广大农村发展第三产业的一条重要途径。

2. 国外乡村旅游的发展现状

目前很多国家把发展乡村旅游纳入解决农村问题、推动农村持续全面进步的战略范畴，从政策层面进行有效推动。突出强调保持乡村自然人文环境的原真性。乡村旅游朝选择的多样化和方式的自助化方向发展。乡村旅游客源从区域性向跨区域、国际化方向转化。目前乡村旅游在德国、奥地利、英国、法国、西班牙、美国、日本等发达国家已具有相当的规模，走上了规范化发展的轨道。在许多国家，乡村旅游被认为是一种阻止农业衰退和增加农村收入的有效手段。美国的 30 个州有明确针对农村区域的旅游政策，其中 14 个州在它们的旅游总体发展规划中包含了乡村旅游。许多国家，都认为乡村旅游业是农村地区经济发展和经济多样化的动力。

（二）国内外乡村旅游经营模式

1. "个体农户经营"模式

个体农户经营模式是最简单、最初级的一种模式，它主要以农民为经营主体，农民自主经营，通过对自己经营的农牧果场进行改造和旅游项目的建设，使之成为一个完整意义的旅游景区（点），能完成旅游接待和服务工作。通常呈规模小、功能单一、产品初级等特点。通过个体农庄的发展，吸纳附近闲散劳动力，通过手工艺、表演、生产等形式加入服务业中，形成以点带面的发展模式。

2. "农户 + 农户"模式

"农户 + 农户"模式是由农户带动农户，农户之间自由合作，共同参与乡村旅游的开发经营。这也是一种初级的早期模式，通过农户之间的合作，达到资源共享的目的。在远离市场的乡村，农民对于企业介入乡村旅游存在顾虑，大多数农民不愿把自己的土地或资金交给企业管理，他们更信任"示范户"。"示范户"通常是"开拓户"，开发乡村旅游并获得成功，在他们的示范带动下，农户纷纷加入旅游接待的行列。这种模式投入较少，接待量有限，但乡村文化保留最真实，游客花费少还能体验最真的本地习俗和文化。但受管理水平和资金投入的影响，通常旅游带动效应有限。

3. "公司 + 农户"模式

"公司 + 农户"的主要特点是公司开发、经营与管理，农户参与，公司直接与农户联系合作。这种模式的形成通常是以公司买断农户的土地经营权，通过分红的形式让农户受益。它是在发展乡村经济的实践中，由高科技种养业推出的经营模式，因其充分考虑了农户利益，所以在社区全方位参与中带动了乡村经济发展。它在开发浓厚的乡村旅游资源时，充分利用了农户的闲置资产、富余劳动力、丰富的农事活动，向游客展示了真实的乡村文化。同时，通过引进旅游公司的管理，对农户的接待服务进行示范，避免不良竞争损害游客的利益。但这种模式也存在一定的缺点。

4. "公司 + 社区 + 农户"的模式

公司先与当地社区（如村委会）进行合作，通过村委会组织农户参与乡村旅游，公司一般不与农户直接合作，但农户接待服务、参与旅游开发则要经过公司的专业培训，并制定相关的规定，以规范农户的行为，保证接待服务水平，保障公司、农户和游客的利益。在湖南浏阳市的"中源农家"，2001 年成立"浏阳中源农家旅游公司"，负责规划、招揽、营销、宣传和培训；村委会成立专门的协调办，负责选拔农户、安排接待、定期检查、处理事故等；农户负责维修自家民居，按规定接待、导游服务、打扫环境卫生。现在全村 53 户农民中有 40 家参与旅游的接待服务，保证了公司、农户、游客的利益，同时村级经济实力也得到了较大的提高，并改善了村里公路，增加了公共设施。

5. "政府 + 公司 + 农民旅游协会 + 旅行社"模式

"政府 + 公司 + 农民旅游协会 + 旅行社"模式的特点是发挥旅游产业链中各环节的优势，通过合理分享利益，避免了乡村旅游开发过度商业化，保护了本土文化，增强了当地居民的自豪感，从而为旅游的可持续发展奠定了基础。例如贵州平坝县天龙镇在发展乡村旅游时就采用了这种模式。具体的做法是政府负责乡村旅游的规划和基础设施建设，优化发展环境；乡村旅游公司负责经营管理和商业运作；农民旅游协会负责组织村民参与地方戏的表演、导游、工艺品的制作、提供住宿餐饮等，并负责维护和修缮各自的传统民居，协调公司与农民的利益；旅行社负责开拓市场，组织客源。天龙镇从 2001 年 9 月开发乡村旅游，到 2002 年参与旅游开发的农户人均收入提高了 50%，同时推进了农村产业结构的调整，在参与旅游的农户中有 42% 的劳动力从事服务业，并为农村弱势群体（妇女、老人）提供了旅游从业机会，最大限度地保存了当地文化的真实性，使古老的民族文化呈现出勃勃生机。

6. 股份制模式

为了合理地开发旅游资源，保护乡村旅游的生态环境，可以根据资源的产权将乡村旅游资源界定为国家产权、乡村集体产权、村民小组产权和农户个人产权 4 种产权主体。在开发乡村旅游时，可采取国家、集体和农户个体合作方式，把旅游资源、特殊技术、劳动量转化成股本，收益按股分红与按劳分红相结合，进行股份合作制经营。通过土地、技术、劳动等形式参与乡村旅游的开发。企业通过公积金的积累完成扩大再生产和乡村生态保护与恢复，以及相应旅游设施的建设与维护。通过公益金的形式投入到乡村的公益事业（如导游培训、旅行社经营和乡村旅游管理），以及维持社区居民参与机制的运行等。同时通过股金分红支付股东的股利分配。这样，国家、集体和个人可在乡村旅游开发中按照自己的股份获得相应的收益，实现社区参与的深层次转变。通过"股份制"的乡村旅游开发，把社区居民的责（任）、权（利）、利（益）有机结合起来，引导居民自觉参与他们赖以生存的生态资源的保护，从而保证乡村旅游的良性发展。

第四节 乡村旅游的功能与意义

发展乡村旅游是解决"三农"问题一个全新的突破口：一是可与全面建设小康社会、把解决"三农"问题和扶贫开发紧密结合起来，将发展乡村旅游作为农村脱贫奔小康、改造农村和使农民就地走向现代化的新途径；二是可与加快发展旅游业结合起来。成为一些地区的旅游优势和品牌；三是可使乡村旅游成为落实科学发展观的新样板，成为实现五个统筹的最佳载体，形成特殊产业，减少城乡差距，增强农民的环保意识，促进可持续发展。现代乡村旅游是 20 世纪 90 年代以后出现在农村区域的一种新型旅游模式，尤其是在 2010 年以后发展迅速，我国的乡村旅游一般以独具特色的乡村民俗文化为灵魂，以农民为经营主体，以城市居民为目标市场，发展乡村旅游具有显著的功能和意义。

一、乡村旅游的功能

（一）经济功能

乡村旅游是农民就业增收的重要途径，有利于农村剩余劳动力的就地就近转移；是调整农村产业结构的重要方式，有利于农村经济的快速发展。

（二）社会功能

乡村旅游为都市居民与农村居民提供交流平台，有利于农村经济的发展和农村面貌的改善；有利于促进农村社会的进步，缩小城乡差距。

（三）教育功能

乡村旅游可以为游客提供了解农业文明、学习农业知识、参与农业生产活动的机会，是融知识性、科学性、趣味性为一体的农业生态科普园地。

（四）文化功能

乡村旅游文化包含农村民俗文化、乡村文化和农业产业文化，在为游客提供各种农村文化活动的同时，也能促进农村文化的发展。

（五）环保功能

乡村旅游的发展可以保护和改善生态环境，维护自然景观生态，提升环境品质，有利于生态系统的良性循环。

（六）游憩功能

乡村旅游可以为游客提供观光、休闲、体验、娱乐、度假等各种活动的场所和服务，有利于游客放松身心，缓解紧张工作和学习的压力，陶冶性情。

（七）医疗功能

乡村旅游区具有优美的自然环境、新鲜的空气、宁静的空间，有利于调剂身心及养生保健。

二、乡村旅游的意义

（一）为旅游领域拓展了新天地

乡村旅游是现代旅游业向传统农业延伸的新尝试。通过旅游业的推动，将生态农业和生态旅游业推到了历史的前台。旅游业到农村去开辟广阔天地，借农业经济之优势求发展，农业借旅游业之优势求进步，两种产业相互促进，相互补充，相得益彰。发展乡村旅游将更加丰富中国农业大国旅游业的特色与内涵。

（二）为农村经济找到了新的增长点

利用农业的生产经营活动、农业自然环境和人文资源，经过规划设计，形成一个具有田园之乐的观光休闲旅游度假园区，既可高效地发挥农业生产功能，又可发挥农业的生活功能和生态功能，扩大农业生产范围，调整和优化农业生产结构，提高农产品附加值，加快农业劳动力转移，增加农业效益和农民收入，促进农村经济繁荣。

（三）为城市旅游热点扩散提供广阔场所

目前，城市旅游资源的开发已近极致，各旅游"热点"的发展已近饱和，各个旅游景点已人满为患，必须通过一定的手段向外扩散，减轻城内压力。过热的城内景区要向外扩散，发展城市边缘地区的乡村旅游是分散城市旅游热点的最佳策略。乡村容量大，承受力强，可以疏散城市旅游热点的游客压力。乡村旅游能充分满足城市游客走近自然、求新求异的旅游需求，缓解城市生活压力。发展乡村旅游，可以更新人们的旅游观念，为发展生态旅游创造新的前景。

（四）促进城乡一体化发展

长期以来，由于受"二元"经济结构的影响，城市和乡村存在明显差别，城乡之间的经济联系和文化交流也较少。通过发展乡村旅游，可以密切城乡联系，加强城乡文化交流，使城市居民更多地了解农村、关心农村，甚至还投资于农村。乡村居民可以更多地了解城市信息，学习城市居民的开放意识和市场观念，转变农民的观念，改变农村落后的面貌，加快农村经济改革和现代化建设，缩小城乡差别，建设社会主义现代化新农村。

第五节　乡村旅游创新发展理论基础

一、营销理论

乡村旅游创新发展理论基础这部分内容主要围绕乡村旅游这一特殊的产品展开有关的理论整理。首先从产品的角度，利用市场营销学理论中的整体产品概念来阐述乡村旅游产品概念，其次通过这个概念的界定，从不同的层次来把握乡村旅游的概念，然后利用发展的观点探讨生命周期的理论，最后运用纵向发展的观点，来把握乡村旅游不同时间阶段的发展特征与方向。

对乡村旅游产品本身有了一个初步的认知之后，再站在消费者的角度去了解消费者需求发展理论的相关内容，研究其需求的发展变化趋势及如何把乡村旅游产品的开发、经营与消费者需求两者进行对接。

（一）产品整体概念

关于产品的界定，本书认为菲利普·科特勒的观点最为完善。菲利普·科特勒认为，凡是能够提供给市场，从而满足人类欲望与需要的东西都是产品，也就是说任何东西都有成为产品的可能性，而成为产品的唯一指标就是这样东西能否满足人类的欲望或者需要。在实践中，消费者评价一样产品的好坏主要是从产品的特色、产品的质量、产品的价格以及产品的相关服务来判断的。

菲利普·科特勒从潜在产品、延伸产品、期望产品、形式产品和核心产品五个方面对产品的整体概念进行了界定。如果将菲利普·科特勒关于产品整体的概念引入到旅游产品中来，旅游产品的整体构成就包括可进入性、设施、服务与吸引物四个层面。可进入性指的就是旅游产品能否进入到旅游市场中，这要考虑到旅游产品与市场以及社会文化的契合度，例如很多旅游景区在开发旅游产品时都是围绕景区的特点进行的，这就是考虑到旅游产品的可进入性之后采取的措施。设施则指的是旅游产品的生产与销售设施，既要考虑到成本与售价的比例问题，更要考虑到潜在的消费群体与设施成本之间的比例，例如一样旅游产品设施成本过高而消费群体较少，这种情况下就不适合投入到市场中。服务指的是与旅游产品相关的服务，包括销售服务、售后服务等。吸引物指的是旅游产品是否具有对游客产生吸引力的内容，如果不具有，那么该产品就很难获得消费者的认可。

如果按照不同产品在旅游中的地位进行划分，旅游产品可以分为核心产品、形式产品以及延伸产品三种类型。核心产品指的是消费者不可或缺的基本旅游产品，主要包括吃、住、行、购物、娱乐、游玩等；形式产品则主要指的是借助核心产品来实现的一种无形产品，例如产品的品质、商标、价格等，根据市场营销的观点，产品之间的竞争更多地集中在形式产品上，即在核心产品上大多数产品的价值差别并不是很大，但是商标、品质等形式产品却天差地别；延伸产品指的是从核心产品中延伸出来的一些新产品，例如售后服务等。

（二）生命周期理论

自然界中所有的生命体都有着自己的生命周期，而旅游产品也与自然界中的生命体一样，具有一定的发展周期。随着社会环境、竞争环境、消费者需求的变化，旅游产品的生命力也在不断地变化，充分把握旅游产品的生命周期对于旅游产品营销具有十分重要的意义。

在我们国内，关于旅游产品生命周期理论和旅游地生命周期理论，是存在着分歧的。旅游产品生命周期理论模型，借鉴了市场营销有关产品生命周期理论的构建，主要包含导入期、成长期、成熟期和衰退期四个阶段。产品生命周期理论，阐述了一个研究对象，从无到有、从小到大，继而繁荣，最后衰退的一个相对完整的运动过程。产品生命周期理论以动态发展的观点来研究市场现象。在应用范围方面，小到一个产品、一组产品组合、一个企业等，大到一个行业、一个区域都可以借用该理论。

伴随着旅游业态的发展变化，旅游产品概念所包含的内涵与外延在逐步扩大，旅游产品从概念界定上也包含着不同的体系，同时，旅游目的地的概念被广泛地接受认可。因此，在某种意义上可以对旅游地与旅游产品两个概念不做具体的差异化分析。

（三）消费需求发展理论

在旅游的概念界定中，有一种发展趋势，从关注消费者的行为到关注消费者行为背后的需求与动机，即消费的需求发展理论研究，这里主要借鉴马斯洛的需求层次理论探讨乡村旅游消费需求的类型。

马斯洛认为人有五个层次的需要：生理需要，安全、保障需要，社交、归属需要，尊重需要，自我实现需要。需要的这五个层次，由低到高逐级形成并逐级得以满足。依据马斯洛的需要层次理论以及赫兹伯格的双因素理论进行市场开发与员工激励有很多的有效实证。在旅游市场中，针对企业的奖励旅游就是非常典型的激励理论与需求层次理论的结合运用。

在进行乡村旅游规划与战略布局之前，有一个非常关键的基础工作就是基于消费者需求的市场分析。本书主要分析乡村旅游消费需求的表现，具体内容见表1-1。

表1-1　乡村旅游消费需求类型及表现

需求类型	基本含义	主要表现
物质性需求	以满足自身感官体验需求为主要目的	欣赏田园风光、品尝乡村美食、在乡村进行购物等
体验性需求	以满足自身在智力、运动、情感上的需求为主要目标	体验农业耕作、参与农村的各种节日等
精神性需求	以追求精神享受为主要目标	欣赏乡村的文艺表演、欣赏乡村的古建筑等

二、可持续发展理论

根据可持续发展的主要内涵和具体内容，乡村旅游可持续发展的目标主要包括：

一是乡村生态可持续发展。乡村的生态环境是自然生态与人文生态的结合体，乡村自然生态更为脆弱，而这种独特的生态环境也恰恰是乡村旅游兴起的主要原因，因此乡村旅游必须要实现生态的可持续发展，只有这样才能够保证乡村旅游的生命力。

二是乡村社会和文化的可持续发展。独特的乡风民俗对于游客而言具有极大的吸引力，但是在乡村旅游的发展中，乡村的民俗文化必将受到伴随游客而来的城市文化的影响，这种情况下就要确保乡村民俗文化的纯粹性，保证乡村民俗文化的可持续发展，否则，乡村经济固然在乡村旅游的支持下得到了迅速的发展，但是发展的最终结果也使乡村城市化，最终使乡村走上城市发展道路，乡村旅游也会逐步失去生命力。

三是乡村经济可持续发展。随着乡村旅游的兴起，越来越多的地方政府开始将乡村旅游视为发展农村经济的重要手段。虽然，乡村旅游对于农村经济有极大的推动作用，但是简单地将农村经济发展寄托在乡村旅游上并不科学，从本质上来说乡村旅游是为满足人类的精神文化需求服务的，推动经济发展只是它的一个次要功能，因此不能简单地将乡村旅游"经济化"，而是要实现农村经济的可持续发展，以乡村旅游为突破口寻找不同的农村经济发展之路，确保农村经济不会因乡村旅游的没落而失去发展动力。

三、系统科学理论

旅游是一个复杂的系统，目前对旅游系统的研究，既包括旅游业系统、旅游活动系统，也包括旅游地域系统、地域游憩系统，还包括旅游吸引系统、旅游功能系统。比如尤海涛认为旅游系统实质上是旅游业系统；黄海辉认为旅游地域系统是由旅游资源、旅游交通及接待基础设施、旅游服务管理系统等要素共同构成的，旅游地域系统是一个地域综合体；牛自成和张宏梅认为旅游地域系统既是一个地域综合体，又是一个要素综合体，作为要素综合体，旅游地域系统包括旅游客体、旅游主体和旅游媒体等三个子系统；赵铭认为旅游系统包括旅游地域系统和旅游功能系统，其中旅游地域系统是旅游客源地与旅游目的地之间形成的空间系统，旅游功能系统包括客源市场、目的地、旅游支持和出游等四个子系统；凌丽君认为旅游系统是由旅游客源地、旅游目的地、旅游支持和出游系统组成的旅游活动系统。

旅游动力机制是旅游所有动力因子相互联系和相互作用所形成的工作机理，旅游活动的影响因素之间不是独立存在的，它们之间相互联系和相互作用，这也决定着旅游业发展动力机制具有系统性、整体性的特点，所以必须运用系统思想和方法来研究旅游动力机制，这样才能全面和系统地认知旅游系统的内部结构和运行规律。研究旅游动力机制，必须探析旅游发展动力系统的主要因素，探析旅游系统内部的自我运行和协调机制，其目的是通过对旅游系统的调节和控制，使得旅游系统的各子系统相互协调和有效运行，从而实现旅游业的可持续发展。

就乡村旅游研究而言，乡村旅游发展动力系统是一个复杂系统，在这个复杂系统中，各种动力要素互为条件，相互依存和相互制约。乡村旅游发展动力系统还是一个动态系统，乡村旅游发展始终处于一个动态的变化状态，乡村旅游不仅随着系统外部环境的变化而不断变化，而且随着系统内各要素的变化而不断变化，还会随着各自关系组合的变化而不断变化。要使乡村旅游发展动力系统可持续发展，就必须以系统的科学理论为指导，在遵循整体性原则的基础上，运用多学科的方法，进行动态化的研究，以实现系统内部不同子系统之间的协调。

第六节　乡村旅游发展创新的必要性及意义

一、我国乡村旅游发展的必要性

（一）旅游观念的改变

乡村旅游正符合了人们对休闲的需求。充满情趣的传统劳作，特色鲜明的民俗风情，淳朴美丽的自然风光会使长期居住在钢筋水泥丛林中的都市居民体验到另一种审美愉悦，摆脱快节奏的生活方式，进入一种原生态的状态。此外，乡村旅游强调参与性，游客不仅能够观看，更能够参与其中，比如茶叶产地的乡村旅游，游客可以参与采茶、炒茶和泡茶的全过程。游客可以真正体会到另一种生活方式，体验农村的生活状态。

（二）产业政策和制度法规的支持

在市场经济条件下，国家的宏观调控政策对产业的发展具有巨大的推动作用。三农问题一直是国家致力解决的问题，同时旅游业也被正式确立为我国的支柱产业，所以国家为支持乡村旅游发展出台了诸如财政补贴、关税减免、提供优惠贷款、信誉担保以及鼓励投资等鼓励性政策。

在法律层面上，国民休假制度和社会保障制度为居民的旅游需求提供了时间和金钱的条件。通过限制性条款规范了国家休闲产业的健康发展，引导国民形成健康的休闲消费习惯。

（三）城市居民生活水平提高

吸引国内居民到国内各乡村旅游度假区进行乡村旅游度假，在我国具有广阔的发展前景。我国总体上已经进入小康社会，旅游度假消费已经成为大多数人的生活必需。根据中国旅游研究院最新调查数据显示（2019年），今年上半年，我国国内旅游人数达到30.8亿人次，国内旅游收入为2.78万亿元，同比分别增长8.8%和13.5%。这种势头，今后还将持续发展，并会进一步呈现出合家旅游和自驾车旅游比重提高，周末到近处旅游地度假，黄金周和其他带薪假期到远处旅游地度假等新特点。

二、乡村旅游发展创新的意义

（一）深度挖掘自然和人文资源，实现乡村旅游产品升级

乡村旅游特点之一就是乡村性，依靠的是得天独厚的自然和生态资源，所以发展乡村旅游要深入发掘原有生态环境中所蕴藏的旅游价值，切勿采取杀鸡取卵式发展。另外，除了自然资源之外，对人文资源的挖掘也是实现乡村旅游产品升级的重要方面。很多中国的传统文化和民俗风情在城市已经逐渐消失，相反在农村却得到了更好的保留。因此，乡村旅游可以通过体验旅游的方式让游客重新体验中国传统文化和民俗风情，传播我国浓厚的传统文化。

所以乡村旅游不能局限在"农家乐"范畴，不能以吃农家菜，采新鲜水果，甚至是打麻将为主要方式，而要深入挖掘生态环境和人文环境中所蕴藏的价值，打造具有鲜明特色的乡村旅游品牌。

（二）共享和重组乡村旅游资源，实施区域旅游功能分工

旅游发展涉及很多公共设施和公共资源的建设，所以长期以来出现了条块分割区域整体素质无法提升或重复建设的资源浪费情况。所以要想发展乡村旅游，就要以平等互利为原则，按投入比例做利益分层，将旅游资源视为区域的共有财富，鼓励各种合作，资本优势、技术优势、资源优势、环境优势交叉合作，错位发展，共同开发和保护旅游资源。

突破各地方旅游功能区的限制，从整个旅游合作区域着眼，在更高层次上划定旅游功能区，优化各功能区的旅游的功能，整合分散在各地的景点，提高档次，扩大规模。

（三）营造旅游大环境，开拓共同和相互的客源市场

综合性、关联性特别强的旅游企业要集中优势力量开展区域合作，共同营造旅游大环境，积极参与市政建设、交通建设、文化建设、精神文明建设、旅游教育等。一个有利于产业发展的环境对各个企业发展的推动作用是巨大的。

共同合作，开展市场调研、促销宣传，在增加老市场份额的基础上，开拓新的客源市场，不但要增加客源规模还要提高市场档次。各合作方要打破条款分割，以策略联盟的方式推动各方面工作。互为客源地和目的地，共同培育居民的旅游意识，相互宣传对方，提高出游率和出游天数。

（四）组建旅游管理公司，优化旅游企业的经营和管理

可以发挥一些地方旅游企业的管理优势，组建旅游管理公司，对某些地方管理水平较低的企业进行直接管理，有利于加强区域旅游企业管理水平的规范化，快速提高经营管理水平。还可以通过资本重组的方式，发挥一些地方的投资优势，促进相对落后的地方的旅游企业的发展和升级，使其逐渐向资本经营过渡。

（五）提升农村旅游产业，助推乡村振兴

进入21世纪的信息时代，在乡村旅游产业的互联网＋以及电商带动农产品及旅游宣传的建设工作中落实好具体的发展模式和发展理念。加强信息技术和旅游产业发展结构的融合，在这个过程中实现最大化的信息化建设，提高旅游产业的发展效率，提高服务水平，这是新时代乡村旅游产业结构优化的重要保障。

乡村旅游产业的发展，要坚持处理好生态效益和经济效益的关系。满足广大人民群众对于物质文化的需求，提高工作的规范性和科学性，把生态文明建设作为最重要的目标，满足生态发展的实际要求，提高农村旅游业资源的利用率，从而为生态保护工作预留更多的空间。在新时代乡村旅游产业发展的过程中，必须要重视土地资源和政策的关系，在重点旅游项目方面对于土地的供给给予一定的优惠政策，可以避免工程建设中出现阻碍。处理好生态效益和经济效益的并存发展，更好地迎合新时代旅游行业的发展。

在新时代社会发展过程中，根据未来社会的发展趋势和需要，拓宽农村的经济发展范围，利用旅游产业来提高新时代农村的经济建设水平。在农村旅游产业发展过程中，难免会存在很多的困难，要根据农村旅游产业的优势以及发展特点，及时纠正旅游产业的发展规划和发展目标，在这个过程中，能够对农村旅游产业的发展进行预测，利用国家的有关扶持政策，发展农业旅游产业园，这对于新农村振兴有着很重要的推动作用。

第二章 乡村旅游发展现状分析

第一节 乡村旅游与农村经济关系

从乡村旅游与农村经济之间的关系来看，两者是一种相辅相成的关系，一方面乡村旅游的发展能够推动农村经济的发展，另一方面乡村旅游的发展需要大量的资金投入，而这是建立在农村经济发展的基础之上的。因此，乡村旅游与农村经济既相互独立，又相互依赖。

一、乡村旅游与农村经济的区别与联系

（一）乡村旅游与农村经济发展相互独立

乡村旅游与农村经济发展是两个相互独立的概念，两者之间并没有绝对的联系，即乡村旅游其实只是农村经济发展道路上的一个偶然现象，是诞生在特殊的社会环境之下的。促进农村经济发展是社会主义现代化的基本要求，而城市居民因向往农村生活方式选择到农村放松休闲，由此催生了乡村旅游，使得乡村旅游成为农村经济发展的一个重要推动力，但这并不意味着农村经济离开了乡村旅游就无法得到进一步的发展。

（二）乡村旅游与农村经济发展相互促进

虽然说乡村旅游的诞生与农村经济发展并没有必然的联系，但是在乡村旅游诞生之后，其就成为农村经济不可或缺的一部分，两者相辅相成，共同发展。

一方面，随着农村经济的不断发展，农民的生活质量也在不断提高，这种情况下农民开始着手精神文明建设，从而增加了农村的文化内涵，同时农村经济的发展致使农村所能够支配的资金更多，农村的基础设施也在不断地完善。这个时候城市居民面对千篇一律的生活方式，急需要寻找一个新的休闲放松路径，农村完善的基础设施和独特的乡风文化为城市居民提供了一个良好的选择，从而刺激了乡村旅游的发展。从某种意义上来说，并不是每一个村庄都能够实施乡村旅游的，只有那些基础设施比较完善，乡风民俗具有特点的村庄才能够发展乡村旅游，

而这些都是以农村经济发展为依托的。

另一方面，对于农村而言，乡村旅游的发展也带来了极大的影响，主要体现在四个方面：一是乡村旅游使得农村经济结构中第三产业的比重逐步提高，农村产业结构开始优化；二是乡村旅游需要大量的服务人员，对提高农村地区的就业率有极为重要的意义；三是乡村旅游也意味着消费，能够增加农民的收入；四是旅游主体是城市居民，城市居民到乡村旅游必将带来一些新的思想，这对于农村经济的发展也是极为有利的。

（三）乡村旅游与农村经济发展相互制约

乡村旅游与农村经济相辅相成，但是也不能忽视两者之间存在的一定的制约关系，这种关系主要体现在以下两个方面：

第一，从农村经济的角度来看，乡村旅游的发展虽然为农村经济发展提供了极大的帮助，但是随着旅游人数的增加，农村的经济环境与生态环境必将受到一定的冲击，如此一来，当农村失去了对游客的吸引力之后，农村经济发展的速度会大幅度下降。

第二，从乡村旅游的角度来看，在乡村旅游过程中，城市文化的大量涌入会潜移默化地对乡村文化造成一定的影响，这种影响会造成乡村文化逐渐地失去特色，成为城市文化的"附庸"，如此一来，乡村旅游也就失去了价值。因此，在发展乡村旅游的过程中，必须要把握好两者之间的平衡。

二、乡村旅游对农村经济发展的作用

（一）乡村旅游对农村经济发展具有积极作用

具体而言，乡村旅游对农村经济发展的积极作用主要体现在以下四个方面：

第一，乡村旅游能够促使农村经济结构升级优化。一般来说，游客多是消费层次较高的居民，而在大多数情况下农村的社会经济环境是很难满足游客的需求的，这就促使乡村经济不断地优化自身，满足游客的需求。因此，乡村旅游的发展并不是简单地涉及第三产业，对于农村经济而言，乡村旅游的发展对第一、二、三产业的影响是十分全面的。例如乡村旅游中的农家乐和休闲观光旅游等能够促进农村第三产业的发展，乡村旅游中的生态采摘园则能够促使农业转型升级；乡村旅游中游客的各种工业品需求则能够促进农村第二产业的发展等。

第二，乡村旅游提高了农民就业率。我国是一个农业大国，提高农民就业率一直以来都是解决"三农"问题的关键所在，而乡村旅游的发展对于提高农民的就业率有着重要的积极意义。例如乡村旅游涉及的交通运输业、餐饮业、现代农业等都是典型的劳动密集型产业，乡村旅游可以促进这些产业的发展，也就意味着能够为农村提供更多的就业岗位，如此一来，那些因农闲季节闲置在家的农村劳动力就得到了安排。

第三，乡村旅游能够完善农村的基础设施。并不是每一个村庄都能够发展乡村旅游，乡村旅游的兴起与农村的经济水平有着一定的关系。由于乡村旅游的游客大多来自城市，而城市基础设施较为完善，游客对于旅游环境的要求就会相对较高，例如住宿、网络、停车场等，如果农村不采取措施解决这些问题，那么是很难吸引游客的，乡村旅游也就很难发展起来。因此，乡村旅游的发展过程从某种意义上说本身也是一个基础设施建设逐步完善的过程。

第四，乡村旅游推动了农村经济的可持续发展。乡村旅游的开展离不开农村地区的生态环境、自然资源，而自然资源又是不可再生的，因此在开展乡村旅游的同时必须注重生态环境、自然资源的保护。人们为了使乡村旅游能够可持续地发展，必然会重视本地自然和农村的环境质量，努力维持生态系统的循环发展。在有关政府机关的指导下，乡村旅游开展的过程中需要对当地的旅游资源进行合理的规划利用，避免旅游活动的进行对资源环境的破坏，确保农村地区文明的乡土氛围和生态环境的优良，从而实现乡村地区经济的可持续发展。

（二）乡村旅游对农村经济发展的不利影响

对于农村经济而言，乡村旅游发展所带来的负面影响主要集中在以下三个方面：

第一，乡村旅游对农村的生态环境造成了破坏。乡村旅游近年来之所以成为旅游的热门，很大程度上是因为农村的生态环境较之城市更加良好。但是随着游客的大量涌入，乡村的生态环境也开始遭到破坏，导致这种现象产生的原因是多方面的，一方面游客的增加意味着生活垃圾的增加，而农村的污水和垃圾处理设施本身并不是很完善，大量增加的生活垃圾和污水无法得到有效处理，从而对农村的水体、土壤等造成巨大破坏；另一方面由于农村距离城市较远，因此自驾出游是乡村旅游最为常见的一种方式，而这不仅造成当地交通拥堵，更造成了空气污染。此外，部分游客的不文明行为也是乡村生态环境遭到破坏的一个主要原因，例如随手乱扔垃圾等。

第二，乡村旅游造成当地物价上涨，不利于农村经济的发展。从理论上来说，作为农村的主人，农民是乡村旅游资源的提供者，也应当是乡村旅游发展的最大受益者。然而事实并非如此，对于很多农民而言，乡村旅游并没有给自己的生活带来太大的改变，原因在于以下两个方面：一方面是游客大量涌入乡村，所带来的直接后果就是乡村产品需求大于供给，如此一来农村的物价开始逐步上升，农民采购货物的成本也开始上涨，农民就不再是乡村旅游的最大受益者；另一方面则是当一个地方成为乡村旅游的热点之后，必然会受到企业家的注意，大量资本的进入会造成农民毫无竞争优势，农民很难从乡村旅游中获得收益，久而久之，发展乡村旅游的热情就会下降，农村经济发展速度也会放缓。

第三，乡村旅游破坏了当地的农村文化，不利于农村经济的发展。乡村旅游在发展过程中，给当地的农村文化造成了巨大的冲击。城市孕育的强势文化强有力地影响着经济欠发达的乡村旅游地的弱势文化，极有可能会同化乡村的弱势文化。加之，受当前我国急功近利的经济发展模式的影响，部分地区同质发展严重，这极大地破坏了乡村淳朴的原始文化，不利于社会的经济发展。同时，随着旅游经济的发展，受商业利益驱动和人口流动的影响，使一些不良现象进入农村，扭曲了乡村文化，致使农村发展中文化优势丧失，不利于农村的经济发展。

三、农村经济发展对乡村旅游的作用

（一）农村经济的发展为乡村旅游发展提供各种物质保障

良好的农村经济是乡村旅游发展的重要物质保障。纵观国内乡村旅游发展较好的地区，都位于东部经济较发达的区域，原因就在于这些地区的农村经济发展较好，拥有更多的资金来建设基础设施，加大宣传力度，满足游客的需求。反之，西部地区的农村虽然在文化上更有特色，但是由于交通不便、水电通信和公共医疗条件较差的缘故很难吸引游客，归根结底这些都是农村经济发展较为落后造成的。

（二）农村经济的发展促进了乡村旅游产品和服务的多样化

没有需求就没有供给，消费者的需求决定了产品的类型，在发展乡村旅游之前，农村的产品供给以生活产品为主，但是在乡村旅游发展之后，面对游客的多样化需求，农村的产品结构也在逐步地改变，娱乐性产品的数量与种类开始增多。例如以往农村的产品供给多以蔬菜水果为主，但是为了吸引游客，袖珍大白菜、方形西瓜等产品被开发出来，这些都是农村产品多样化的直接体现。

第二节　中外乡村旅游发展对比

人类所从事的乡村旅游活动，具有悠久的历史，不仅发生在中世纪的城市居民那里，也发生在古代的城市居民那里，时间最早可以追溯到世界上第一座城市建立之日起。不过，当时的乡村旅游是一项以自发的、无组织、短距离、小规模为基本特征的古老而传统的乡村旅游活动。站在历史发展的高度去考察，对近代乡村旅游的产生和发展产生革命性影响的直接推动力当属 18 世纪发生在英国的第一次工业革命。

一、工业革命与乡村旅游

（一）工业革命对乡村旅游的影响

如果站在历史的高度对近现代旅游发展进行考察，就可以发现，工业革命是近现代旅游发展的一个主要推动力。自 18 世纪工业革命以来，世界各国的社会经济结构发生了巨大变化，使得旅游活动无论是内容还是形式都发生了巨大改变，从而催生了乡村旅游。具体而言，工业革命对乡村旅游的影响主要体现在以下三个方面：

1. 工业革命为乡村旅游的兴起提供了社会限定因素的条件

所谓的社会限定因素指的就是发生旅游行为的社会必备因素。事实上，无论是乡村旅游还是其他旅游形式，要进行旅游活动必须具备两个基本条件，一个是游客要有一定的能够自由支配的购买能力，另一个则是游客要拥有一定的可支配时间，两者缺一不可。而工业革命的出现与发展恰好为人们提供了这些条件，一方面，是工业革命所带来的一个直接影响就是社会生产力的大幅度提高，社会生产力的提高也意味着社会财富的增加，因此人们能够用于旅游的支出也在逐步增加，从而刺激了乡村旅游的兴起；另一方面，在资本主义生产方式下，人们为了改善自己的生活环境不断地与资本家进行斗争，经过激烈的斗争，人们获得了带薪休假的权利，如此一来人们拥有了可支配时间，能够进行旅游。总的来说，对于近现代旅游而言，工业革命所带来的影响集中体现为将以往只有少数群体能够享受的活动变成大众活动。

2. 工业革命对城市化所带来的影响

从某种意义上说，工业化进程其实也是城市化进程，在工业革命的影响下，不仅人口数量开始大幅度增加，同时人口也开始不断地向城市集中，城市人口的激增刺激了国内旅游市场需求的扩大。由于城市人口的人均收入远远高于农村地区，这就为旅游市场准备了庞大的客源群体。在人口大量增加的同时，许多国家都发生了大规模的人口迁移运动。由于城市里工业和服务业的兴起，农村地区大量的人口朝着城市不断迁移，因为只有城市才能提供足够的就业机会。正是由于大量农民向城市进军，才为以后乡村旅游的萌芽提供了社会基础。

3.工业革命促使交通工具的变革

工业革命使得人们进入了蒸汽、电气时代，空间对人们的束缚力在不断地削弱，从而为近现代旅游的发展提供了条件。事实上，人类一直都有旅游的传统，在以往由于交通不便，人们只能是就近旅游，而自从工业革命之后，人们的旅游地点开始遍布世界。

（二）工业革命促使旅行游览观念的进步

在18世纪以前，真正意义上的旅游和度假的观念是不存在的。因为这个时期的人们无论富人或穷人，地主或农民，都还被传统的农业耕作思想束缚，无法也不可能把生活分为工作和休闲两部分。18世纪中晚期以后，世界进入了近代工业革命时代，由于社会经济结构发生了根本性的变化，近代社会人们的观念也随之产生了很大的改变。而这种改变是基于两个重要的社会变动趋势：一是社会经济由简单的原始的农业耕作经济走向近代化的大机器生产时代；二是建立在近代工业革命基础上，造成千百年来人们的工作就业之地与生养繁衍之地合二为一的传统形态开始出现了分离趋势。在这两种趋势的影响和调节下，近代旅游活动的兴起才有了认识基础。

工业革命和城市化过程，极大地改变了人们的生活环境和工作条件，使人们渐渐面对自然环境遭到破坏、城市污染和拥挤、生理和心理负担加重等严峻的社会现实问题。英国和美国都曾发生过严重的环境污染事件，因而给人们带来了极度的心理恐惧。人们为了避免因经济繁荣而对环境造成的破坏，从而影响生活质量，因此，迫切需要改变生活方式，追求和向往自然恬静的生活环境。19世纪中叶，外出旅游度假之风由此兴起。

（三）工业革命促使新的旅游方式形成

社会经济的迅速发展、交通设施的不断完善、旅游费用的不断降低、旅游地点配套设施的逐步完善都使得旅游形式不断地改变。总的来说，旅游活动大多可以分为以下三种类型：

1. 观光旅游

观光旅游是一种十分常见的旅游形式。所谓观光旅游是指以欣赏自然与人文风光为主的旅游活动，例如人们到海滨、峡谷、农村、山区、江河湖泊等地方去欣赏优美的自然人文景观等。

2. 商务旅行

商务旅行基本上由两种形式构成：一是在当时出现了其财产不依附于土地的新兴债券持有者和金融中间人阶层，改善后的交通极大地方便了他们来往于国内，甚至海外地区。二是伴随着资本主义国家国内外贸易的发展，以采购原材料和推销产品为主的商务旅游活动开始盛行，而且成为人口流动中一支不可忽视的力量。由于社会经济的持续发展，商务旅行这种形式在当时占有相当重要的位置。

3. 度假旅游

新兴资产阶级是近代度假旅游的最早参与者。他们拥有大量的生产资料，既有金钱还有时间，度假活动对他们及其家属而言已经成为特定的社会消费需求。正是基于当时各种社会因素的改变，近代新兴资产阶级把前往农村、矿泉浴场、海滨胜地等地方度假当作一种几乎固定的生活方式。

因此，从 19 世纪中叶以后出现的旅游方式中可以得出这样的结论：当时已经产生了乡村旅游，当时的乡村旅游主要是观光型、商务型和度假型三种形式。

二、国外乡村旅游的发展特点

（一）乡村旅游在欧洲的发展

1. 意大利

意大利是世界上发展乡村旅游较早的国家。早在 19 世纪，意大利的乡村旅游产业就已经形成规模，朝着规范化的方向发展。1865 年，意大利成立了"农业与旅游协会"，该组织的主要职责就是促进当地的乡村旅游发展，其日常工作以向人们介绍乡村生活的趣味，鼓励人们主动参与农业活动，为人们提供骑马、钓鱼、采摘、品尝等指导为主。"农业与旅游协会"的成立是意大利乡村旅游发展走上科学化、规范化道路的开端。截至 2015 年，意大利已经拥有 1.74 万家专门从事农业旅游的经营单位，每年夏天能够接待 200 余万的游客。

目前意大利比较成熟的乡村旅游项目主要有农场度假、农场观光、乡村户外运动、乡村美食旅游等。手工制作、古文化体验、乡村节日之旅、乡村美食、骑马等都是很受欢迎的项目。

与其他国家相比，意大利的乡村旅游发展主要具有以下四个特点：

（1）乡村旅游规划十分科学。意大利乡村旅游并不是独立发展的，而是全国统一的，根据不同的旅游资源来规划旅游专题线路，保证了游客能够最大限度地享受到乡村旅游的乐趣。

（2）成立专门的旅游协会如"农业与旅游协会"等是意大利乡村旅游的另一大特色。

（3）乡村旅游是农业部门而不是旅游部门的职责，农业部门承担着对乡村旅游进行资助、管理、引导的责任。

（4）政府在乡村旅游发展中发挥着极大的作用，而不是单纯地依靠市场经济来发展乡村旅游。

2. 西班牙

与欧洲其他国家相比，西班牙的乡村旅游起步相对较晚。但是在政府的资助下，目前乡村旅游已经成为西班牙最主要的旅游形式之一。

西班牙乡村旅游可以追溯到将废弃的城堡改建，然后开展旅游活动，但是这种旅游活动严格意义上说并不属于乡村旅游。西班牙真正地发展乡村旅游是在20世纪60年代，为了迅速发展乡村旅游，政府主动出资修建了大量的乡村旅游社区来为游客提供服务，因此截至20世纪末期，西班牙的乡村旅游已经初步形成规模。目前西班牙的乡村旅游项目主要有房屋出租、别墅出租、乡村观光、骑马、登山、漂流等。西班牙85%的城市居民都有在周末自驾到农村休闲的习惯。

与其他国家相比，西班牙乡村旅游主要具有以下三个特点：

（1）西班牙乡村旅游十分重视主客之间的交流和农村生活的体验。游客在进行乡村旅游时衣、食、住、行与农村居民并无区别，通过与主人共同生活来加强乡村旅游的体验感。

（2）西班牙乡村旅游是单一与灵活性的结合，单一指的是乡村旅游多以农场为主，灵活性则指的是在农场中可以根据游客的需求开展各种旅游项目。

（3）西班牙乡村旅游十分重视传统习俗的渗透，这也是其对国际游客有着强大吸引力的主要原因。

3. 法国

法国乡村旅游起步于1998年"农业及旅游接待服务处"的成立，该部门的成立标志着乡村旅游逐渐受到政府的重视。之后，"农业及旅游接待服务处"联合其他社会团体建立了"欢迎莅临农场"的组织网络，邀请全国的农民加入，从而使得法国乡村旅游摆脱了以往"单打独斗"的局面，真正形成一个整体。

法国的乡村旅游项目包括农场客栈、农产品市场、点心农场、骑马农场、探索农场、狩猎农场、露营农场等，形式十分多样。

法国的乡村旅游别具一格，具有以下四个特点：

（1）不同于其他国家在一个农场内开展多个乡村旅游项目，法国的乡村旅游项目明显地更具有专一性，例如狩猎农场只提供基本的住宿和餐饮服务，以打猎为主等。

（2）为了促进乡村旅游的发展，法国政府专门出版了相关的宣传手册，这在世界范围是不多见的。

（3）法国乡村旅游农场的建设是统一规划的。20世纪末期，法国推出了"农庄旅游"计划，帮助1.6万户农民建立了家庭农场。

（4）法国乡村旅游实施本地化策略，即政府鼓励当地居民积极参与到乡村旅游中，并提供相应的指导服务，其他组织进入本地乡村旅游项目的难度较高，从而保证了本地居民能够从乡村旅游中获得最大收益。

（二）乡村旅游在北美的发展

1.美国

美国有着悠久的乡村旅游传统，根据美国旅行行业协会2001年对1300位乡村旅游者的抽样调查表明：亲近自然的乡村旅游最受旅游者青睐。第二次世界大战以后，乡村旅游成为中产阶级生活的一部分，假期经常在城边不贵的乡村食宿接待设施和私人农场中度过，旅游食宿设施的形式一般是乡村旅馆和农场上的私人闲置房间。

在美国，乡村游主要包括农业旅游、森林旅游、民俗旅游、牧场旅游、渔村旅游和水乡旅游等。美国乡村旅游的主要类型有观光农场、农场度假和家庭旅馆等。观光休闲农场是集观光旅游和科普知识于一身的农场；家庭旅馆代表了一个50亿美元的产业，主要分为乡村家庭旅馆和城市家庭旅馆。20世纪60年代末期，这两种形式的家庭旅馆在美国都很盛行，尤其是80年代后，得到了迅速的发展。外出用餐、购物、自然旅游、游览古迹、划船、打猎、骑马、骑自行车、登山、节庆活动都是美国游客喜爱的乡村旅游活动。

美国的乡村旅游具有以下七个特点：

（1）减少中间环节，提高经济效益。美国夏威夷2000年全州有5500座农场从事农业旅游，全州农业旅游产值中有 1/3 来自农产品的直接销售。

（2）举办乡村旅游巡回展览和专题研讨会议，向全国的农牧业生产者提供乡村旅游知识培训，鼓励所有农牧业生产者加盟协会和组织。

（3）政府在资金和政策上给予大力扶持，向从事乡村旅游的个人和团体提供优惠贷款和补贴，提高经营水平和抗风险能力，同时也制定了严格的管理法规。

（4）发挥非营利性组织的作用。1992 年美国正式出台关于乡村旅游与小商业发展的国家政策，并建立非营利行业组织——国家乡村旅游基金，从事项目规划、募集、发放资助、提供宣传。

（5）切合实际，更多地瞄准国内市场，特别是周边城市的居民。乡村游的发展主要是靠国内居民，特别是周边城市的居民所带动的。美国在选择乡村旅游目标市场上着重打好"本地牌"。

（6）注意突出地方特色，在市场定位和宣传上从本地资源特色和文化历史中挖掘题材，突出与众不同的"卖点"。

（7）通过节会营销，树立本地乡村旅游品牌，进一步拓展乡村旅游市场。

2. 加拿大

加拿大是世界上第一个推出现代意义上乡村旅游的国家。虽然其他国家早有乡村旅游项目，但是受时代的限制，他们的乡村旅游与传统的旅游并没有太大的区别，而加拿大则是第一个实现乡村旅游从传统向现代转变的国家。1991 年，加拿大一位名叫南思·史尔斯的人第一次提出了现代意义上乡村旅游的概念并将其落实。在南思·史尔斯家乡新不伦瑞克省的圣马丁村的门前就是一片美丽的景色。这个小村只有 450 个人，坐落在小路的尽头。隔在村子和芬迪国家公园之间那 40 千米的土地是加拿大东部仅存的一段原始海滨，长有 300 米，有景色令人叹为观止的峡湾，也有世界上最高的海潮，以及戏水的海豚。1991 年，一位朋友在圣马丁村开了家乡村客栈，邀请史尔斯担任向导。从那时起，这位 3 个孩子的母亲便将兴趣融于工作，兴致勃勃地干起来。渐渐地，她建立起了一家生意兴隆的公司，专门带游客（大部分来自美国和英国）参观她自己家的"后院"。她的公司力推荒野行、研究动植物、观鸟之旅，每次为期 5～17 天，参加者在途中可欣赏到壮美的风景，了解当地的人文历史、地质、动植物的分布状况。许多游客都是精力充沛的人，喜欢接受考验。美食之旅也是加拿大乡村旅游的突破点，加拿大的旅行社根据游客的需要，将美食设计到乡村旅游中。除品尝地道的乡村美食外，还组织游客寻找美食的材料来源。加拿大各省区独特的土壤结构、水源、海洋潮汐、天气状况、气候冷暖和传统及现代化的耕作方法等，产出多种多样的当地特产，提供各具特色的美食材料。美食与乡村之旅的结合丰富了乡村旅游的文化内涵。如英属哥伦比亚省、安大略省和魁北克省的"地区美酒之路"、魁省的"果汁之路"等。除了乡村美味外，其他的旅游活动项目包括乡村农业文化、乡村农业展览、乡村传统节庆活动、主题农业之旅、在农场或牧场住宿或参加骑牛比赛等。味觉、视觉、亲身感觉，如此全方位接触的乡土风味是大都市所不能比拟的。

加拿大的乡村旅游具体有以下四个特点：

（1）合理规划，规范管理。美国与加拿大的乡村旅游之所以能够取得巨大的成功，为当地经济的发展做出巨大的贡献，与这两个国家在乡村旅游发展初期就进行合理的规划有着十分密切的联系，集中体现在加拿大和美国政府主动将旅游权力下放到地方政府，以此来保证地方政府能够根据本地区的实际情况来开展旅游项目。因此，纵观加拿大和美国的乡村旅游，我们可以发现其一个主要特点就是乡村旅游基本上不存在千篇一律的现象，这与当地政府挖掘本地的经济文化特点有着密不可分的联系。

（2）社区居民积极参与。作为乡村旅游的主体，农民的参与积极性对乡村旅游的发展有着十分重要的影响。而加拿大乡村旅游迅速发展成为现代乡村旅游的一个代表，与当地居民的支持有着密切关系，在开展乡村旅游项目之初，当地政府就采用多种方式来进行宣传，使得当地居民切实了解到发展乡村旅游的利弊，在经过仔细思考之后，大部分居民对于乡村旅游都是持肯定态度的，其积极性自然较高。例如加拿大的梅森波特利地区的居民就非常支持当地乡村旅游事业的发展。他们为游客提供当地独特的自然文化资源，并通过开设旅馆、饭店、手工艺品店，开辟露营地以及提供运动设施等来支持、促进旅游业的发展。

（3）游客具有较强的生态环境保护意识。游客的生态保护意识较强是加拿大乡村旅游的另一大特色，大量游客的涌入必然会对农村地区的生态环境造成一定的破坏，而这种现象在加拿大基本上不存在，这与游客的生态保护意识有着密切的联系。例如在加拿大，游客为了不破坏生态环境，让其他人也能够享受到大自然的恩赐，在旅游时都会主动带着垃圾袋，真正做到了"留下的只有脚印"，甚至部分游客主动捐钱捐物来帮助当地维护生态环境。

（4）重视乡村生态环境的可持续发展。一般来说，旅游区的生态环境都较为脆弱，对于环境变化是十分敏感的，因此很多旅游地的生态环境极易遭到破坏，加拿大的生态环境也不例外，加拿大之所以在发展乡村旅游之后，生态环境仍旧保持不变，原因在于当地政府重视乡村生态环境的可持续发展，不采取"杀鸡取卵"的方式。部分旅游景点，加拿大给予了极大的限制，在不列颠哥伦比亚省城瓜伊哈那斯国家公园游客不论进入哪一个景点，每次的人数不得超过12人。在温哥华岛，任何人如果想去太平洋海岸的"西岸小径"漫游，必须在3个月前进行登记。

（三）乡村旅游在亚洲的发展

1. 日本

日本的乡村旅游创始于20世纪70年代，近些年得到大规模发展。日本借鉴法国、丹麦、德国等欧洲国家的先进经验，1991年制定了《市民农园整备促进法》，大型农园的规模较大、设施较齐全。

日本的乡村旅游主要类型有观光农园、市民农园、农业公园、乡村休养、交流体验等，主要的活动有农业观光、农事参与、乡村度假、参观学习、品尝购物等。

与欧美国家相比，日本的乡村旅游主要具有以下三个特点：

（1）日本乡村旅游不存在农产品交易市场，而是采取直接销售的方式，即农民直接将农产品销售给游客，不经过市场，如此一来乡村旅游对当地经济的带动作用就得到了极大的提高。

（2）日本效仿意大利等国家成立了专门的协会，这对于乡村旅游管理与服务水平的提高有着极大的好处。

（3）日本效仿西班牙十分重视乡村旅游的参与性，每一名游客在旅游中所享受的待遇与当地居民并无区别，从而加深了游客的体验感。

2. 韩国

韩国的乡村旅游是随着大规模的经济开发产生和发展起来的。韩国自20世纪60年代起经济开始腾飞，由农业国逐渐变为中等发达国家，实现了城市化。截止到2019年1月，韩国约5 100万总人口中，90%以上的人住在城市，农渔业人口不足10%。四通八达的交通网为韩国发展乡村旅游提供了便利条件。目前，乡村旅游收入在韩国国内旅游收入中所占比重已达9.40%。韩国乡村旅游内容十分丰富，如海滩、山泉、小溪、人参、瓜果、民俗等都成为乡村旅游的主题。韩国各地有约800个与乡村旅游有关的民俗节，如"蝴蝶节""泡菜节""人参节""鱼子酱节""拔河节""漂流节""钓鱼节"等，并且都具有鲜明的乡土特色。最近，韩国乡村旅游又增加了不少新项目。"主题列车活动"让游客坐车行到哪里，看到哪里，吃到哪里。"韩式美食旅行"让游客前往农村品尝颇具特色的韩式套餐。"茶园旅行"让游客到茶园采茶。"周末农场"适应双休日的特点，供城市游客携一家老小去耕作和收获，体验劳动的艰辛和乐趣。韩国农林部正在推广的"绿色农村体验村庄"项目则是将自然生态、旅游、信息化和农业培训结合起来的高端乡村旅游。

韩国的乡村旅游具有以下三个特点：

（1）乡村旅游活动项目十分丰富并且地方特色突出。在开展乡村旅游时，韩国充分发挥了地方特色，每一个小的特点都能够成为一个独立的旅游项目，从而使得乡村旅游项目十分丰富。

（2）重视节庆活动是韩国乡村旅游的另一大特点，可以说每一个节日都是旅游的高峰期，当前韩国各地有 800 多个与乡村旅游相关的节日活动，从而提高了对世界游客的吸引力。

（3）对农民开设的家庭旅馆给予支持。为了让农民与渔民能够从乡村旅游中获益，韩国对于农民开设的家庭旅馆给予了极大的支持，例如规定每户农民开设的家庭旅游最多拥有七间房间不用交税等。同时，韩国也成立了"民泊协会"来协调农民与政府、游客之间的关系。

三、中国乡村旅游现状

乡村旅游主要以农村的自然资源、优美环境、农家建筑物、文化等资源为依托，将乡村的自然景观与旅游业相结合，使人们与大自然亲密接触，吸引游客前来观光旅游。这种新兴的旅游方式不同于传统的旅游方式，传统的旅游方式针对的客源地较远，而乡村旅游针对的客源地较近，多以附近的市民为主要客源。

乡村旅游在中国的起步时间较晚，从 20 世纪 80 年代末期开始，中国出现了乡村旅游的雏形，但是这个时期的乡村旅游并没有脱离传统乡村旅游的范畴，进入 21 世纪之后，随着国外乡村旅游观念的流入，中国的乡村旅游得到了迅速的发展，集中表现为乡村旅游景点迅速增加、乡村旅游规模不断扩大、乡村旅游分布范围逐步增加等，当前中国的乡村旅游已经初具规模，并呈现出多样化发展的态势。

根据中国报告大厅的研究数据显示，截至 2018 年 12 月，中国共有景区景点 3 万多个，其中有一半以上的景点分布在我国广大的农村地区。每年乡村旅游景点的游客接待数量超过 5 亿人次，从中取得的旅游收入超过 2 000 万元。单是"春节"和"十一"两个旅游黄金周，每个黄金周的乡村旅游人口约达到 1 亿人次，游客主要以城市居民为主，约占 70%。

我国地域辽阔，从而使我国不同地区的乡村景观风格不一、各具特色，乡村旅游的内容较为丰富，加上市场对乡村旅游需求的多元化，旅游资源开发和利用形式的多样化，这就造成了我国乡村旅游形式的种类繁多，不拘一格。但大多数乡村旅游的形式都离不开以下三种模式：

（一）市场依托型

市场依托型指的就是农村依托大城市，将大城市居民作为主要客源，乡村旅游也重点为大城市居民服务。目前国内发展较好的有北京、杭州等一线城市的近郊乡村旅游，这些乡村旅游项目有的依托当地独特的自然风光，有的以特色农业或者农家乐为主题来吸引大城市游客。市场依托型乡村旅游模式的优点在于拥有稳定的客源，交通便利，可以说是发展最为成熟、市场潜力最大的一种乡村旅游模式。

（二）资源依托型

资源依托型乡村旅游指的就是农村依靠当地的特色资源来发展乡村旅游。一般来说，这种乡村旅游模式比较适合那些具有民族或者地方特色的村庄，多以人文资源为主题。资源依托型乡村旅游的优势在于资源的独特性决定了其他地区很难复制，因此所面临的竞争压力也较小，但是具有民族特色的村庄多在少数民族地区，这些地区远离大城市，交通不便，因此客源无法得到保证。当然，客源较少也意味着村庄的民族文化特色得到了很好的保存。

（三）景区依托型

景区依托型的乡村旅游，是指发展旅游的乡村周围有著名的景区，这些乡村利用这些著名景区现存的交通、名气、客源等优势来发展自身旅游业。周边景区带来的客源带动了当地的住宿、餐饮、购物等旅游配套服务设施的发展，乡村旅游的发展带动了当地经济的发展，扩大了当地土产品的名气和销量，增加了农民收入。

四、国外乡村旅游对我国的启示

欧美乡村旅游所拥有的良好发展基础是在多年经济发展的前提下，城乡差距逐渐缩小的结果。限于条件，我国发展乡村旅游不可能一蹴而就地达到如此之高的水平，应树立长远思想，积极而稳步地推进，不能脱离实际盲目"跃进"。

（一）政府引导，自主发展

纵观世界发达国家的乡村旅游发展历程，不难发现政府在乡村旅游发展中起到了极为重要的作用，或引导，或规划，例如意大利、法国等国家在发展乡村旅游时就是对全国进行统一的规划，既避免了乡村之间的恶性竞争，也保证了各国乡村旅游景点都有着属于自己的特色。因此，我国在发展乡村旅游时也要充分发挥政府的引导作用，避免乡村旅游出现千篇一律或者恶性竞争现象。

（二）注重旅游产品的开发和营销

随着社会经济的不断发展，"酒香不怕巷子深"的时代早已过去，产品的开发与营销成为市场竞争胜利的关键要素，旅游产品也不例外。国外乡村旅游发展之所以如此成功与它们的宣传也有着十分密切的联系，例如法国政府为了促进本国乡村旅游的发展，印刷了大量的宣传手册，使得国际游客对法国乡村旅游有充分的了解。因此，我国在发展乡村旅游时也必须给予旅游产品的开发与宣传以足够的重视，要着重突出乡村旅游的特点和个性，以此来吸引游客。

（三）加强对乡村性的维护

乡村旅游近年来逐渐兴起的一个主要原因就是大众对千篇一律的城市生活逐渐感到厌倦，而别具一格的乡村生活由此吸引了大众的目光，因此乡村性是乡村旅游能够迅速发展的一个重要因素。在发展乡村旅游的过程中要重点维护当地的乡村性，例如美国的乡村旅游开发都尽量避免对当地的土木景观造成破坏，部分旅游景点甚至禁止游客开车进入，提倡步行游玩，以此来将旅游对乡村性造成的破坏降到最低。对比之下，我国部分地区的乡村旅游就明显地存在"杀鸡取卵"现象，对乡村资源的过度开发导致乡村的原始面貌遭到破坏，乡村旅游也失去了其内涵。

第三节 中国乡村旅游所面临的困境

一、乡村城市化

20世纪50年代，美国经济学家刘易斯提出"二元经济理论的概念"，他将一个国家的经济分为以现代工业部门为代表的资本主义部门和以传统农业为代表的非资本主义部门两种类型，其中非资本主义部门的最大特点就是剩余劳动力过多，如此一来当资本主义部门扩张时，非资本主义部门的劳动力将会逐步地转移到资本主义部门中，经济的发展是以资本主义部门为依托的，因此非资本主义部门的首要职责是为资本主义部门的发展提供丰富而廉价的劳动力。从刘易斯的观点可以看出，城市经济的扩张是转移农村剩余劳动力的主要途径，是实现二元经济转换的重要手段，这也是当前许多国外学者将中国的城市化进程与美国的高科技研发作为影响人类 21 世纪发展两大关键要素的一个主要原因。而从国内社会经济发展的角度来看，新型城镇化建设已经成为社会主义新农村建设的主要着眼点，成为城市经济发展的重要推动力，而乡村旅游的发展则是乡村城市化的一个催化剂。然而，乡村城市化固然是农村社会经济不断发展的重要产物，但是对于乡村旅游的发展而言，乡村城市化却有着极大的弊端。这种弊端主要体现在以下三个方面：

第一，乡村城市化对乡村的自然景观与人文环境有着极大的影响。从理论上来说，乡村城市化并不是简单地将乡村转变为城市，而是要不断地提高乡村居民的生活质量，使之向城市居民靠拢。但是国内当前对乡村城市化的认识明显集中在将乡村转变为城市上，而在转变过程中，乡村的居住环境、居住文化、环境文化等必然会随之发生变化，这种变化可能是良性的，有利于乡村居民的生活质量提高，但也有可能是劣性的，例如乡村生活的特色正在逐步消失，成为与城市一样的生活方式。总的来说，在乡村城市化进程中，乡村的自然景观与人文环境正在面临着历史性的变革，部分有特色、有价值的乡村景观随着乡村城市化进程逐步消失，但是一些新型的乡村景观也在逐步地产生。对于乡村旅游的创新发展而言，乡村景观与环境的变化所带来的影响也是不确定的，它可能会造成乡村旅游失去特色，旅游经济发展速度逐渐放缓，但也有可能创造出新的旅游景点，推动乡村旅游的进一步发展。

第二，乡村城市化深刻影响着传统乡村的耕地状况与生态环境。在乡村城市化特别是城镇化的发展过程中，土地的供需及利用矛盾也变得更加尖锐。城镇化过程中土地问题的焦点是建设用地与保护耕地之间的矛盾，其实质是吃饭与建设、发展与保护的矛盾。土地作为一种稀缺而宝贵的自然资源和不可替代的重要资产，它的合理利用和配置直接关系到社会经济的可持续发展。1996 ~ 2005 年间我国城市化水平逐步快速提高，城市建成区面积由 19 264 平方千米扩大到 3 万多平方千米，耕地面积由 13 003.9 万公顷减少到 12 208.27 万公顷，总共减少 795.63

万公顷，平均城市化每提高一个百分点，耕地随之减少 31.7 万公顷。耕地面积减少的同时，耕地质量也在日益下降，农村的环境不断恶化。大量优质耕地被征用开发为工业或建筑用地，人均耕地递减，逼近耕地警戒极限，并危及粮食安全，迫使农民过度开发利用耕地，加大耕地利用强度，扩大开垦劣质耕地；又导致大量林地、水面、绿地等非耕地转为耕地，使林地、草地、水面数量急剧减少，林、草产品数量日益下降。这些问题致使土地利用结构和空间布局不合理，必然会严重破坏生态平衡，造成土地退化、水土流失、环境恶化。这必将危及农业生产的土地基础，直接影响到新农村建设中生产发展的目标和要求的实现。

第三，农村城市化深刻影响着传统农村的农业结构、农民的生存状态与文化观念。在城市化进程中，大量剩余劳动力进城务工，而这些农民工素质不高、文化水平低，加上二元户籍制度和身份制度的影响，农民工处于非正规劳动力市场的队伍里，在城市无法找到满意的工作，他们的居住环境、生活水平、子女就学、医疗条件、文化生活都不能和城市居民相比，流入城市的农村人口成为城市社会底层群体"二等公民"，农民难以完全市民化，城市内部出现新二元结构。人口城乡迁移"门槛"和二元户籍制度使得多数农民不愿放弃作为生存之本的小块土地的经营权。这就使得农村的"兼业"现象严重，他们守着"进有致富之路，退有善生之本"的重土安乡念头，形成了"离土不离乡，进厂不进城"的局面。农民工成为"两栖"劳力，在家只种"应付田"，不肯在土地上下功夫和增加物化劳动投入，造成了农业粗放兼业甚至出现农田抛荒现象，浪费了宝贵的土地资源。城市新二元结构与"两栖"劳力的严酷现实，促使越来越多的农民寄希望于新农村建设，成为"生产发展、生活宽裕、乡风文明、村容整洁、管理民主"的新家园的真正主人。在这种情况下，必须在稳定发展粮食生产的基础上，积极推进农业结构调整。按照高产、优质、高效、生态、安全的要求，调整优化农业结构。而发展乡村旅游正是新农村建设中优化农业结构、发展农副业生产的有效手段，也是乡民构筑乡村田园理想的契机，关键是怎样构建具有传统乡村性特色的现代的自然和人文乡村景观。

二、乡风商业化

自中华人民共和国成立以来，社会主义改造、经济体制改革和新农村建设背景下乡村旅游的兴起使得乡村的民俗文化逐步地发生了巨大的变化。正如乌丙安先生认为的："民俗文化艺术的人为传播和获取经济收益结合在一起，使民俗文化急剧变迁中的民俗文艺也呈现出两重性格和两种形态。"这两种形态一种是民俗文化的原始形态，它是乡村的最本质文化特征的表现，是乡村居民在历史中锤炼出的与乡村生活最适合的文化形态，是乡村精神文化建设取之不竭的文化资源。还有一种则是在乡村社会经济发展中的民俗文化再生形态，或者说是为了适应乡村社会经济的发展而对原始民俗文化的一种改造，它的出现与市场经济和乡村旅游有着十分密切的联系。从某种意义上说，这种文化形态已经不再属于乡村民俗文化，而是打着民俗文化的幌子的一种经济文化。满足游客的文化艺术欣赏，进而获取相应的经济效益是这种民俗文化诞生的基本目标，也就是说，无论这种民俗文化是否适合乡村的社会经济现状，只要它能够为居民带来足够的收入，那么对原始的民俗文化进行篡改也并不是不能接受的。在乡村旅游中，这种民俗文化常常表现为民风不古、民俗扭曲等。

民俗是构建社会主义和谐社会的重要力量，而民风不古也是构建和谐社会的一种重要阻碍，在市场经济确立的过程中，五彩缤纷的民俗逐步地被市场经济理念冲垮，享乐主义、功利主义逐步地取代传统的民俗文化。但是乡村旅游的迅速发展使得民俗文化再次焕发和升级，游客对民俗文化的好奇使得很多民俗文化得到了保护与发展，从表面来看这对于民俗文化的保护与发展是极为有利的。但实际上，乡村旅游从本质上说属于市场经济的产物，民俗文化虽然因乡村旅游的兴起得到了重视，但是更因乡村旅游这一市场经济表现受到了极大的戕害，表现为民俗文化的伪造、破坏和同化。

在乡村旅游中，民俗文化不再是乡村居民的精神食粮，而是成为一种商品，是近年来旅游部门和旅游科研者主动参与扶贫工作的一个重要创举，很多省市区都在积极开放当地的民俗文化来吸引国内外的游客，丽江、西双版纳、九寨沟、张家界等原本相对贫困的地区都因民俗文化的宣传而逐步地脱贫致富，可以说民俗文化成为乡村经济发展的一个重要资源，例如广西龙脊地区在开发乡村旅游时就利用当地的瑶族、壮族在过牛魂节时需要蒸五色糯米饭和黑色糯米饭的特点来开发旅游产品，这种食品不仅新颖，而且具有一定的药用价值，对游客有着极大的吸引力，该地区政府和居民就利用这一特点来增加游客的体验感，之后更是重新尝试竹筒饭的做法，逐步形成完善的民族风味餐。由此可见，乡村旅游的发展对于乡村地区运用现有的民俗文化和挖掘早已摒弃的民俗文化有着极大的意义。

但是在发展乡村旅游中，也不乏对民俗文化胡乱篡改，将民俗文化作为摇钱树，导致民俗文化受到极大戕害的问题。例如在乡村旅游中，乡村饮食一直以来都是游客关注的一个重点，在游客看来，乡村的饮食或许粗糙，但是却更为天然，有利于养生，由此出现了很多地方打着"乡村野菜"的名号来吸引那些追求养生的游客。再比如部分风景区出租的民族服装也是一种欺骗，无论哪个民族在形成自己的民族服装时都需要紧密结合自身的民族文化特点，但是从部分景区所谓的"民族服装"就可以看出这些服装纯属胡乱编造，如土家族的女装原本色彩淡雅，以深蓝色为主色调，而出租的服饰却是大红大绿；男装甚至还炮制出了一顶帽子，帽子上钉上了艳丽的野鸡毛，完全失去了土家民族服装的特色。再如传统的民间习俗和节日庆典，为迎合旅游者的需要被压缩、删改，成为随时可以搬上"舞台"的表演，而不再按传统规定的时间、地点举行。或者经过生搬硬套、随意拼凑而形成所谓神秘民俗，例如在西南地区某些景点，在门前或广场一角立两根或若干根所谓"图腾柱"，乍看起来高大、神秘，深入研究一下，完全没有价值，无非是把西南民族的傩面具搬来，随意拼凑而成，与图腾柱离题千里。

广西武鸣壮族三月三歌圩，对歌、跳竹竿舞、抛绣球等传统特色活动接连上演，活动的内涵变了，过去表达男女间的情谊，现在变成了老少皆宜的全民娱乐活动。一些民俗婚礼表演以参与为名，让游人与穿着民族服装的女性从业人员举行"婚礼"，任何一位男性游人都可以扮成"新郎"，与职业"新娘"进行一系列的婚礼活动，在预先不告知的情况下，要付出49元的礼金给"岳父岳母"，给"新娘"付50元的小费，若有过多的亲昵动作和言语，还得给"新娘"付"翻脸钱"。这一切在游人当中造成了非常不好的印象，导致旅游目的地传统价值观退化。

民俗文化属于乡村旅游"软"资源，在乡村旅游发展中被逐步破坏，无独有偶，部分乡村的旅游硬件也逐步遭到破坏，例如山西平遥的古建筑在成为旅游热点之后建筑群体受到了极大的破坏等。部分地区甚至出现了扭曲和丑化当地民俗文化真正含义的做法，例如福建崇武惠安女性的服饰本来具有浓厚的民族色彩与文化内涵，但是在经过游客的宣传和渲染之后竟然被认为是一种十分庸俗的服饰，在游客的反对和怪异的目光中，这种服饰在逐步地消失。值得注意的是，旅游是一种持续性行为，乡村居民与游客的接触是长期的，因此在乡村旅游的发展中，很多乡村居民的思想观念也逐渐地发生了变化，原本淳朴的乡风开始消失，取而代之的是各种经济意识，例如广西龙脊梯田旅游，其风俗民情除了建筑还保留一定的特色之外，服饰、饮食、歌舞等在乡村旅游的冲击下都开始异化，在商业化道路上越走越远。

民俗商业化改变了民俗的要素，民俗的作用发生了根本性质的变化，民俗中的一部分经过异文化群体的利益选择，被物质化和商业化，成为一种失去灵气的品牌产品或概念。传统民俗的泛商业化倾向，将会败坏中国几千年流传下来的民俗文化精神内涵，原汁原味的独特文化一旦丢失，将贻害无穷。如果作为旅游资源的民俗文化被破坏了，可持续旅游、创新发展就根本谈不上了。保护民俗文化，实际上就是保护一部分旅游资源，使之长久地延续下去。

三、乡民边缘化

（一）城市新二元结构与"两栖"劳力——被城市边缘化

城市新二元结构与"两栖"劳力的形成，是当代农民被城市边缘化的表现，中国太多的农村劳动力即使在这样迅速的城市化进程中也不可能被正常吸纳。乡村旅游的发展则可以将一部分剩余劳动力利用起来，但这些剩余劳动力仍然要面对提高文化素质的要求。而且随着农业现代化水平的提高，更多的农业劳动力解放出来，乡村旅游也消化不了愈来愈多的剩余劳动力，调整产业结构，大力发展农副产品深加工还是一个重要的出路。

（二）旅游为他人——被旅游边缘化

很多人将乡村旅游视为解决农村剩余劳动力过多问题的主要途径，理论上来说也确实如此。但事实上，乡村居民在乡村旅游中被旅游边缘化的现象是十分明显的。原因在于以下两个方面：一是乡村旅游属于第三产业服务业，从这个角度来说从事乡村旅游需要较高的综合素质，而乡村居民的综合素质较之城市居民普遍较低，这种情况下如果一个地区的乡村旅游得到迅速发展，那么必将会吸引大量的外来工作者，如此乡村居民除了属于本地居民这一优势之外，毫无竞争优势可言，这个时候乡村的剩余劳动力问题并没有得到根本的解决；二是乡村旅游迅速发展，但是乡村居民却很难享受到旅游所带来的收益，在乡村旅游中，一切最好的衣、食、住、行等设施都是为游客服务的，乡村居民只能从中获得一定的经济收益，但是这些经济收益在物价不断上涨的乡村给乡村居民带来的改变是极为有限的，乡村居民被旅游边缘化也在所难免。

（三）主人翁地位的失落——被现代边缘化

作为乡村旅游资源的主要持有者，乡村居民理应是乡村旅游的主体，但是在乡村旅游发展中，这种主体地位却逐渐地边缘化，主要表现在以下两个方面：一是作为农村土地的所有者，乡村居民却无法正常地对土地资源进行开发利用。虽然很多农户通过开设农家乐等在乡村旅游中获得了一定的收益，但是纵观乡村旅游中的旅行社、饭店等就可以发现这些大多数是由城市人投资的，他们从乡村旅游中分走了大部分的利益，原因就在于乡村居民缺少足够的开发资金，能够用于旅游资源开发的资本十分有限；二是乡村旅游中所需要的大量工业产品并没有给农村经济带来发展，食物、饮料、手工艺品很多都是从外界运输进来的，农村居民在其中只是一个销售者，能够享受的收益并不是很多，也就是说，在很长一段时间内，手工业和农业给当地居民带来的收入是十分有限的，反而因乡村旅游的发展，农村的种植业产量在不断地下降。而导致这些问题产生的根本原因就是乡村与现代社会的脱节。

（四）乡民异化

在很多人眼中，乡村生活应当是一种静谧和谐、忙闲有致、自得其乐的生活方式，但是随着乡村旅游的迅速发展，一方面农村的游客在不断增加，大量的商品与服务需求使得农村居民不得不从之前悠闲的生活中走出来，为游客提供服务，生活逐渐地忙碌起来，看似富裕的生活背后隐藏的却是悠闲和谐生活环境的消失，乡村居民也逐渐地成为"城市居民"；另一方面随着乡村旅游而来的是市场经济思想，功利主义开始在乡村兴起，传统的道德信仰与淳朴的民俗文化开始逐步地消失，乡村居民的幸福指数开始下降。

四、产品低层次化

从当前我国乡村旅游发展的整体现状来看，我国的乡村旅游仍旧处于初级阶段，主要表现在以下四个方面：

第一，旅游形式的低层次化。目前我国的乡村旅游仍旧以乡村田园观光为主，以农家乐餐饮、棋牌等为主，且这些产品的开发并不是统一规划的，而是以农户家庭为单位，能够真正融入地方文化。民族文化的乡村旅游产品十分有限。对比国外多样化的乡村旅游产品，就可以发现，当前我国的乡村旅游产品十分匮乏，乡村旅游资源并没有得到充分的挖掘。

第二，乡村旅游活动内容单调重复。纵观国内当前的乡村旅游活动内容，可以发现，农家乐几乎占据了绝对的比例，而考虑到农家乐这一旅游活动的诞生时间，更可以发现，我国乡村旅游活动内容的更新速度极为缓慢，这就使得我国乡村旅游对游客的吸引力不断下降。

第三，乡村旅游的季节性与客源受到的约束极大。很多地方的乡村旅游季节性极强，例如以油菜这种经济作物为主题的乡村只有在油菜花盛开时才能够吸引到大量的游客，一些生态采摘园一年更是只能进行一次乡村旅游，如此一来就造成了乡村旅游资源的极大浪费。而在游客上，可以发现由于乡村旅游缺少统一的规划，规模小、分布散、规划乱、项目重复等现象使得乡村旅游的客源以国内游客为主，能够接待的国际游客十分有限。

第四，从管理服务上，乡村旅游目前仅能够满足游客的衣、食、住、行等基本需求，离实现舒适、愉快的旅游还有一定的距离。

此外，值得注意的是，很多地方发展乡村旅游的主要目的是为了解决农村的贫困问题，也因此出现了部分地方政府为了开发旅游资源而违背市场发展规律，盲目地修建乡村旅游社区，不仅对当地的乡村旅游资源造成了极大的破坏，同时也无法实现乡村旅游的健康可持续发展。

五、区域发展不平衡

从 2015 年国家旅游局公布的相关数据来看，当前我国已经形成一定规模的乡村旅游景点主要集中在城市近郊地区、城乡接合部和一些交通较为便利的地区，全国的乡村旅游区域发展极为平衡，集中表现为东部乡村旅游发展速度较快，中西部地区则较为缓慢。导致这一现象产生的主要原因是各地的经济发展水平不同。乡村旅游产生与发展的一个重要前提就是城市经济迅速发展，城市居民拥有更多的时间与金钱来进行旅游，而东部地区的经济发展速度一直位居全国前列，因此居民的收入更高，能够用于乡村旅游的时间也就更多。而中西部地区则由于城市经济发展速度较慢，因此城市居民的旅游积极性也较弱。此外，值得注意的是，交通也是限制乡村旅游发展的一个重要原因，中西部地区如新疆、西藏等地区乡村旅游无法得到发展与当地不便的交通有着十分密切的联系。

第四节　乡村旅游发展的制约因素

在乡村旅游地的发展演变中，由于影响乡村旅游地发展的动力因素不同，乡村旅游地的发展将产生不同的结果。一些旅游地通过大力开发迅速进入高速发展期，但是短时间内很可能迅速进入衰落阶段，如民族村和世界之窗等主题公园类型。一些旅游地景观价值很高，但由于当地交通条件较差和旅游设施落后，旅游地的发展停留在最初阶段，如云南怒江州独龙江等自然资源类型。一些旅游地有着相同的景观价值和相同的外在影响因素，但由于旅游地发展规划不同，管理水平和服务水平不同，乡村旅游地的发展结果也不同。在旅游地发展的不同阶段，影响旅游地发展的动力因素是不同的。在旅游地发展的最初阶段，区位条件、旅游资源特色和交通条件等影响因素更为重要，而在旅游地发展的较高阶段，管理水平、营销策略和后续开发潜力等动力因素具有更为关键性的作用。

一、市场区位条件

市场区位条件大致可以分为交通区位和环境区位两种类型，其中交通区位指的是乡村旅游景点与游客或者潜在游客之间的距离以及交通便利情况，环境区位则主要指的是旅游景点的自然人文景观。

对于乡村旅游而言，市场区位是一个十分重要的因素。综观国内发展较好的乡村旅游景点，可以发现大多都是市场区位条件较为良好的地区。反之，如果市场区位条件较差，那么乡村旅游就无法保证拥有稳定的游客群体，如此乡村旅游也就无法得到发展。以北京香山地区为例，香山地区的人文景观与自然景观其实质量较为一般，但是该地区的乡村旅游发展却极为迅速，原因就在于该地区以北京市为依托，市场区位条件较好，北京市庞大的消费群体是该地区的主要客源。再比如西南少数民族地区，这些地区无论是自然景观还是人文资源都十分丰富，但是乡村旅游发展却极为缓慢，原因就在于一方面没有稳定的客源，另一方面则是交通不便。

二、旅游资源条件

旅游资源是指对旅游者具有吸引力的自然存在和历史文化遗产，以及直接用于旅游目的的人工创造物，可以是有具体形态的物质实体，也可以是没有具体物质形态的文化因素。旅游资源是构成旅游吸引物的主要内容，是旅游地吸引旅游者的重要因素，也是促进旅游发展的必要条件。旅游资源的性质和旅游资源的价值决定旅游地的吸引向性和旅游活动行为的层次。

在短期内，虽然旅游景点市场区位条件对乡村旅游的发展有着巨大的影响，但是从长期的效益来看，决定乡村旅游发展前景的却是旅游资源条件。一般来说，乡村旅游资源越具有独特性，对游客的吸引力也就越大，乡村旅游的发展潜力也就越大。例如部分具有浓厚人文底蕴和秀丽自然景观的乡村旅游景点对国内外的游客吸引力都极大，因此这些乡村旅游景点长盛不衰。反之，部分地区由于缺少具有特色的产品，有意地仿造一些庙、殿来吸引游客，但是由于缺少足够的文化底蕴，这些乡村旅游景点很快就失去了生命力。就乡村旅游地旅游资源的效益功能而言，乡村旅游地旅游资源的效益功能影响着其生命周期，乡村旅游地旅游资源的经济、社会和生态效益越好，乡村旅游地的生命周期就越长。从供需角度看，乡村旅游地旅游资源的吸引力因素实际是供给因素，决定着旅游产品的生产者和经营者，也就是说，乡村旅游地旅游资源的吸引力因素直接影响着旅游者的需求，影响着乡村旅游地的生命周期。

三、旅游环境质量

旅游地的环境质量是乡村旅游地发展旅游的重要条件。从不同视角进行研究，旅游环境的概念也不同。以旅游者为中心的研究视角，可以将旅游环境定义为，旅游环境是以旅游者为中心，使旅游活动得以存在和发展的各种旅游目的地的自然、社会和人文等外部条件的总和。以旅游资源为中心的研究视角，可以将旅游环境定义为，旅游环境是以旅游资源为中心，围绕在旅游资源周围的自然生态和人文社会等各种因素的总和。

旅游环境是一个综合性概念，根据不同的分类标准，有不同的类型。以区域作为指标可以将旅游环境分为森林旅游环境、滨海旅游环境、乡村旅游环境、城市旅游环境等类型；以资源的性质作为指标可以将旅游环境细分为自然旅游环境、人工旅游环境和半自然旅游环境三种；以空间为指标可以将旅游环境分为旅游客源地环境、旅游目的地环境和旅游行程环境三种。单从乡村旅游环境的角度来说，本书主要是从旅游社会环境和旅游自然环境两个角度进行分析，其中旅游社会环境主要指的是旅游地的基础设施、社会经济、人文氛围等，旅游自然环境则主要指的是旅游地的自然气候、地理环境等。

如果说旅游资源的丰富与否决定了乡村旅游的未来发展前景，那么旅游环境则决定了乡村旅游的起点。一般来说，旅游环境越好的地区在乡村旅游发展初期对游客的吸引力越大，例如我国西北地区的旅游资源十分丰富，沙漠、戈壁、雅丹地貌等都是十分优秀的旅游资源，但是西北地区的乡村旅游却始终无法得到发展，根本原因就在于旅游环境较差使得游客对这些旅游资源敬而远之。好的开始是成功的一半，而旅游环境则决定了乡村旅游能否有一个好的起点。

四、旅游地居民态度

旅游地居民态度是指旅游目的地居民对当地旅游业发展所持的观点和看法。旅游地居民态度对于乡村旅游发展具有重要意义，有益于和谐旅游氛围的建构，有益于旅游者满意的旅游体验，有益于旅游目的地良好形象的建立。旅游目的地居民态度分为积极态度和消极态度两种形式。旅游目的地居民从旅游发展中所获得的经济利益和旅游目的地居民对旅游发展的价值认可都将使旅游目的地居民对旅游发展产生积极态度。

乡村居民对乡村旅游发展的态度是不断变化的，这种变化大致可以分为欢迎、冷淡、不满和厌恶四个阶段。在乡村旅游发展的初期，由于乡村的经济发展较为缓慢，乡村旅游能够有效地增加当地居民的收入，这个时候绝大部分乡村居民对乡村旅游都是持肯定态度的，十分乐意游客过来旅游；而当乡村旅游业初步形成规模，这个时候大量游客的增加使得乡村居民无法再像以往那样来招待每一名游客，这个时候乡村居民的态度较为冷淡，游客付出多少才会得到多少服务，最初的那种淳朴之风在逐步地消失；当乡村旅游景点成为一个热门地区时，理论上说能够极大地提高乡村居民的收入，但是这个时候乡村居民对旅游发展的态度却是一种不满的态度，原因就在于乡村旅游发展所带来的一些弊端开始暴露，例如当地的生态环境遭到破坏、民俗文化开始异化等，对于收入已经提高的乡村居民而言，这种变化是难以接受的，因此对乡村旅游开始不满；随着游客数量的进一步增加，乡村居民的态度则逐渐地上升到厌恶层次，游客与居民之间的关系也逐渐恶化，这种厌恶将逐步导致乡村旅游进入下滑期。法国的巴黎居民就是一个典型的代表，每年的旅游旺季，法国巴黎都会遇到交通堵塞等问题，给当地居民的工作生活带来极大的影响，也由此引发了居民阻止游客进入市区的行为。

五、乡村旅游产品

乡村旅游产品是旅游经营者通过开发和利用旅游资源为旅游者提供的旅游吸引物与服务组合。乡村旅游产品是一种综合性产品，乡村旅游产品的生命周期是客观存在的，受到各种主客观因素的影响。这些主客观因素，包括吸引力因素、需求因素、效应因素和环境因素。

一是吸引力因素。吸引力是乡村旅游产品发挥应有作用，推动乡村经济发展重要动力的关键因素。旅游产品归根结底是一种商品，而商品只有出售才能够发挥价值，吸引力对商品的销售有着十分重要的影响作用。一般来说，吸引力越强的旅游产品销售量也就越大。从乡村旅游的角度来看，要想增强旅游产品的吸引力，需要从旅游地的人文景观和自然景观两个方面挖掘。

二是需求因素。社会经济发展程度、消费观念变化、人均收入水平、时尚潮流变化、旅游地环境质量等因素将影响旅游消费者需求的变化，从而引起客源市场的变化，进而影响乡村旅游地的生命周期。比如，乡村旅游地环境污染和生态破坏，会使生态旅游成为旅游者青睐的乡村旅游产品。

三是效应因素。乡村旅游产品对乡村旅游地生命周期的影响，主要表现在旅游活动所引发的旅游地的经济、环境和社会文化效应。持续和积极的经济效应，不仅可以维持旅游地的繁荣，还可以促进旅游地的发展。乡村旅游产品因管理不善而带来严重的环境问题，必然会导致乡村旅游产品迅速衰亡。乡村旅游社会文化效应足以影响旅游地的旅游发展，乡村旅游发展对乡村文化的猛烈冲击将引发社会摩擦，由此将加速旅游地旅游业的衰亡。

四是环境因素。乡村旅游产品的经营环境既包括内部组织环境，也包括外部经营环境，这些环境因素影响着旅游地的生命周期。当前旅游业市场竞争日趋激烈，为此，乡村旅游地必须改变经营观念，加大促销与宣传力度，实施正确的产品组合策略和市场细分战略，才能扩展客源市场，才能延长旅游产品的生命周期。

六、乡村旅游规划

旅游规划是对旅游地长期发展的综合平衡、战略指引与保护控制，从而有序实现旅游地发展目标的一套法定规范程序。乡村旅游规划对于旅游发展的价值和意义在于从系统整体出发，正确处理旅游系统的复杂结构，促进旅游规划对象的综合整体优化，为乡村旅游地的旅游可持续发展提供宏观的战略指导方针。所以，旅游规划的性质对乡村旅游地的旅游可持续发展具有至关重要的作用。乡村旅游规划应遵循旅游规划开发的原则：

第一，市场原则。乡村旅游属于市场经济的一部分，在对乡村旅游进行规划时也要充分依照市场规律进行，这样才能够保证乡村旅游的持续发展。

第二，形象原则。千篇一律的旅游项目是很难吸引游客的，在进行乡村旅游规划时必须要具有属于自身的特点。

第三，保护原则。对乡村旅游的规划不能以损害乡村的"乡村性"为代价，否则乡村旅游的生命力就会大打折扣。

第四，效益原则。乡村旅游规划应当以乡村的整体利益为目标，这样才能够保证乡村旅游与农村经济相互促进。

七、市场营销策略

"酒香不怕巷子深"的时代早已过去，当前乡村旅游能顺利发展与科学的市场营销策略有着十分密切的联系，如果缺少市场营销，那么无论旅游资源如何丰富、旅游环境如何好都无法顺利发展乡村旅游。市场营销策略大致可以分为价格策略、产品策略、渠道策略和促销策略等种类，对此乡村旅游地需要结合本地区的实际情况灵活采取不同的营销策略。例如在价格策略的制定上，乡村旅游价格并不是越低越好，事实上，对于大多数能够外出旅游的游客而言，他们的收入较高，因此价格并不是其考虑的第一要素，有时候过低的价格甚至会遭受怀疑，因此在制定旅游价格时要根据客源地的收入情况，同时参照其他乡村的旅游价格进行适当地降低，以此来获取竞争优势；在产品策略上，乡村旅游需要重视赋予旅游产品以统一的品牌，包括包装、设计、颜色等都要充分体现出旅游地的文化和自然特色；在渠道策略上，乡村旅游地不能只限于实体广告来拓展客源，而是要充分利用互联网的优势来增加旅游地的影响力；在促销策略上，乡村旅游地可以采用折扣、返现、抽奖、免费体验等方式实现销售产品和增加销售额的目的。

市场营销策略对于旅游地的发展是至关重要的，乡村旅游地市场营销策略的正确与否将直接影响乡村旅游地的发展。我国大多数旅游企业在营销方面仍然存在许多问题，其主要表现为：一是盲目降价；二是很多乡村旅游地忽视售后，没有一个较好的旅游产品售后服务体系；三是一些乡村旅游地法制淡薄，提供虚假的旅游服务信息，以贿赂手段拉拢顾客等；四是一些乡村旅游地没有将网络技术充分运用于旅游市场营销；五是很多乡村旅游地追求的是短期销售目标，而没有长期的营销目标；六是一些乡村旅游地不能根据市场需求，科学设计具有鲜明特色和吸引力的旅游形象。这些问题的存在严重影响着乡村旅游地旅游的可持续发展。

八、旅游地形象定位

旅游地形象是人们对旅游景区及其所在地的总体、抽象、概括的认识和评价，是对旅游地的历史印象、现实感知与未来信念的一种理性综合。在乡村旅游地的开发规划过程中，旅游地形象的塑造具有非常重要的价值和意义。旅游地旅游形象鲜明、独特和富有感召力与否，成为乡村旅游地吸引力大小的关键之所在。模糊混乱的旅游地形象不仅使现实的旅游者回头率低，而且很难对潜在的旅游客源市场产生吸引效应。个性鲜明的旅游地形象有助于形成庞大的旅游市场，并且具有长久的生命力。乡村旅游地旅游形象涉及内容繁多，由旅游地理念识别系统、旅游地行为识别系统和旅游地视觉识别系统三部分组成。其中，乡村旅游地理念识别系统是指乡村旅游地独特的文化个性和精神内涵。乡村旅游地行为识别系统主要表现为乡村旅游地的政府行为、民众行为和企业行为。乡村旅游地视觉识别系统包括旅游地的建筑造型、公共标志牌、交通工具、员工制服等，是乡村旅游地最直观有形的形象识别系统。

形象定位差异主要由主体个性、传达方式和大众认知等要素决定。其中，主体个性是指乡村旅游地品质和价值内涵的独特风格。传达方式是把乡村旅游地独特风格有效准确传递至目标市场的渠道和措施。大众认知是指旅游者对乡村旅游地形象的认识和感受程度。乡村旅游形象可以通过领先定位方法进行定位，比如，"天下第一瀑""五岳归来不看山，黄山归来不看岳"。领先定位适用于独特的乡村旅游资源。可以通过比附定位方法进行定位。比如，将牙买加表述为"加勒比海中的夏威夷"，这样就可使牙买加从加勒比海区域众多的海滨旅游地中脱颖而出。还可以通过逆向定位方法进行定位，以消费者心中第一位形象的对立面和相反面对乡村旅游地的形象进行定位。可以通过空隙定位方法进行定位，全然开辟一个新的形象阶梯，树立与众不同和从未有过的乡村旅游地主题形象。还可以通过重新定位方法进行定位，让乡村旅游地的新形象替换旧形象，使其在旅游者心中重新获取一个有利的位置。

第五节　乡村旅游可持续发展的途径探讨

乡村旅游作为现代旅游的一种新形式，已成为当今重要的产业形式，它把城市与农村紧密相结合，赋予乡村产业发展新内容。从本质上讲，乡村性是吸引旅游者进行乡村旅游的基础，是用以区别城市旅游和界定乡村旅游的最重要标志。促进乡村旅游可持续发展应该做好以下几个方面的工作：

一、政府工作

首先，制定科学规划，健全各项法规制度，做到统放适度，规范管理。乡村旅游的开发、旅游资源离不开农业部门、旅游部门、其他行政主管部门等的协调统一有效管理，政府主管部门依据农业资源的不同性质、作用、功效统筹规划，有机整合，分门别类，制定相应的旅游发展规划和政策，运用法律、行政、经济等手段做好指导、监督，有针对性地进行管理，"统"是为了乡村旅游的整体形象和整体利益，"放"是为了让一家一户的分散经营更灵活，更好地适应旅游市场的需求。

其次，要重视开发乡村旅游地区人才的培养，用现代化科学管理制度和方法经营乡村旅游。乡村生态旅游是一种文化性、趣味性、参与性很强的产业，只有在内容和形式上充分体现出与城市生活不同的文化特色，体现出鲜明的地域特色、民族色彩和文化内涵，并将之融合于优美和谐平衡发展的乡村生态环境中，才能最大限度地激发旅游者的出游动机，促进乡村旅游持续健康发展。

最后，扶持完善乡村旅游配套设施。旅游环境是个综合指标，旅游业的持续发展更是综合性经济产业，既包括有形的指标，如便捷的交通，以提高旅游区的可进入性；特色的乡村旅馆，以增强对游客的吸引力；也包括无形的服务质量等标准，创造高质量、高品位的旅游服务环境，以赢得游客的稳定性，使游客进得来、留得住。

二、乡村旅游产品品牌的构建

乡村旅游的重点在于乡村景观所具有的典型乡村性和传统地域文化特色性，开发保持乡村旅游产品就要从挖掘产品供给入手，考虑这些资源的内涵，多方位满足游客观光、度假、求知、闲适、猎奇、尝鲜、参与等活动需要，调动游客视觉欣赏、触觉感知、味觉品尝、丰富听觉等多种感官，让游客主动参与，丰富见识、增长才识。这就要求依据乡村旅游产品自身兼具生产性、生活性和生态性的功能特征，保持乡村旅游产品的自然真实性，设计具有独特性的产品。农业的地域性、自然条件差异性决定了乡村旅游产品不能模仿，切记追求"一刀切"。

乡村旅游产品的梯级分层开发要兼顾自然和人文，推动"物的乡村旅游"和"人的乡村旅游"相互融合，相互促进。留住乡土文化和建设农村生态文明的同时，思想、观念和意识，素质能力、行为方式和社会关系，都是必须要考虑的内容。这些最好要融入乡村古朴建筑、乡民奇妙典故传说、传统部落住宅、浓厚底蕴的乡村节庆、风情沿革、农作物及生产方式等丰富的乡村人文资源之中。因此要认真分析旅游乡村的历史发展过程，从中探寻乡村发展的文脉、演变，设计一些吸引旅游者参与共融的农家生活旅游项目产品，山水之乐乐在人，山水之美美在人。因朴实的农村乡情让旅游者体验乐趣，因旅游参与而收获知识，满足旅游者寓教于乐的需要，使游客积极参与，共融共乐，创造更多的经济效益。

三、建立有效利益分配和调控机制

乡村旅游良性持续发展的核心问题之一就是旅游利益主体间的利益平衡分配、协调控制。可持续旅游的主要利益相关者——旅游社区集体和居民、当地政府、旅游企业、旅游者之间的关系非常复杂，常态又处于动态，必须确保各利益之间分配均衡，方能充分调动各方面的积极性和参与热情，使乡村旅游资源发挥最大效益。而当地政府作为乡村旅游资源的最大权利人和乡村旅游总体利益的代言人、旅游资源产权归属人，责任重大，它规划利益群体参与旅游开发，保证从制度入手，建立利益保障机制、利益表达机制、利益沟通机制、参与机制等，实现利益的公平、公正，合理规范所有利益相关者的利益需求。

四、注重经济利益、资源和生态环境、社会文化效益综合发展

乡村旅游的基础在农业，农业自身的生产经营、乡村文化建设、农村生态及资源环境的开发保护影响着乡村旅游的进一步发展。为了开发建设，单纯追求经济利益，乡村旅游独特的原生态资源可能会遭到破坏。乡村旅游独特的原生态资源一旦遭到破坏，就很难恢复，所以要预防并渐进推进，不能刻意模仿随意开发，开发必须兼顾资源与环境，把追求经济效益具体化为实际的旅游经营和管理。旅游资源目标开发的同时，对乡村旅游的考核要严格到位，对游客的接待容量不能超过环境的承载能力，以及乡村居民的承受能力。可以通过建立乡村保护区等形式，保护濒临消亡的乡村自然景观和传统文化。另外，发展乡村旅游，文化是内涵，关键在服务。城市旅游者乡村游除物质观赏外，重在精神娱乐、精神收获。要树立这样的观念：服务本身就是一种文化，游客从旅游服务中会更加认可和尊重当地旅游产品和村民。反过来，旅游地村民从自己提供的高质量的旅游服务中对自己地方风俗文化及服务感到自豪、自爱，自然行为极易升华为文化遵守的自觉。所以，品味乡村生活，只有旅游服务与乡村文化有机结合才能提升乡村旅游的质量和品位，才能保持乡村旅游健康持续发展。乡村旅游地要把资源优势、生态优势转变为经济优势，以优美的生态环境、特有的文化产品吸引各类游客，创造出自己稳固的旅游形象，使乡村旅游最终发挥综合效益。

第三章　乡村旅游模式与规划创新

第一节　乡村旅游发展模式概述

乡村旅游在国外可追溯到 19 世纪工业革命时期，但乡村旅游的大规模开展却是在 20 世纪 80 年代以后，日前欧美发达国家的乡村旅游已具有相当规模，开发模式多样化，显示出现代乡村旅游文化的极强生命力和发展潜力。国内乡村旅游由于政府的推动萌芽于 20 世纪 50 年代，以河北省因外事活动的需要开展乡村旅游为典型代表。20 世纪 80 年代初，国内乡村旅游开始普遍发展，主要推动力由政府转向市场，在城市周边和景区周围形成依托型乡村旅游，以农户独立经营为主要模式。从 20 世纪 90 年代开始，由于受到政府和市场的双重推动作用，国内乡村旅游进入快速发展阶段，依托于景区、城市、高科技农业、度假、休闲、科普等，形成了多种经营模式并存的发展局面。

随着乡村旅游在全国范围的迅速开展，国内学者对乡村旅游的研究越来越多，并且取得了较多成果，特别是在乡村旅游发展模式方面，但是较多学者只钊对该研究领域的某一方面进行研究，至今未有学者对乡村旅游发展模式进行全面的总结。鉴于此，本章从不同方面对乡村旅游发展模式进行概述，旨在推广先进的、成功的发展模式经验，以期促进中国乡村旅游的全面、快速、可持续发展。关于乡村旅游发展，国外有许多成功的模式，如欧美的"度假农庄"模式、新加坡的"复合农业园区"模式、日本的"绿色旅游"模式等，都有一定的借鉴意义，但是国内明显不同的旅游消费特色，督促我们必须探索适合中国乡村旅游发展的本土模式。根据不同类型景区的发展特点，分析归纳了国内乡村旅游发展的七大模式，并对各种模式在实际操作中的指导意义进行深入探讨。

第二节　现有乡村旅游模式分析

一、民俗风情型发展模式

（一）民俗风情型发展模式简述

民俗风情乡村旅游具有文化的原生性、参与性、质朴性及浓郁的民俗风情的特点，独具一格的民族民俗、建筑风格、饮食习惯、服饰特色、农业景观和农事活动等，都为民俗旅游提供了很大的发展空间。我国民俗旅游开发资源基础丰富，特点鲜明，区域性和民族个性较强，发展优势明显。同时由于投资少、见效快，逐渐成为少数民族聚集区经济发展中新的增长点和旅游亮点，得到当地政府的大力支持，也受到国内外旅游者的推崇。但随着民俗旅游的蓬勃发展，民俗文化在旅游当中受到了冲击，甚至消亡，面对民俗文化保护和旅游开发的矛盾，面对当地居民与旅游经济的博弈，民俗依托型乡村旅游未来应该如何发展？如何实现利益共享？寻找发展这二者之间的平衡点对于推动我国乡村旅游发展具有积极的实践意义。

民俗风情旅游是一种高层次的文化旅游，主要包括物质风俗、社会组织风俗、节庆风俗和精神文化民俗五部分，由于它满足了游客"求新、求异、求知"的心理需求，已经成为旅游行为和旅游开发的重要内容之一。乡村民俗文化旅游是以乡村民俗、乡村民族风情以及传统民族文化为主题，将乡村旅游与文化旅游紧密结合的旅游类型。它有助于深度挖掘乡村旅游产品的文化内涵，满足游客文化旅游需求，提升产品档次。如匈牙利乡村文化旅游产品使游人在田园风光中感受乡村野店、山歌牧笛、乡间野味所带来的民俗风情，欣赏充满情趣的文化艺术以及体味几千年历史积淀下来的民族文化。

目前，无论是发达国家还是发展中国家，民俗旅游均已蓬勃发展：科特迪瓦利用其独特精巧的人造面具表现其传统文化，举办全国舞蹈节发展民俗旅游；突尼斯凭借本国土著居民的村落古迹、山洞住宅、民族服饰和车马游玩等民俗文化成为非洲和阿拉伯国家中的旅游大国。近几年我国的民俗文化旅游事业也取得了很大进步，以民俗文化作为旅游项目逐步树立了自己的品牌形象，各地旅游部门都在大力挖掘本地区的民俗文化资源，使之成为新的经济增长点，民俗风情游、古民居游等具有民族民间文化特色的旅游项目发展迅速，如山西黄河民俗游、昆明云南民族游、内蒙古草原风情游、新疆民俗游等。

（二）民俗风情型发展模式的主要特征

1. 历史性

历史性是民俗发展在时间上，或特定时代里显示出的外部特征。这个特征也可以叫作时代标志特征。因为这种特征是在民俗发展的特定历史中构成，所以叫作历史性。以发式习俗为例，全蓄发、簪发为髻置于头顶，这是明代男发式；前顶剃光，后脑梳单辫，是清代男发式；分发、背发、平头、剃光是辛亥革命后的男发式，直至今日。这便展示出几百年间发式的历史特征。同样，服饰习俗中的长衫、马褂、圆顶瓜皮小帽，正是建国前一般商人、乡绅的男装，中华人民共和国成立后被迅速淘汰了。在我国长期封建统治下，民俗的历史面貌呈现出一种相对稳定的保守状态，这是就整个封建时代的面貌而言；但是，即使是整个封建时期，由于改朝换代、民族交往、生产发展等政治、经济因素的影响，各个阶段也会显示出不同的历史特点。在我国历史上，尽管封建统治制度不变，但是由于某些非前代思潮的影响，各种习俗相应地都打上了新的历史印记。像唐代服饰，经过了五代，到了北宋、南宋时代，便有了较大的历史变化，基本上由宽肥趋于窄瘦了。民俗考察与民俗研究不能忽视民俗的这个历史特征。

2. 地方性

地方性是民俗在空间上所显示出的特征。这种特征也可以叫作地理特征或乡土特征，因为这个特征是在民俗的地域环境中形成并显示出来的。俗语说的"十里不同风，百里不同俗"，正是这种地方性特征的很好说明。民俗的地方性具有十分普遍的意义，无论哪一类民俗现象都会受到一定地域的生产、生活条件和地缘关系所制约，都不同程度地染上了地方色彩。民俗地方性特征的形成与各地区的自然资源、生产发展及社会风尚传统的独特性有关。因此，从鸟瞰角度认识地方性，可以看到，大体上各地区形成的民俗事象，分别构成各种类型的同心圆，千千万万个民俗同心圆的分布与彼此交叉联系，便形成了若干有区分的民俗地域。像我国东北地区，几千年经济文化的影响，形成了一个大的同心圆，使它与我国华北、西北、西南、华东等地区的民俗有很大差异。在这个大地域中又分布着许多小地域或更小地域的民俗同心圆，互有差异，直至最小的自然村落。这种民俗特征标志着民俗事象依附于地方乡土的黏着性。

3. 传承性

传承性是民俗发展过程中显示出的具有运动规律性的特征。这个特征对民俗事象的存在和发展来说，是一个主要特征，它具有普遍性。民俗的传承性在人类文化发展过程中，呈现出一种极大的不平衡状态。在文化发展条件充分的民族、地区，这种传承性往往处于活跃状态，也就是在继承发展中显示了这种传承性；相反，在文化发展条件不充分，甚至文化发展处于停滞、落后的民族、地区，这种传承性往往也处于休眠状态，也就是以它固有的因袭保守形式显示了这种传承性。因此，城镇习俗的继承发展较为明显，偏僻村寨习俗的因循守旧异常突出。在当代民俗调查中，传统节日在城镇习俗中远不如村寨习俗更具有古朴色彩。这种不平衡状态在比较过程中，自然寻找出城市民俗与村落民俗的关系及其差异，因此，对传承性特征的认识只能在民俗的发展过程中去获得。

4. 变异性

变异性是在与传承性密切相联系、相适应的民俗发展过程中显示出的特征。它同时又与历史性、地方性特征有着千丝万缕的联系，标志着民俗事象在不同历史、不同地区的流传所出现的种种变化。换句话说，民俗的传承性，绝不可以理解为原封不动地代代照搬、各地照办、毫不走样，恰恰是随着历史的变迁、不同地区的传播，从内容到形式或多或少有些变化，有时甚至是剧烈的变化。因此，民俗的传承性与变异性是两个矛盾统一的特征，是民俗发展过程中的一对连体儿，只有传承基础上的变异和变异过程中的传承，绝没有只传承不变异或一味变革而没有传承的民俗事象。在长期的民俗学理论发展中，传承的特征被摆到主要位置是对的，但是，相对地忽视了变异的特征则是不对的。那些在民俗中访古、考古寻觅遗留物的做法是不可取的，对发展人类文化，推陈出新没有大的作用。只有既研究其继承，又关注其发展变化，才有助于人类社会的进步。

（三）典型案例

1. 特色项目

（1）人文环境营造——丽江古城。

丽江古城在旅游开发中为了保护原生态的文化氛围和商业生态，政府除了实施文化丽江古城行动外，实行准入制度，把古城保护管理委员办公室核发的《准营证》作为进入古城从事经营活动的一个硬条件，尽量规范商业行为，淡化现代商业气息。同时，把现代特征较浓和没有特色的经营项目，如音像店、现代服装店、美容美发、卡拉 OK 厅、网吧等迁出，规范店铺的装潢、招牌等，控制店铺的规模和数量，鼓励经商者经营具有一定地方民族特色的商品，还对外来经商人员进行培训，让他们了解当地的民族文化。例如将没有城墙的古城、完全手工建造的土木结构房屋、周围配套小桥流水、纳西老人、原汁原味的藏寺——营造了浓郁的人文气息。

（2）演艺产品开发——《印象·丽江》。

丽江最具代表性的文化演艺首推张艺谋导演的《印象·丽江》。《印象·丽江》分《古道马帮》《对酒雪山》《天上人间》《打跳组歌》《鼓舞祭天》和《祈福仪式》六大部分，整个演出以雪山为背景，以民俗文化为载体，来自纳西族、彝族、普米族、藏族、苗族等10个少数民族的500名普通的农民参与演出，通过他们的生活、舞蹈等全实景式集中演绎了丽江的多元民俗文化。除了《印象·丽江》之外，丽江还充分开发本地的民俗风情，在古城东大街每天都有独特的纳西民间音乐《纳西古乐》和云南大型歌舞晚会《丽水金沙》等民俗节目演出。

（3）节庆产品开发——民俗节庆活动遍地开花。

丽江是一个多民族聚居的地方，世居着纳西、傣族、白族、普米、白、藏、彝、傈僳等12个少数民族，各种民族有各种不同特色的民间节日，如纳西棒棒节、骡马节、三朵节、摩梭女儿国的转山节、彝族的火把节、普米族的朝山节等。这些传统的节日一方面传承着丽江文化，另一方面在这些节庆中通常都有赛马、摔跤、民族舞蹈等大型活动，如纳西古乐、纳西打跳等，也使游客可以积极地参与到当地的文化中，更好地了解丽江文化。因此民俗节庆也是丽江旅游开发的一个重点，如彝族的火把节，由当地民众组成的演员与游客一起载歌载舞，极大地丰富了游客的夜间活动，吸引游客留下来。

（4）美食产品开发——民俗小吃商业街。

丽江小吃品种多，有鸡豆凉粉、米灌肠、粑粑、纳西烤肉等，四方街成为游客品尝特色小吃的一个重要场所，也是丽江夜景的一部分。

（5）住宿产品开发——特色客栈展现民俗风情。

丽江到处都是比较有特色的民居客栈，至少有上千家，小资的、慵懒的、地中海的、藏式的、明快的、温性的……不同特色的客栈多为四合院，由纳西人的住屋装修而成，具有浓郁的纳西风味，成为游客体验丽江慢生活和地域文化的最佳场所，著名的如香格韵客栈、凤凰旅馆、格桑梅朵客栈、望古楼青年客栈等。

（6）旅游纪念品开发——特色工艺品传承文化。

丽江旅游特产主要是螺旋藻、普洱茶、山货等地方特色产品，银器、玉石、木雕、蜡染、皮毛、皮包、披肩、围巾、民族服饰等手工制品，游客不仅可以在这里选购合意的商品，有时还可以看到工艺品的整个制作过程。

（7）娱乐产品开发——"艳遇之都"。

丽江为游客营造了一个很好的身心放松的氛围，在这里游客可以完全释放自己，没有城市的束缚和隔阂，让游客的心态都奇妙地趋于一致，这是导致丽江被誉为"艳遇之都"的一个重要原因。丽江的酒吧街是夜晚丽江古城内最有特色的一道风景线，也是丽江古城的一张重要名片。新华街的酒吧一条街、五一街的静吧，还有游离于餐厅和酒吧之间的"餐吧"，可以满足不同风格游客的需求。

2. 经验借鉴

（1）处理好文化保护与利用的关系。

丽江的经验就是建立了一个统一、有权威的组织保障机构，制定了比较完善的法规体系，较好地处理了保护与利用的关系，通过合理开发民俗文化资源发展旅游业，开辟了一条稳定、充裕的资金来源渠道，确保了各项保护项目的实施。丽江设有丽江文化保护管理局，其中专设的文化保护管理科主要负责民俗文化的保护教育培训工作。

（2）创办旅游文化学院。

丽江在旅游发展中坚持以人为本，加强对旅游从业人员的教育培训力度，增强其主人翁意识和民俗文化保护意识。在这方面，丽江创办旅游文化学院的做法得到了联合国官员的肯定。

（3）旅游发展实现共赢。

保护和利用民俗文化，不论是土著居民，还是经营者、管理者，都要在保护和开发中得到实际利益，实现利益均沾、风险共担。虽然这种模式还有很多不足，但这种尝试也为很多民俗文化旅游提供了一个很好的运营榜样。

二、农村庄园型发展模式

（一）农村庄园型发展模式简述

农村庄园模式以产业化程度极高的优势农业产业为依托，通过拓展农业观光、休闲、度假和体验等功能，开发"农业＋旅游"产品组合，带动农副产品加工、餐饮服务等相关产业发展，促使农业向二、三产业延伸，实现农业与旅游业的协同发展。农村庄园模式适用于农业产业规模效益显著的地区，以特色农业的大地景观、加工工艺和产品体验作为旅游吸引物，开发观光、休闲、体验等旅游产品，带动餐饮、住宿、购物、娱乐等产业延伸，产生强大的产业经济协同效益。

　　庄园是欧洲中世纪中叶出现的一种以家庭为单位生产经营农业的组织形式。它和传统农业的区别是专业性强、集约化生产、大规模作业。后来逐渐发展成为一种家庭式的产业，并多与休闲旅游度假相结合。在我国改革开放之后，特别是鼓励农业开发的法律法规出台和一部分人先富起来之后，使庄园这种模式在我国开始有了生存的条件。庄园模式作为一种集约化经营管理，并且能够在短时间内聚集大量闲散资金用于农业开发的组织形式，若能规范管理和健康发展，的确能够成为一种迅速促进农业发展，同时带动旅游业、农产品加工业及其他行业发展的新的组织形式。在传统农业的劣势逐步凸显的当下，庄园旅游以"1+3"产业模式，很好地结合农业与旅游，为未来农业发展摸索到一条新路子。就北京地区而言，就已建立了许多具有休闲"庄园"特征的休闲场所，比如意大利农庄、蟹岛、鹅与鸭农庄、张裕卡斯特酒庄等都是非常典型的依托乡村性（rurality）和地格（placeality）而形成的一种都市休闲旅游产品。依托传统贵族庄园、休闲农场和葡萄酒庄，通过拓展农业观光、休闲、度假和体验等功能，开发"农业＋旅游"产品组合，带动农副产品加工、餐饮服务等相关产业发展，促使农业向二、三产业延伸，实现农业与旅游业的协同发展。特色庄园模式适用于农业产业规模效益显著的地区，以特色农业的大地景观、加工工艺和产品体验作为旅游吸引物，开发观光、休闲、体验等旅游产品，带动餐饮、住宿、购物、娱乐等产业延伸，产生强大的产业经济协同效益。

（二）农村庄园型发展模式的主要特征

1. "农＋非"的土地运作模式

　　农村庄园的开发，其占用的土地开发后根据功能可分为两大类，即非农业用地和农业用地。非农业用地一般为庄园的建设用地，住宿、服务等设施或是休闲活动场所用地；农业用地则为庄园的农业生产用地、农业展示用地等。农业用地则主要通过庄园投资者租赁农民的土地或是农民以土地作为资金入股的方式进行运作获得。农民和庄园投资者在协商一致的基础上签订租赁合同或股份受益凭证，将农村土地的承包权和使用权进行分离，是农村土地产权多元化的一种有效形式。非农业用地的土地来源主要为本地区一些可利用的荒山荒坡、可开发的沙荒地，以及农村居民点集聚后原自然屯的节余村庄建设用地等。庄园投资者通过租赁农村集体所有的这类土地，获得开发和经营权，农村集体则可利用这些租金进行农村公共服务设施的建设。

2. 多元化收益形式

农村庄园是劳动联合与资本联合的复合体，只要经营得当，农民和庄园投资者均可获得可观的收益，实现双赢。对于农民而言，将土地租赁给庄园投资者可以获得租金，以土地入股可以获得分红，在庄园内进行服务工作可以得到固定的工资，参与管理农业生产还可以获得管理费用以及少量的农业收益。对于庄园投资者而言，可以得到绝大部分的农业收益，以及由观光农业所带来的相关旅游收益，如旅游住宿、餐饮、娱乐活动、购物消费等。如果将土地分块转租给他人进行农业体验活动，如市民租种小块庄园农业用地，自己种植自己采摘等，还可以得到土地的租金。

3. 庄园区位选择

庄园布点应该与外部交通有较好的联系，方便游客到达，但并不一定位于交通主干道的旁边，以减少过境交通对度假休闲的干扰，通常以距离大都市车程保持在 1 ~ 2 小时为宜。

4. 庄园旅游设计

第一，游憩地规模大，综合服务功能强。"大农场"建立在大都市旅游圈的远郊旅游带，环境优良，乡村气息浓厚，是都市居民逃离强大都市压力生活，前往休闲度假放松心情的理想场所。第二，体现当地的文化气息。美国牧场体现"西部牛仔"的文化；英国和俄罗斯的庄园体现欧洲的庄园文化。第三，开展农业教育，建立农业解说系统。

（三）典型案例

台一生态休闲农场位于中国台湾南投县埔里镇，由中国台湾农民张国桢创建于 1991 年，前身为"台一种苗场"。2001 年起开始发展农业观光，2002 年兴建了亮眼雅致且温馨舒适的花卉驿栈，2003 年设计了充满浪漫与新奇感的水上花屋。2010 年 3 月兴建了南芳花园宴会厅，并推出花餐养生料理。农场的园区占地 13 公顷并拥有得天独厚的山峦视野，面积达数千公顷。

1. 特色项目

（1）台一枫枫桦泉卉馆。

台一枫枫桦泉卉馆兴建于 2010 年，整体建筑设计采用环保的绿色建材，精心营造"春露""夏荷""秋枫""冬恋"等季节楼层，客房内精致花泉搭配万千风景，73 间花泉客房均有大观景窗，有占 12 ~ 20 坪空间大小的各式房型，客房内更是精心准备了环保级精油备品。

（2）花卉餐与水上花园餐厅。

台一水上花园餐厅以可食用的花卉为素材，做出香草餐、花卉餐等深具特色的美味菜肴。

（3）主题化景区。

农场精心规划特色主题，如花神庙、雨林风情馆、蝶舞馆、绿雕公园、绿茵广场等。花神庙是全台湾唯一的花神庙，仿西洋神话有主神佛劳拉及四季花仙子，典雅大方，通过"12星座许愿孔"与游客互动。雨林风情馆利用自然材质打造出原始风味，令人仿佛置身于热带雨林中。馆内的路径用漂流木设计配置，通过闯关营造馆内探索神秘的情境。绿雕公园则种植数百棵的枫树，并且利用该园区生产的花草配置平面图案，让访客有他乡遇故知的感动，另外，农场发挥创意将废铁雕塑出绿色奇迹，创造出了点石成金的风味。蝶舞馆利用多种农业废弃有机质，种植了多种蝴蝶所需要的食草及蜜源，游客既可以欣赏馆内及馆外数百只蝴蝶翩翩飞舞的美景，又可以亲身感受蝴蝶炫丽变身的过程。

（4）自然生态教育。

台一生态教育休闲农园宗旨是以自然生态教育为主，近年来，农区内也增加了有着庞大蝴蝶群的蝴蝶园、昆虫生态馆、水上花园餐厅、花屋、光合广场、仙人掌生态区、押花生活馆等休闲、生态区。

2.经验借鉴

中国台湾的休闲农场布局合理，大多数都分布在旅游线路上，每个景区的景点都能与旅游结合起来，这就有了客源的保证。板块化、区域化整合已经有了相当的成效。例如苗栗县南庄乡休闲民宿区，拥有近80家乡村民宿，依托这些民宿，乡里将具有百年历史的桂花小巷开发成特色旅游街，带动了客家特色餐饮、特色风味小吃、特色手工艺品等相关行业的发展，使游客来到这里之后，在体验不同的农家风貌的同时能够全方位地感受当地特色的客家文化。宜兰县也形成了梗坊休闲农业区、北关休闲农业区等区域化的乡村旅游目的地，达到一定的产业规模，具有区域特色。事实证明，休闲农业必须有一定的规模才能形成景观效应和产业集聚效应，才能连点成线、成片，为城市旅游者提供一日、两日乃至多日的旅游产品组合，从而提高经济效益。中国台湾自推出精致农业策略后，其乡村发展一直以"农＋旅"的形式为主，各种农庄旅游采取差异化的战略，纷纷取得一定的市场，可为大陆乡村旅游发展所借鉴。

（1）特色产业主导，精加工，深挖掘。

台湾的生态农庄，多以"小而精"取胜。他们不刻意追求农庄的面积、规模，不一定非要种植多少作物，获得多高产量，产品有多大的批量，但非常注重精细管理，精深加工，融入创意，提升品质。有的产品甚至限量供应，量少质精，坚持以质取胜，以特色取胜。例如种植茶叶的农庄，有的只采一道春茶，然后将其精心加工、制作、包装，使其成为茶叶中的"极品"。其他时间则搞好茶园管理，让茶树健康生长，养精蓄锐，确保春茶品质上乘。有的农庄利用溪流养殖虹鳟、银鳟或其他观赏鱼类，游客可以在农场购买饲料喂食、嬉戏、体验、观赏，鱼却并不对外出售。如此做法，反倒吊足了游客的胃口，吸引了众多游客慕名而来。

（2）鲜明的主题与创意。

中国台湾休闲农庄从一开始就非常注意生态环境的保护，在建设与经营过程中，不断融入创意与主人的情感，故而台湾的农庄可以让游客强烈感受到设计者的情感与追求。在主题选择上，水果采摘，竹、香草、茶叶、各种名花异草观赏，昆虫收藏，奶羊、奶牛、螃蟹、鳄鱼、鸵鸟养殖等各种体验创新不断，使游客始终充满新奇感。比如位于桃园观音乡的"青林农场"，一年四季都栽种着向日葵，且免费开放参观，还有专门种植食虫植物的"波的农场"，种有猪笼草、捕蝇草、毛毡苔、瓶子草等。很多农庄一看名字，就知道农庄的特色，如以香草为主的"熏之园"，以奶牛为主的"飞牛牧场"，以兰花为主的"宾朗蝴蝶兰观光农园"，"花开了农场"则栽植了大量珍贵的树木与奇花异草。

（3）重视口碑与网络营销。

由于规模不大，所以中国台湾的生态农庄，非常注重产品的"口碑"而不是"品牌"。他们认为，"口碑"比"品牌"更重要，因此他们宁可将更多的精力，放在保证产品质量上，放在让顾客满意上。为保证产品安全营养，他们严格控制化肥、农药、除草剂的使用，宁可增加投入、牺牲产量，也要保证产品质量。为了让游客品尝到口感最佳的产品，中国台湾很多生态农庄免费对游客开放，目的是吸引游客自己到农庄购买最新鲜、成熟度最适宜的农产品。中国台湾的生态农庄大多建在偏远的郊区，吸引游客自己到农庄购买产品，实现产品就地销售，不仅有利于保证产品的质量，还有一大好处就是农庄可以免掉一大笔销售费用。除了宣传手册、广告路牌、电视报纸等传统宣传手段以外，休闲农业要加强网络营销，运用科技整合资讯，通过网页、搜索引擎以及运用手机网络服务等对休闲农业区域的地图、路线等进行迅捷的引导。网络平台在中国台湾休闲农业中发挥着重要的作用，据台湾民宿协会的"U‐FUN民宿达人网"的统计，80%的客人通过网络预订。

（4）寓教于乐，深度体验。

台湾休闲农庄都设有可供多人同乐的设施，如烤肉区、采果区、游戏区，农耕体验区等。有的还设有充满台湾农村乐趣的烘烤区，给游客提供享受土窑烤地瓜、烤土窑鸡的乐趣；有的不定期举办与农业有关的教育活动、趣味比赛；有的提供与场内动物接触的机会，游客可以借喂养小牛、挤牛奶、喝生奶的过程，体会牧场农家的生活。

（5）官方与非官方组织保障。

发育较为成熟的民间组织和完善的服务体系是产业健康发展的保障，无论是从中国台湾还是大陆的发展经验来看，在休闲农业发展的初期，都离不开政府部门的大力促进和引导，但是政府不能包办一切，最终产业的进步要靠行业组织和良好的服务体系作为保障。服务体系包括营销体系、培训体系、行业自律体系等，关键是发挥农会、农业推广学会等群众组织的作用，帮助农民转型。

（6）从体验到分享的理念转变。

中国台湾休闲农业在主推"体验经济"之后，还出现了"分享经济"的理念，即休闲农业经营者与游客分享乡村生活，变"顾客是上帝"为"与客人成为志同道合的朋友"，倡导"拥有不如享有"的消费理念。

三、景区依托型发展模式

（一）景区依托型发展模式简述

成熟景区巨大的地核吸引力为区域旅游在资源和市场方面带来发展契机，周边的乡村地区借助这一优势，往往成为乡村旅游优先发展区。鉴于景区周边乡村发展旅游业时受景区影响较大，我们将此类旅游发展归类为景区依托型。景区周边乡村与景区本身存在着千丝万缕的联系，在文脉、地脉以及社会经济等方面具有地域一致性，为乡村旅游发展提供了文化土壤。而乡村目睹了景区开发、发展历程，易形成较强的旅游服务意识，为旅游发展提供相对较好的民众基础。同时，发展景区依托型乡村旅游既有乡村自身经济发展的主观需要，也有景区开放化、休闲化的客观需要。近年来，我国"黄金周"的景区拥堵现象充分暴露出封闭型景区的弊端，景区与周边区域配套发展成为必然趋势。

综上所述，景区依托型乡村旅游发展模式是在乡村自身发展需求和核心景区休闲化发展需求的共同推动下，景区周边乡村探索出来的旅游发展模式。风景名胜区优美的自然景观和厚重的历史层次，携手周边恬淡的田园风情，实现了乡村和景区的携手共赢，带动了区域的大旅游发展。

（二）景区依托型发展模式的主要特征

景区依托型乡村旅游是指在成熟景区的边缘，以景区为核心，依托景区的客源和乡村特有的旅游资源发展起来的乡村旅游活动。

1. 区位优越，共享风景

景区依托型乡村旅游由于临近成熟景区的辐射圈，在地理区位上有显著优势，为乡村旅游发展提供了地域上的可能性。成熟景区拥有相对较好的交通条件，而乡村与景区构建起交通联系后，形成了良好的旅游通达性。而且文化、环境、旅游线路等区域上的一致性，也使乡村与景区之间更容易达成一体化发展。

2. 市场优越，客流集聚

乡村的农家菜、农家院等"农家乐"设施可以承担景区的部分服务接待功能，成为景区天然的后方配套旅游服务区。依托景区的人气和客流，乡村成为天然的游客集聚地，并在发展中逐渐拥有属于自己市场的顾客群，为乡村旅游开发提供了市场前提。

3. 资源优越，互补发展

同区域旅游发展一个重要的内容就是"互助"和"求异"，乡村在生态风光和文化渊源上与初始景区具有一定的延续性，但是其主要方向是田园风、民俗情，又与景区的发展特色具有方向上的差异，因此其发展是对景区旅游产品功能的有机补偿，与初始景区形成差异化互补发展的格局。

（三）典型案例

黄山翡翠居隶属于黄山中海假日旅行社有限公司黄山风景区分社，翡翠居地处黄山翡翠谷景区，属黄山风景区所辖范围，距离黄山南大门4千米。翡翠新村别墅于2003年新建，2004年被安徽省列为"农家乐"旅游接待示范点，是一片私营休闲生态农家乐度假村，占地面积500亩，可一次性接待游客500余人，总投资约5 000万元。

1. 特色项目

这是一片别墅式生态休闲农家乐，各种名贵花木，造型各异，争奇斗艳，周边环境十分优美，梨桃掩映其中。客房按星级宾馆标准设计，温馨、浪漫、自然、舒适；餐饮以四季农家菜为主，清新可口，野趣横生。入住其间远离了城市的喧嚣烦躁，尽享鲜氧，与大自然共同呼吸，令游客仿佛置身于"桃花源"里的人家。翡翠居农家乐有各式古徽州名菜、农家菜、山珍野菜和各地游客喜爱的川菜、粤菜等，最受客人欢迎的特色农家土菜有土鸡、石耳石鸡、小河鱼、臭鳜鱼等。

2. 经验借鉴

黄山翡翠居与临近的知名旅游景区黄山有着优越的地理优势，依托景区（点）的客源以及知名度、景观、环境，充分利用当地的休闲农业与乡村旅游资源，着眼于"游、购、娱、食、住、行"六大旅游产业要素，采取多种多样的形式，为游客提供具有价格优势、凸显当地特色的产品与服务，能够积极为游客游览所依托的景区提供细致周全的服务，而且也方便游客前来入住与往返景区。

四、度假休闲型发展模式

（一）度假休闲型发展模式简述

休闲度假的乡村旅游在中国还是个新事物，也是一种新的社会生活方式，现在很受关注。目前已经到了中国休闲度假产业发展的一个关键点，所以旅游行业也普遍关注休闲度假问题。在最近几年召开了北京"休闲度假产业论坛"、厦门"中国度假酒店论坛"、广东"中国自驾车论坛"和"产权酒店发展论坛"，这首先反映了中国的休闲度假市场达到了一个临界点，其次反映了旅游行业对这个市场有充分的认识，都在积极研究和把握机遇。

（二）度假休闲型发展模式的主要特征

1. 一地时间长

典型的是西欧、北欧的度假者，比如到泰国的普吉岛，坐着飞机直接抵达，到了那儿在海滩上待一个星期，闲到无所事事的程度，这才叫真正的休闲，是非常典型的一种休闲方式。这种休闲方式在国内还没有普遍产生，只是少数人有这样的趋向。处于过渡阶段就意味着国内的休闲在一定意义上、一定时期之内，还是要和观光结合在一起。

2. 散客和家庭式组织方式

现在休闲度假在方式上主要是散客和家庭式组织方式，而不是观光旅游的团队性组织方式，这对现有旅游企业的经营提出了更高的挑战。自驾车旅游主要就是散客方式，环城市旅游度假带接待的游客中，家庭式也占了很大的比重，尤其是在双休日期间。

3. 复游率高

复游，就是人们所说的回头客。度假旅游有一个特点，客人认准了一个度假地，甚至一个度假酒店，其忠诚度就会非常高。比如有个德国客人，一生度假可能就只到印尼的巴厘岛，一辈子去20次，不去其他地方。因为他认准了这个地方，觉得熟悉、亲切，这样外出度假的感觉和家里生活的感觉就能够内在地联系到一起。比如墨西哥的坎昆度假区，全世界很多富翁每年都要去那里度假。

4. 度假加观光

度假加观光是目前市场一个比较独特的特点。市场还处于过渡时期，有些时候还必须研究度假加观光的方式。一般来讲，满足大周末的需求不存在这个问题，大周末基本上是度假加娱乐。可是要满足中假和长假的需求就要有一个适当的度假加观光的模式，但是这个方式只能是过渡性的，从长远来看基本上是比较单一的度假趋向。

5. 文化需求

观光的客人成熟到一定程度会产生度假需求，度假的客人成熟到一定程度就一定会产生文化需求。游客不只是到森林度假区呼吸新鲜空气，或者去温泉度假区洗个温泉，游客一定会要求这个度假地有文化、有主题、有比较丰富的内涵。如果度假地的经营能够达到文化的层次，那么基本上就算到位了。

（三）典型案例

北京蟹岛绿色生态度假村位于北京市朝阳区金盏乡境内，紧临首都机场高速路，距首都国际机场仅7千米，是一个集生态农业与旅游度假为一体的大型项目。总占地面积为3 300亩，以餐饮、娱乐、健身为载体，以让客人享受清新自然、远离污染的高品质生活为经营宗旨，以生态农业为轴心，将种植业、养殖业、水产业、有机农业技术开发、农产品加工、销售、餐饮住宿、旅游会议等产业构建成为相互依存、相互转化、互为资源的完善的循环经济产业系统，成为一个环保、高效、和谐的经济生态园区。包括大田种植区、蔬菜种植区、苗木花卉种植区、养殖区、休闲旅游服务区等功能区。

1. 特色项目

吃：现场消费是销售绿色的关键，绿色食品重"鲜"，蟹岛实现了肉现宰现吃、螃蟹现捞现煮、牛奶现挤现喝、豆腐现磨现吃、蔬菜现摘现做。提供的农家菜有菜团子、糊饼、清蒸河蟹、葱烤鲫鱼等，还开发了蟹岛特色菜蟹岛菜园（什锦蔬菜蘸酱）和田园风光（蔬菜拼盘）。"开饭楼"餐厅同时可容纳千人就餐，二楼雅间的名字别具一格，"柿子椒""嫩黄瓜""蒿子秆"等比比皆是。海鲜、粤菜、农家风味、盘腿炕桌，自由选择。

住：投资6 000万元兴建的蟹岛仿古农庄以展现中国北方自然村落为宗旨。"蟹岛农庄"是复原老北京风情、展现50年前农村各阶层生活情境的四合院群落，豪华宅邸、书斋雅室、勤武会馆、茅屋草堂、酒肆作坊等，古钟亭、大戏台、拴马桩、溪水、小桥、辘轳以及房前屋后的绿树、菜园、鸡鸣狗叫。

玩：采摘、垂钓、捕蟹，温泉浴、温泉冲浪以及各种球类娱乐项目，逛动物乐园。冬天嬉雪乐园可以滑雪、夏天水上乐园可以戏水，常规娱乐、特色娱乐兼备。如果您想考验勇气、耐力和韧性，可以来攀爬横跨百米宽水面的12座铁索桥、臂力桥、软桥、独木桥、秋千桥等。

游：园内采用生态交通，可以体验羊拉车、牛拉车、马拉车、狗拉车、骑骆驼。尽可能地使用畜力交通工具，或者以步代车，不用有害于环境和干扰生物栖息的交通工具。同时对道路交通网要求生态设计，合理的道路设计及绿化屏障是生态交通的重点之一。

购：销售的都是游客自己采摘与垂钓的农产品，或者是绿色蔬菜盒，虽然价格往往是市场价的4倍以上，却很受游客青睐。

2.经验借鉴

项目理念特色：以开发、生产、加工、销售农产品为本，以旅游度假为载体，集生态、生产、生活——"三生"理念于一体的绿色环保休闲生态度假村项目。

项目功能布局特色：实现"前店后园"的功能布局，园内塑造大面积的绿色旅游环境，提供丰富的消费产品，店是消费场所，虽然规模有限，但为园内的产品提供了客源，保证了农业旅游的互补与融合。

项目规划设计特色：与乡村特有的自然生态风格充分融合，还原独特的乡村风味，让游客能够真正地脱离城市的束缚，充分投入对乡村生态、生产、生活的体验。

项目经营特色：通过"吃、住、玩、游、购"等方面全方位打造乡村体验，并通过"农""游"两条渠道实现收益的叠加与放大；"前店"以专业人士和专业公司进行运营，保证运营的专业性以及收益，而"后园"则以承包责任制分配到个人，充分调动其生产积极性，并能使其充分参与到项目整体中，增加其收入。

五、特色产业带动发展模式

（一）特色产业带动发展模式简述

近年来，随着人们生活水平的不断提高，旅游休闲成为人们消费的热点。"农家乐"也随旅游业的兴起而呈现，它是以农民利用自家院落以及依傍的田园风光、自然景点，以绿色、环保、低廉的价格吸引市民前来吃、住、游、玩、购的旅游形式。它既是民俗旅游又是生态旅游，是农村经济与旅游经济的结合。生活在现代都市的人们最关心的是生态、环保、健康，在工作之余都会选择离开喧闹的市区到郊区，回归自然，体验一种纯朴、天然的生活情趣，这就决定了"农家乐"旅游不仅是都市人追逐的一种时尚，也是一种朝阳产业。目前，人们对精神文化生活需求的范围进一步拓展，层次进一步提升，内容进一步凸显，使其具有多样性、人性化、个性化特征。现代旅游业作为一种文化生活得到快速发展，并被赋予了"文化经历、文化体验、文化传播、文化欣赏"等更为丰富的内涵，满足着人们心理和精神以及多方面发展自我的需求。在这样的大背景下，以"吃农家饭、住农家屋、干农家活、享农家乐"为特色的"农家乐"旅游得到了市场的广泛认同，引起了社会各界的极大重视和关注。成都市郫县作为"农家乐乡村旅游"的发源地，不仅为游客提供了一种新型的休闲方式和消费空间，而且还作为一个特色产业让当地的农民走上了致富的道路。

（二）特色产业带动发展模式的主要特征

突出以"农"为基本的经营理念，包括农业、农民、农村，其中农民是经营的主体，农家活动是主要内容，乡村是大环境。只有充分利用"三农"资源，发展以"农"字为核心的农家乐，才能使乡村旅游具有"农"味的。

依托以"家"为基本的经营单元，农家乐一般应以家庭为单位，利用自家的房屋、土地、产品、人员发展农家旅游。所以，农家乐应体现"家"的形态，家的融合，家的温馨，家的氛围。

提供以"乐"为经营的根本目的，农家乐应为游客提供"乐"的产品，它不仅包括打牌、卡拉 OK、唱歌等，还应包括采摘、垂钓、参与农事和节庆活动，还包括农耕文化、民俗风情的展示和欣赏，让游客乐在其中。

以迎合大众的心理为经营目标，随着工业的大规模发展，城市雾霾严重，空气质量差，在紧张的工作之余，人们渴望乡村大自然的清新空气，而农家乐可以提供在城市里享受不到的惬意与放松，不需要背起行囊出远门，说走就能走，轻松易实现。

（三）典型案例

成都市近郊的郫县是中国"农家乐"乡村旅游发展的典范，通过旅游兴村，走上了一条一、三产业有机结合，自主经营与本地务工相互补充，依靠发展特色产业推动乡村全面建设的新路。郫县农科村位于成都平原腹地，全村辖区面积2.6平方千米，辖11个社，686户，2 310人，现有耕地2 400余亩，人均耕地1.02亩。农科村最初是一个从事花卉养殖的村庄，1979年，村支部书记税国扬带头在自家的田坎上种植花木，每棵花木卖到4元钱，比种植粮食利润高很多，随后村里人纷纷效仿，几乎每家都种花木，1986年，全村人均收入达950元，这在当时成为农民致富的榜样，吸引附近及全国各地人士参观考察，刚开始都是免费招待，后来随着人数的增多，农民市场意识的觉醒，开始收少量伙食费，农家乐的雏形也就形成了。20世纪80年代农科村的农家乐旅游是一种自发状态。进入20世纪90年代以后，农科村农家乐旅游是政府主导下的自觉发展，随着人们生活水平的提高，消费追求逐渐由物质层面向精神层面提升，旅游成为人们精神消费的首选，面对市场的巨大需求，省市旅游部门和各级政府充分发挥主导作用，积极引导农科村的花卉种植业大户率先接待游客，带动其他种植户开展旅游接待，由点到面，全面开展农家旅游接待，使农科村成了一个农家乐旅游专业村。2000年以后，为实现农家乐旅游突破式发展，壮大乡村集体经济，扩大产业规模，实现产业转型和升级，在县、镇政府统一规划指导下，农科村形成县和镇的新村建设合力。一方面，县镇投入一定资金，用于改善农科村基础设施建设，完善旅游功能；另一方面，成立县旅游局，加强对乡村旅游产业发展的宏观指导。农科村在多方建设下，从一个默默无闻的小乡村成为中国乡村旅游的典范。

1.特色项目

（1）天府玫瑰谷。

天府玫瑰谷占地1 000亩，属于成都现代农业创业园一期项目。园区内种植了玫瑰、薰衣草、迷迭香、千层金等千种花卉苗木，组成了以"现代农业观光、玫瑰花海休闲、浪漫文化度假、风情小镇体验"为代表的四大旅游休闲产业。

（2）郫县农科村。

农科村是中国农家乐的发源地。首先郫县自古就以园艺技术闻名，而农科村为鲜花盛开的村庄，宛如没有围墙的公园。农科村地处成都市郫县友爱镇，为"天府之国"的腹心地带，位于西汉大儒扬雄故里郫县友爱镇，是郫县"国家级生态示范区"和"中国盆景之乡"的核心地带，曾先后获得"省级卫生村""省级文明单位""省级移动电话第一村""全国精神文明创建工作先进单位""全国农业旅游示范点""全国文明村镇"等省部级、国家级称号。2006年4月，农科村获得"中国农家乐旅游发源地"称号。2012年9月，农科村通过国家旅游局4A级景区验收，为郫县旅游业增添了一张新名片。

（3）妈妈农庄。

妈妈农庄是郫县第一个创4A级的景区，被称为成都的"普罗旺斯"，是四川第一家规模化薰衣草基地，目前有薰衣草花田300亩，一期薰衣草等花卉基地600余亩，二期2 000余亩，极具特色，填补了四川花卉生态旅游空白，是郫县乡村生态旅游的新品牌。

（4）郫县花样食府。

花样食府是一家集餐饮、娱乐、休闲为一体的特色休闲食府，主营特色火锅鱼、特色中餐，承接各种宴席，坐落于四川省成都市郫县南门外观柏路78号。郫县花样食府承接生日宴、结婚宴、亲朋宴请等各种宴席，配有特色火锅鱼、特色干锅、特色菜品等。食府内设施配套齐全，设有休闲茶座、超大停车场、无线WIFI等设施，为游客出行提供"美食驿站式服务"。

2.经验借鉴

（1）坚定方向，打响"农家乐"乡村旅游品牌。

郫县要爱护这个品牌，丰富这个品牌，发展这个品牌。坚定"农家乐"这个品牌意识，不能因为当前一些农家乐发展中存在的问题，而动摇"农家乐"这个乡村旅游的品牌和发展方向。

（2）积极引导统筹规划，使其走上规范经营、有序发展的道路。

政府应帮助制定"农家乐"发展规划，积极引导，政策支持，改变农户分散经营、单打独斗的状态，而应在农家的基础上，实行统一领导，联合经营，设计适合游客需要的旅游产品，完善农家基础设施，改善乡村生态环境，制定规范管理和发展措施，为发展农家乐提供科学依据。

（3）搞好培训，加强经营管理。

农家乐作为一项新兴产业，主体是农民，必须提高农民的业务素质，加强对他们的业务经营培训，让他们学习一些基本的旅游服务和管理知识，提高他们从事农家乐的管理水平和服务质量。同时抓好管理，制定农家乐旅游的地方行业标准；对符合行业标准的农家乐办理相关证照，合法经营；制定农家乐质量评定标准，按照标准进行质量评定，规范市场秩序。

（4）注重宣传，扩大影响。

一是建立农家乐网站，在网上促销；二是利用电视、报纸等新闻媒体促销；三是制作宣传标语牌、采用办宣传栏等方式宣传促销；四是举办农家乐主题论坛；五是借助名人效应开展促销；六是采取多种优惠措施吸引广大青少年，可以开辟成为青少年农村社会实践基地。

六、现代农业展示型发展模式

（一）现代农业展示型发展模式简述

现代农村的乡村旅游是一个新概念，乡村旅游发源于100多年前的欧洲，是工业化发展创造的需求，兴起于40年前，是工业化后期的普遍需求，鼎盛于现代，是后工业化时期的刚性需求。中国现在已经进入工业化中后期，所以中国人对乡村旅游的需求基本上可以界定为一种刚性需求。生活里不可缺少，这就是刚性的概念。我们现在大体上进入第二个阶段，城乡一体化。城市长大的孩子没有乡愁可言，所以首先有乡村才能培育乡愁，然后是城市来感应乡村，来激发乡愁。几十年的改革开放，工业化城市化，培育了现代中国乡村旅游，但是我国和西方发达国家起点不同，基点不同。西方国家的乡村休闲很发达，也很精致，但是从业者很多是城市里的年轻人，他们是要换一种活法，是为了生活，可是我国人民开发乡村旅游首先是为了生存，这就是我们的基点和起点。回想以前的传统乡村旅游，单体规模小，对应市场难；基础设施不足，公共服务少；卫生条件差，产品供应不足；经营单一，同质化强；恶性竞争，质量不高，所以最终形成市场效果不佳。当然，因为乡村旅游建设成本低，而且农民的经营基本没有成本概念，收到手里的就是利润，这也是乡村旅游的优势，可是如果这一系列的问题，不能有针对性地加以解决，就会演变成比较大的问题。因此要想办法改善乡村贫困状态，促进调整农业经济结构，丰富农业功能，提高产品附加值，增加就业渠道，形成系列服务设施，推动农民观念转化，培育农村市场机制。

（二）现代农业展示型发展模式的主要特征

1. 城市化

经济发达地区总体已经进入工业化后期阶段，现存的主要问题是当今的理念仍然是工业化中期发展时的理念，由此形成的情况表现为以下四个方面：第一，太急了。还在强化经济增长率，社会心态急躁。第二，太挤了。人口过多且过度集中，建筑过密。第三，太忙了。车流滚滚，人流匆匆。第四，太脏了。高碳发展，空气污浊。从需求来看，城市第一缺生态，第二缺健康，第三缺人文，第四缺快乐。按照实际生活水平来说，现在的生活水平比以前高了很多倍，可是幸福指数并没有增长，快乐感觉也没有增加。这正是对乡村旅游的长期且持续增长的市场需求。但是市场不能笼统而论，要分层、分时、分地、分项进行研究。

2. 模糊化

城市化的发展产生一个模糊化的现象，一方面城市日益扩张，边界逐渐模糊，城区成为核心区，近郊区成为城区，远郊区纳入城市带或城市群；另一方面又形成城中村。这种边界的模糊就产生一些新的概念，比如城际乡村、乡村小城，家园一体，休闲发展。美丽中国，美丽自然，美好心态，美好生活，就需要不断地在中国的条件下，探讨中国特有的发展模式。

3. 便利化

交通格局决定旅游格局，第一个便利是乡村旅游的便利化只要追求大交通顺畅就够了，小交通是特色，景观路、文化路、交通路。第二个便利不仅是乡村旅游，而且是一个生活格局的变化，所以就需要强化新热点，培育重点项目、优势项目、聚集项目。第三个便利就是智慧乡村旅游，需要网络覆盖，信息全面，市场联通，现在这一条在市场的力量之下正在迅速地变化和发展。

4. 新统筹化

一方面是农村，应当用景观的概念看待农村，用综合的理念经营农业，通过旅游提高土地利用率，提升农产品的附加值；用人才的观点发动农民，使农民也成为文化传承者，工艺美术师。另一方面是城市，要用抓旅游的理念抓城市，突出人本化和差异性；用抓饭店的理念抓景区，突出精品化和细致化；用抓生活的理念抓休闲，突出舒适性和体验性。这些年沟域、山域、水域、县域，这种域的乡村旅游的发展开始兴起，这是从传统的小流域治理开始，但是只治理小流域作用不大，必须得培育产业。

（三）典型案例

台农农牧有限公司系台商独资企业，创办于 1995 年，公司占地 300 多亩，总投资 1 500 万美元，是一家集奶羊、奶牛养殖，乳制品加工生产、销售、旅游观光休闲为一体的现代农业企业。公司位于厦门市同安区北辰山风景区旁，有得天独厚的自然资源，风景秀丽、气候宜人，非常适合人居及养殖业的发展。

1. 特色项目

公司拥有三个牧场，其中奶羊场一个，奶牛场两个，现存栏奶羊 2 000 多只，存栏奶牛 1 000 多头，日产优质无公害鲜奶 11 000 千克，从中国台湾及国外引进先进的奶羊、奶牛养殖技术、挤奶技术及设备，有力地保证了奶源的安全性和高品质。目前，已经建立了 500 多个营销网络，覆盖了福建全省各地、市，产品有巴氏杀菌鲜羊奶、巴氏杀菌羊奶口味奶、羊奶酸奶、巴氏杀菌鲜牛奶等十几个品种、口感纯正新鲜、品质优良，深得消费者的信赖。

2. 经验借鉴

在生产加工上，公司先后从日本、中国台湾引进了先进的乳制品加工生产设备，并高薪聘请台湾的乳品专家，对生产加工工艺进行规范的指导，建立了一套完整的乳品加工工艺流程、管控流程，对产品加工的每一个关键环节都做到有据可查，基本实现按照 IS09001、HAC-CP 模式导入管理；公司具备独立的品牌中心和产品研发中心，对每批次产品按出厂检验要求进行严格检验，检验合格后才放行上市，产品的研发充分依托台湾的食品开发技术优势，全面保证了乳品的营养性和适口性。

七、旅游小城镇型发展模式

（一）旅游小城镇型发展模式简述

从广义上来说，旅游小城镇是小城镇的一种类型，但不一定是建制镇，目前，学界对其还没有统一的学术定义，在各地的旅游开发实践中，得出的比较普遍的认识是：旅游小城镇是指依托具有开发价值的旅游资源，提供旅游服务与产品，以休闲产业、旅游业为支撑，拥有较大比例旅游人口的小城镇。它不是行政上的概念，而是一种景区、小镇、度假村相结合的"旅游景区"或"旅游综合体"。旅游小城镇对于旅游产业来说，有利于转变旅游业发展思路，创新旅游业发展模式、完善城镇基础设施和旅游接待服务设施建设，构建旅游发展的新载体。目前在我国 A 级景区中，发展相对成熟的旅游小城镇类景区达 40 多个。这些景区型小镇大多以门票作为其主要的经济来源，以休闲、度假、商业运营来支撑景区发展。就我国目前的发展形势和发展趋势来看，旅游小城镇的数量要远大于景区型小镇的数量。

（二）旅游小城镇型发展模式的主要特征

旅游小城镇不同于一般小城镇，具有自身鲜明的特征。从业态结构角度讲，旅游小城镇以旅游服务业、休闲产业为主导。从空间形态角度讲，旅游小城镇以休闲聚集为核心。从景观环境上讲，旅游小城镇本身就是一个文化气息浓郁、环境优美的景区。从旅游角度讲，旅游小城镇具备旅游十要素——食、住、行、游、购、娱、体、疗、学、悟。从文化角度讲，旅游小城镇是文化旅游的重要载体，城镇风貌及建筑景观体现了一定的文化主题。从城镇化角度讲，旅游小城镇围绕休闲旅游，延伸发展出常住人口及完善的城镇公共服务配套设施。

（三）典型案例

洛带古镇地处成都市龙泉驿区境内，是四川省打造"两湖一山"旅游区的重点景区、国家 4A 级旅游景区、全国首批重点小城镇、成都市重点保护镇、成都文化旅游发展优先镇、省级历史文化名镇、全国"亿万农民健身活动先进镇"。据考证，客家人的先民原居中国中原一带，因社会变动及战争等原因，曾有 5 次大规模的南迁，于中国南方逐渐形成客家民系，成为汉民族 8 大民系中重要的一支。至清末民初，奠定了客家人分布的基本范围，主要分布在广东、江西、福建、四川、湖南、湖北、贵州、台湾、香港、澳门等地区，人口数达 5 000 万以上，占汉族人口的 5%。如今居住在镇上的 2 万多居民中，有 90% 以上的居民为客家人，至今仍讲客家话，沿袭客家习俗。全镇辖区面积 20 平方千米，以老街为中心，而洛带镇周围十几个乡（镇、街道办）还聚居着约 50 万客家人，约占当地人口总数的八成以上。目前，洛带古镇是"中国水蜜桃之乡""中国国际桃花节"主办地，其属亚热带季风气候，年平均气温 16 ~ 17℃、冬无严寒、夏无酷暑、气候宜人，水质、空气均达国家标准，全年均适宜旅游。洛带古镇是成都近郊保存最为完整的客家古镇，有"天下客家第一镇"的美誉，旅游资源十分丰富，文化底蕴非常厚重。镇内千年老街、客家民居保存完好，老街呈"一街七巷子"格局，空间变化丰富；街道两边商铺林立，属典型的明清建筑风格。"一街"由上街和下街组成，宽约 8 米，长约 1 200 米，东高西低，石板镶嵌；街衢两边纵横交错着的"七巷"分别为北巷子、凤仪巷、槐树巷、江西会馆巷、柴市巷、马槽堰巷和糠市巷。

1. 特色项目

客家美食系列：伤心凉粉、芜蒿饼、石磨豆花、李天鹅蛋。街边美食还有玫瑰糖、姜糖、张飞牛肉、酿豆腐、盐卤鸡、洛带供销社饭店的油烫鹅等。

客家菜品系列：客家菜最出名的有九斗碗、酿豆腐、盐卤鸡、油烫鹅、面片汤。

特色旅游产品：状元福蚕丝被，状元福蚕丝被为100%纯天然桑蚕丝被，选自本地优质桑蚕茧，并在挑选、煮茧、抽丝、拉套等各个环节设置了质量监督，保证了蚕丝棉的品质。

特色景点：一街七巷子和客家人的四大会馆（江西会馆、川北会馆、湖广会馆、广东会馆）。

特色节庆：每年7月26日、27日一般会举行水龙节，场面热闹，极具客家特色。

2. 经验借鉴

凸显旅游小城镇的文化内涵。洛带古镇的名字是因三国时蜀汉后主刘禅的玉带落入镇旁的八角井而得名。同时，湖广填四川时将客家人的客家文化带入洛带，因此洛带古镇被世人称之为"世界的洛带、永远的客家、天下客家"。如今旅游资源丰富，文化底蕴厚重，客家土楼博物馆、岭南街区、客家美食街区的博客小镇一期共有2万多平方米，有30余商家入驻，其中由年画、泥塑、竹编、香包等非物质遗产组成的洛带民间艺术保护发展中心扎根土楼博物馆。游客可以走进土楼，除近距离接触非物质遗产、观看非遗传人的精彩工艺表演外，还可在客家美食街区品尝种类繁多的客家美食和来自天南海北的特色小吃，并可走进古典生活家具生活馆、画廊等文化艺术区，感受艺术文化魅力。

第三节　乡村旅游模式创新

一、乡村旅游产业融合模式的动力机制

对于乡村旅游产业融合升级的动力，本书根据动力来源分为四个方面，分别是产业内部的驱动力、市场需求的拉动力、技术创新的推动力和产业环境的影响力。

（一）产业内部的驱动力

从经济学的角度来说，利润最大化是投资者的根本目标。无论哪一个行业，只要这个行业显示出远大的发展前景，总能够吸引大量的投资者前赴后继地涌入，随之而来的就是行业内部竞争日趋激烈，在激烈的竞争环境中，投资者的收益将会逐步降低，如此一来部分投资者就会主动进行融合，将不同的因素纳入行业中，试图通过差异化来提升竞争力。乡村旅游亦是如此，随着乡村旅游的不断发展，越来越多的投资者涌入到乡村旅游产业开发中，而激烈的乡村旅游市场竞争促使投资者不断地将乡村旅游产业与其他产业融合在一起进行发展，通过差异化来获取竞争优势。

（二）市场需求的拉动力

根据马斯洛的需求层次理论，人的需求并不是一成不变的，而是在不断地升级。人的最初需求是基本的物质需求，例如衣、食、住、行等需求，当人的基本物质需求得到满足时，人的需求就上升到发展需求上，例如，教育、医疗等需求，再往后，人的需求开始朝着个性化、分散化的方向发展，重视个体的体验满足感。而从乡村旅游的角度来看，在乡村旅游发展的初期阶段，能够满足人的基本物质与服务需求即可，但是当游客的需求呈现出碎片化、小众化、个性化的特点之后，这种模板化的供给方式就很难满足游客的需求，如此乡村旅游必须升级，而产业融合则是能够保证乡村旅游升级之后满足游客不同需求的重要保证。

（三）技术创新的推动力

产业融合理论认为技术创新是模糊产业边界、推进产业融合的主要动力。但是在当前乡村旅游发展中，可以发现技术创新的推动力在乡村旅游产业融合上的作用体现并不是很明显，这固然与乡村旅游的特性有着密切的关系，但是我国乡村旅游发展时间较短也是一个不容忽视的因素。随着乡村旅游产业化日益显著，技术创新的推动力将会逐步凸显，在乡村旅游产业管理、市场开发、工程基础建设等方面得到表现。

（四）产业环境的影响力

任何行业的发展都不是孤立存在的，而是与其他行业有着十分密切的联系，受到宏观经济环境的影响。经过几十年的经济建设，我国的经济发展已经基本上实现了工业化模式，正式进入到转型期，这一阶段国家倡导发展第三产业服务业，而乡村旅游作为第三产业的重要组成部分，在国家支持的宏观环境中，必将迅速地与其他产业进行融合。

二、乡村旅游产业融合发展的演化路径

客观上讲，旅游产业本身就是融合了不同产业的一个综合性、边界模糊的产业。本书依据旅游要素的内容把旅游融合分为产业内部融合和产业外部融合。

（一）产业内部融合

近年来，产业内部融合是我国旅游业的一个主要发展趋势。所谓的产业内部融合指的就是投资者不断地拓展旅游产业链的内在要素，采取各种手段来促进旅游产业链各个内在要素的融合。产业内部融合所带来的一个直接影响就是催生了大量的综合性旅游集团，例如，广州开发的长隆旅游度假区包括了长隆欢乐世界、长隆国际大马戏、长隆野生动物世界、长隆水上乐园、长隆酒店等公司，各个公司经营业务重点不一，形成互补，从而增加了企业的整体竞争优势。从这个角度来说，乡村旅游的产业融合也可以走上内部融合道路，在允许的空间范围内，将各个乡村组织起来，构建大型的乡村旅游区，形成优势互补，提高市场竞争力。

（二）产业外部融合

据不完全统计，旅游业的相关产业已经达到110多家。除却基于旅游产业内部要素的融合发展路径，可以看到更广泛的是来自旅游产业外部的融合。

在分析整理相关资料的基础上，可简单地把旅游产业外部融合划分为以下几种融合路径：基于资源共享的融合、基于市场共建的融合、基于技术推动的融合、基于功能创新的融合等。

1. 基于资源共享的融合

基于资源共享的融合模式相对来说比较普遍，主要体现在原来的产业形态以第一、第二产业为主，从旅游的视角进行分析，可以发现工业生产、农业耕作、林业、渔业等都可以作为旅游资源出现。在这样的融合模式下，出现了许多新的旅游业态，与传统意义上的依靠自然景观的观光旅游差异很大。每种旅游形式均具有很强的原生产业的价值表现。这恰恰是其吸引游客的地方。

2. 基于市场共建的融合

如果说建立在资源共享基础上的旅游产业融合主要是从旅游资源、旅游吸引物的扩大考虑，那么基于市场共建的融合则是从市场出发，着重分析细分市场需求的多元化，从而把不同类别的产业及其产品进行叠加，在相同的实践、

空间里进行与消费者的对接。比如，地产旅游，旅游综合体、创意文化旅游等产品形式，就是在对市场细分之后，把不同的产业与旅游业进行合作创新，打造的新的旅游业态。

3. 基于技术推动的融合

技术推动是产业融合中的一个主要的推动力，信息技术的发展在旅游产业的融合中具有重要的作用。

4. 基于功能创新的融合

传统意义上的旅游注重离开居住地多长时间，然而现在随着消费者理念的改变及闲暇时间的增加，赋予了旅游更多的意义。在我国，养老问题已经越来越社会化，许多区位、环境适宜的乡村开始开发以养老、康体旅游为代表的老年人度假旅游，这就是典型的基于不同产业功能创新的融合模式。

这种融合模式需要建立在社会发展大背景之下，顺应潮流，开发乡村旅游新的价值与吸引点。

基于旅游产业的外部融合，总体来看，发生在旅游产业与其他产业之间。不管是出于什么模式的融合发展，客观来看，就是通过一种新的价值创造来形成一种新的旅游形式。

三、我国乡村旅游产业融合的意义

（一）为新型城镇化提供产业依托，促进就业

从古至今，人们一直强调"安居乐业"，从这个词也可以看出，"乐业"是建立在"安居"的基础之上的，即人们只有具有了稳定的工作与居住环境才能够追求"乐业"。而从国内的大环境来看，乡村居民的工作与居住环境并不稳定，外出务工是绝大部分乡村居民的选择，原因就在于乡村的就业机会较少，在这种情况下新型城镇化建设也就失去了动力。而乡村旅游产业融合能够催生出更多的新型产业，对于新型城镇化建设而言，这些新型产业都能够提供大量的就业岗位，如此一来乡村居民就不需要通过外出务工的方式来获得经济收入，真正实现"安居"。此外，乡村就业岗位的增加带来的是乡村居民经济收入的增加，而经济收入则会对市场经济产生刺激，活跃市场，从而加速新型城镇化建设。

（二）促进相关产业的发展，优化产业结构

1994 年联合国世界旅游组织将旅游定义为：只要是为户外活动提供服务的

行业都属于旅游业。从该定义中可以看出，旅游产业的一个主要特点就是边界十分模糊，与其他产业的关联性较强，很多产业在特殊的环境下摇身一变都可能成为旅游业的一部分。因此，旅游业的发展能够有力地促进相关产业的发展，例如与旅游业息息相关的交通运输业、娱乐业、饮食业等。

（三）刺激基础设施的改善，促进精神文明的发展

为促进乡村旅游产业一体化建设，新的城市在产业化时必须以乡村旅游为核心、系统、科学、合理地规划和布局。在旅游业整合的同时，也将伴随着资金和技术的投入，对新型城镇化建设的区域基础设施建设起到很强的推动作用。在达到想要实现的目标时，伴随着竞争和择优，在压力的驱使下，村民需要提高自身的文化素质，改善文化氛围，加强精神文明建设。

四、我国乡村旅游产业融合模式分析

（一）资源共享融合模式

资源共享融合模式，借助于其他行业的旅游资源，进而形成乡村旅游，其他行业为满足乡村旅游的多元化需求，精心进行组织规划、开发利用、产品创新，多种类丰富乡村旅游产品类型。乡村旅游资源的延伸，也正是由于不断扩大这些创新产业的融合，丰富了乡村旅游资源。例如，乡村旅游是指在农业生产过程中，以乡村景观、农村劳动生活场景作为乡村旅游的主要吸引力，以乡村工业生产、工厂式工作生活场景为主要旅游景点的乡村旅游活动。乡村旅游与乡村工业旅游相结合，使其具有农业、工业和乡村旅游的特点。通过农业与乡村旅游业有效融合，既符合旅游市场多样化，又符合乡村旅游的内涵和发展空间，也拓宽了渠道建设的效益，使传统的农村农业和工业的未来发展有了更大的可能性，传统产业焕发出新的活力。此外，还有一些是通过整合资源，以乡村旅游产业的形式来展开的，如农村文化节活动，依托农村旅游节庆的发展，以乡村林业资源为基础的乡村森林旅游。

（二）技术渗透融合模式

技术渗透融合模式指的就是在技术创新和管理创新的推动下，原本属于不同行业的价值链逐步地渗透到另一个行业，两者相互作用，从而形成一个全新的产业链。在现代社会市场经济环境中，创新是保持竞争优势的根本路径，对于乡村旅游而言，虽然乡村旅游产品并没有涉及现代化生产技术，但是作为现代市场经

济的一部分，乡村旅游也必须遵循时代发展的潮流，不断地进行创新才能够保持旺盛的生命力。

在日益激烈的市场竞争中，只有以满足市场需求的行业秩序，使乡村旅游不断创新和发展，创造出新类型的乡村旅游产品，才能够立足于行业市场。新型旅游业态要求乡村旅游业积极整合其他行业的相关技术，如果一些行业具有突出的技术优势，也可引入到乡村旅游产业中去促进其发展。如在发展过程中，旅游业积极与动漫产业、文化创意产业等产业相结合，形成了一种新型的旅游产品，产生了新的旅游形式。此外，信息化是旅游业最突出的特征之一。现代信息技术广泛应用于乡村旅游，如乡村旅游资源、基础设施建设、项目开发、市场开发、企业管理、咨询服务等领域。旅游信息化使乡村旅游发展战略、经营理念和产业结构变化，更加适合现代企业发展的步伐，由此产生的产业体系创新，管理创新和产品、市场创新，使乡村旅游产业发展模式发生转变。乡村旅游产业的科技含量不断提高，为旅游业增添了新的内容，注入了新鲜活力和动力，加快了乡村旅游产业融合和结构优化的进程，提高了乡村旅游产业的整体素质，使其发展提高到了一个新的水平。总之，技术整合，提高乡村旅游的技术含量，使乡村旅游业充满了新的活力。

（三）市场共拓融合模式

在日益激烈的市场竞争背景下，旅游业发展迅速。具有相当规模的乡村旅游目的地、相关产业的经营者为保持和提高自身的核心竞争力，有针对性地在农村旅游市场寻找发展机遇，使市场成为相关产业进入乡村旅游的有效路径。如历史悠久和具有深厚文化底蕴的古镇，将乡村民俗的发展和文化旅游相结合，不仅完全保留了古村镇的历史风貌，还传承了古村落的文化基因与历史文脉。此外，旅游业和房地产业相结合，如三亚房地产行业与旅游业密切合作，紧跟旅游业的前进步伐，三亚房地产行业迅速崛起，形成崭新的追赶，甚至呈超越旅游业的形势。旅游房地产逐渐成为三亚旅游市场的独特行业。房地产行业和旅游业共拓市场、相互渗透和融合，为三亚带来了新的发展机遇和利润空间。

（四）功能附属融合模式

功能附属融合模式指的是每一个行业都具有多种社会功能，部分行业所具有的社会功能在某种程度上是一致的，那么就可以将这一功能作为切入点来进行融合。

　　将功能作为切入点来进行产业融合不仅有利于突出各个行业的社会功能，更能够增加行业的功能效益。例如体育的主要社会功能之一就是帮助人们锻炼身体，放松心情，而旅游行业的主要功能之一也是为了消除人们的疲劳，使人们放松心态，如此一来两者就有了共通之处，可以将这一社会功能作为切入点进行产业融合，从而形成一种新的乡村旅游形式，发展乡村体育旅游等项目。这种旅游形式不仅加强了体育与乡村旅游在促进人们身心健康发展方面的作用，更拓宽了乡村旅游与体育产业的范畴。

　　上述模式是其他产业与乡村旅游产业整合的结果。但在实践中，乡村旅游的新业态发展，各种融合模式是互动的，甚至有时是多模式共同推动的结果，只是在某些方面占据主导地位的因素显示出更突出的作用。

五、我国乡村旅游产业融合步骤分析

　　我国乡村旅游产业融合，需要按照以下两个步骤进行：

　　（一）摸清市场

　　随着经济的发展，在新的乡村旅游产品必须满足市场需求和产业发展的条件下，新的市场需求形成了新的旅游业态。在相关产业与旅游产业的融合中，它们与经济活动的交叉、渗透和需求的互补性，能够降低交易成本，实现互惠互利，在竞争中实现双赢。因此，我国乡村旅游产业的融合不仅要满足市场在乡村旅游和乡村旅游产业发展中的需要，而且必须适应和满足融合产业的各方面的需要。

　　基于这个问题，探索乡村旅游产业融合应该遵循这样一个过程：首先，扩大旅游市场调查，摸清市场形势，掌握需求变化，分析和预测旅游市场的发展趋势。其次，分析市场进入行业的特点，了解行业的优势等。找出准确的两个行业的市场趋势是发展新型的以满足市场需求的农村旅游产品的关键，使产品更具活力。因此，充分摸清市场，是探索乡村旅游产业融合的关键步骤之一。

　　（二）找准"融点"

　　只有充分了解市场需求，准确判断乡村旅游产业发展导向，才能减少乡村旅游产业融合的盲目性。从这个推断可以知道，确定"融点"更重要。所谓"融点"是指因为经济、资源、技术、市场的原因，乡村旅游业与其直接、间接相关或非相关产业产生的相互关联点。而找准"融点"需要从乡村旅游业的产业入手并展开相关产业的分析。应侧重于分析乡村旅游业各个方面的组成要素、功能、资源配置、市场需求与发展和管理，以及与其相关产业的联系。例如，能否为乡村旅游资源提供良好的环境，为发展乡村旅游业和企业管理、产品开发提供技术支持，为乡村旅游业提供新的市场发展空间，突出和加强乡村旅游业的功能等。从多个方面分析乡村旅游产业的衔接，找到乡村旅游与相关产业的交融，就是掌握了产业融合点，找到了乡村旅游产业整合的入口路径。

六、乡村旅游产业融合发展的途径

（一）优化丰富乡村旅游产业形态

当前国内经济发展的热点之一就是供给侧结构改革。推动乡村旅游产业融合发展首先要做的就是丰富乡村旅游产业形态，否则乡村旅游产业融合也只是空谈。对此可以从以下三个方面进行把握：

第一，将旅游业之外的其他产业通过旅游资源的形式表现出来，从而达到丰富旅游资源外延、扩大旅游产品范畴的目的。例如传统的手工业生产工具与农业生产工具本不属于旅游业，但是可以将这些纳入到旅游资源的范畴中，有针对性地开展手工生产体验与农耕体验的乡村旅游项目。

第二，利用现代化信息技术对传统的乡村文化进行创新融合，将不同的乡村文化融合在一起通过现代化信息技术表现出来，形成一种新的乡村旅游形态，即演艺旅游。

第三，通过功能的融合丰富乡村旅游产品业态。不同的活动内容，其社会功能往往会有异曲同工之妙，旅游对于游客来说，放松、休闲、猎奇、社会交往等都是目的，同样也可以借助于其他活动来达成。因此，可以借助这种功能融合的路径进行新业态创造，如把乡村旅游和游学、养老、康体、教育、医疗等进行结合。

（二）优化乡村旅游需求市场模式

传统的乡村旅游市场营销不外乎迎合游客的需求，进行简单的推销，但是这种营销方式明显是站在乡村旅游的角度进行考虑的，并不适合产业融合模式下的乡村旅游。因此，对乡村旅游需求市场模式进行优化势在必行，这就要求乡村旅游地区在对旅游市场需求进行分析和整合时充分地将其他产业融入其中，创造出新的旅游产品，例如将乡村的房地产行业与旅游业结合在一起形成房产旅游、将乡村的手工业与旅游结合在一起形成会展旅游等。

（三）优化乡村旅游产业运营形式

从本质上说，任何对市场进行优化的行为其实解决的都是市场上供需之间的问题。对于乡村旅游产业融合模式的实现而言，优化乡村旅游产业运营模式是必要的，以往的乡村旅游模式是独立发展的，与其他产业的互动性并不是很高，这就制约了乡村旅游产业与其他产业的融合。在产业融合之后，乡村各大产业将会逐步形成一个整体，一个产业的发展将会带动乡村旅游以及其他产业的发展，具体而言，优化乡村旅游产业运营模式对于乡村旅游产业融合模式的实现所带来的好处主要集中在以下两个方面：

第一，不同运营主体之间的优化组合，从单纯的农户单打独斗的模式，发展为农户、公司、合作社、政府、中介组织等相互之间的组合，可以看作是不同优势资源的组合。

第二，旅游信息化在乡村旅游发展建设过程中的作用不断强化，资源整合、信息共享、市场推广、现场促销、管理模式等都在发生着很大的改变。

第四节　基于产业融合模式的乡村旅游发展思路

一、多元化的政府角色界定

（一）决策规划者

在乡村旅游发展过程中，政府应该扮演好"决策规划者"的角色。政府在主导旅游和旅游产业融合的规划发展方向方面，更多的是处于战略性质。政府应立足于乡村旅游和谐可持续发展的宏观层面，用战略眼光来引导和规范本国、本地区的乡村旅游产业融合发展，保护乡村旅游资源，有效防止乡村旅游在产业融合发展过程中的盲目行为和短视行为，要更加关注乡村旅游发展的和谐以及可持续发展，进而制定科学的长远的发展规划。

若从战略布局来看乡村旅游规划，是基于乡村旅游的和谐发展目标的制定，整合资源以实现该目标的整体部署过程。一个好的乡村旅游规划，必须考虑系统性、全局性、整体性，建立一个发展目标体系，分别从经济效益、社会效益、环境效益、文化效益等着眼，致力于综合整体优化，从动态发展的视角处理问题。乡村旅游系统的结构比较复杂，牵一发而动全身。第一，政府需要在观念上、概念上明确乡村旅游及融合的界定，不能孤立地对待乡村旅游，要清晰明确其地位、目标和作用等，这样能对乡村旅游的发展有宏观的把控。第二，政府应该凸显市场的主体地位，做好政府职能服务，把握市场需求趋势，做好乡村旅游产业融合发展规划，市场运作要放给市场主体，合力去促进乡村旅游产业融合的发展。政府可以运用合理的宏观调控手段，尽量避免政府运营管理。第三，不管是战略规划还是具体的战术执行，作为政府，乡村的和谐可持续发展必须是出发点。

（二）市场开拓推动者

很多学者在界定乡村旅游的概念时明确指出，乡村旅游是产业融合的产物，最先表现为农业与旅游业的融合，如农家乐、渔家乐、农业观光园、民族村落等。

这个阶段的游客的出游动机相对简单，主要表现为对城市生活的逃避、为了孩子的乡村教育等。游客具备一定的消费能力，并且有消费的欲望，来自于城市游客的消费，往往能够对农民的经济、文化生活产生一定的影响。

在发展的初级阶段，往往会存在很多问题：从国家管理层面来讲，包括相关的法律法规制度建设有待完善、政府监管范围与力度不够、基础设施设备匹配不足、严重落后于消费者的需求、配套资金缺乏、融资困难等；从乡村旅游产品开发供给层面分析来看，不同地方的旅游项目建设缺乏创新，往往简单重复、旅游资源的开发比较低端、缺乏精品与特色、旅游开发盲目性较强；从乡村旅游管理运营方面来讲，这个阶段因为多以农户的自发成长为主，所以管理混乱，短期视点比较严重，几乎很少有长远规划，同时企业主体营销手段落后等，这一系列的问题可以总结为缺理念、缺资金、缺专业人才，靠市场的力量无法有效解决诸如此类的问题，因此必须由政府行为进行解决。

扮演好"市场开拓推动者"的角色。政府在乡村旅游产业融合发展中要重点做好发展规划的编制、相关产业的引导、发展政策的制定、整体环境的优化、全域旅游氛围的营造、良好有序的秩序维护等工作。这些工作多为外部推进性工作，针对一个区域的发展，具有准公共产品的性质，若是全部放到市场，则很难使资源配置健康发展。在诸多工作中，要重点把握四个"大力主推"，即"推动产业、推广经验、推向市场、推行标准"。分别来看，首先，通过鼓励政策的引导，推动产业可以提高农民的积极性，大力发展乡村旅游产业融合；其次，通过培育典型、重点示范、以点带面、推广经验，对广大农民而言，既有发展的动力，又有学习的榜样，提升了广泛参与乡村旅游发展的可行性；再次，市场观念的培育，让农民在经营中学会把目光放在需求分析上，而不再埋头按照自己习惯的方式发展，市场意识和服务意识的建设与普及进一步提升了乡村居民的市场适应能力和服务能力；最后，对于政府来讲，引导规范化建设，推行相关标准，进行规范化管理，如此发展，乡村旅游方能大有所为。

为了更加有效地推动乡村旅游产业融合的发展，政府应该发挥市场的主动性，与市场进行配合。依据客观分析，乡村旅游业若想长足发展以及进行良好的产业融合，要对其根本动力——市场需求有清晰明确的认知。在我国，政府在旅游业管理中一直发挥着重要作用，政府的主导在一定程度上可以维持旅游业的稳定发展，但是从长期看，政府的主导不利于旅游业的长久和谐可持续发展。政府在乡村旅游产业融合发展中，应该起到推动配合的作用，应该与市场进行良性互动、相互配合。在乡村旅游产业融合发展中，政府与市场不可或缺。一方面，政府应该避免因层级间的障碍造成的上下级之间的沟通不畅，上级部门及时将相关政策传达解读，地方政府则应及时将本地乡村旅游产业融合的实际情况反映到政府中去，并采取一些积极合理的措施。另一方面，还需要大力发挥市场在乡村旅游产业融合发展中的作用，根据市场机制来推动资源匹配，优化产业结构，促进乡村旅游产业融合的发展。

（三）规范管理实施者

目前，我国针对乡村旅游而制定的相关政策和法律法规还远远不够，甚至在有些乡村旅游景区，经营管理方面存在无法可依、无策可循等混乱现象，对游客的乡村旅游体验影响很大。如"黑社""黑导""乱收费""强迫购物"等问题，皆与缺乏规范的管理有关。因此，政府应该做好乡村旅游产业融合的规范管理，出台相应的管理条例，对景区经营活动和服务人员进行规范有效的管理。同时加大执法力度，对景区中的"黑社""黑导"等进行严格管制，树立好的乡村旅游形象。

政府在进行乡村旅游规范管理时，应当更加关注管理的目的与过程。我国现有的乡村旅游管理中存在着一种现象：政府部门往往忽略管理的目的与过程，而比较看重管理的结果，这就会导致出现乡村旅游发展中治标不治本的问题，从而忽视对于根源问题的治理。我国政府每年都会投入大量的人、物、财在全国各地的乡村旅游管理上，若是用投入产出比进行衡量的话，可以发现效果非常不理想。究其原因，是一些根源性的问题没有达成共识，在乡村旅游管理当中还存在很多分歧，甚至很多地方的领导以及政策往往很短视，注重短期业绩，而忽略了乡村旅游的内涵及本质属性。就一些可以预见的问题而言，没有备选方案，没有提上日程，在方案设计上往往只有唯一提案，因此，在乡村旅游业发展的过程中，问题日益积累。目前在我国的一些乡村旅游景区就出现了很多有代表性的问题：当地政府为了政绩，不顾实际发展情况，一些项目盲目上马、过度开发等；破坏了旅游资源的可持续发展，甚至对一些乡村文明造成不可挽回的破坏性开发，抑制了乡村旅游业的和谐发展。

由于乡村旅游业与其他产业的融合发展会涉及多个产业领域，关系到不同的部门，因此在乡村旅游产业融合的实践中，政府需要理顺方方面面的关系，使其综合化、常规化，而不是局限于旅游部门单方面的监管。

（四）政策支持者

在乡村旅游产业融合发展中，政府应该制定相关的法律政策，使乡村旅游开发建设、管理运营能够有法可依。只有制定了相关的法律法规，人们才会意识到乡村旅游市场的发展需要遵守规则、需要各方维护发展秩序。我国乡村旅游产业快速发展，诸多的问题曾出现或者正在出现，一如当年欧美发达国家的乡村旅游所经历过的一样。比如，在旅游景点，生态资源破坏严重，环境严重被污染，而当地政府往往只注重旅游地的经济发展，衡量指标也是硬性的经济指标，如年接待游客、年旅游收入等直观的经济数据，而忽略了环境的可持续发展问题。随着生态环境的破坏性开发，从整体层面上看，也就是今天我国大力倡导的全域旅游，受到极大的限制，在对很多旅游景点的可持续发展评价上，评级甚至已经列为极度不可持续发展，过早地进入了旅游目的地生命周期里的衰退期。有鉴于此，为了未来的发展，政府应着眼于未来的可持续发展，制定相关的法律法规政策，为乡村旅游发展保驾护航，同时强化法律法规政策的落地。在执行过程中，与地方旅游行政部门密切配合，进一步推动我国旅游业的可持续发展，实现全域旅游的美好愿景。

在乡村旅游的成长阶段，乡村旅游作为一种特殊的旅游形式已经被大众认可接受，各类投资主体纷纷加入进来，因此乡村旅游的经营主体日益丰富，并呈现多元化。随着交通条件、基础建设的日益改善，乡村旅游目的地的有效辐射范围逐渐扩大，从周边城区逐步外延，有的甚至打入国际市场，形成了一定的市场规模。乡村旅游带来的直接和间接收入不断增加，受益人口规模逐渐扩大。在该阶段，因为企业行为的增多，带来经济收益增加的同时，对乡村的生态环境以及乡村文化遗产等也带来很多负面影响，而且在以游客为主体的城市文化面前，乡村文明受到很大冲击，原住民心里往往会对城市文明产生趋同感，长此以往，一部分农村传统文化可能会衰减甚至消失。

为推动乡村旅游发展，政府还应该为乡村旅游产业融合出台相应的扶持政策，如各种优惠政策、财政支持等，还要重视产业规模和产业结构的协调发展，提升效率和效益；在政府管理层面，要加强行业管理，使之制度化、规范化、常规化，形成健康有序的市场秩序。

二、产业政策整合，保障乡村旅游

（一）产业开放政策

引进和借鉴国内外的管理方法与经验，提高服务能力和管理水平，改革管理体制和经营组织。可探索多种途径，引进专业管理公司，实行所有权与经营权分开，特许经营制度，政企分开等。

（二）产业优先政策

在区域整体发展背景下，选择优先发展区和重点旅游区，进行优先开发，建立并完善旅游产业优先发展保障制度。基于可持续发展的战略目标，建立生态旅游示范区、旅游扶贫试验区和旅游度假区，享受同类开发区政策。

（三）财政倾斜政策

增加财政投入，主要用于旅游形象宣传、宏观管理、规划开发、奖励促进、加强旅游基础设施建设等。

（四）招商引资政策

制定旅游开发招商引资优惠政策，创造最佳的投资环境，鼓励企业、乡镇、个人参与投资。给予税收、土地等方面的优惠政策。

（五）奖励促进政策

对在乡村旅游品牌创建中，取得不同级别荣誉称号的，进行奖励；对在组团、促销等方面做出突出贡献的旅行社和企业予以奖励。

（六）其他相关政策

制定优惠政策，积极引进不同层次的旅游专业管理人才；开展专业研究、信息咨询、人员培训等方面的交流合作，学习其他地区的先进技术和经验，为旅游业发展提供保障。

三、产品集成，调整乡村旅游产品供给

（一）旅游体系内部融合：将乡村旅游融入城市休闲体系

长期以来，城市旅游与乡村旅游从概念界定、市场开发、产品挖掘等方面，一直是不相关的两个概念。如何把城市旅游资源和乡村旅游资源整合起来，形成区域旅游市场的连接，是当下发展旅游业区域联动的一个重要问题，具有很强的现实意义。我国城乡经济二元化的突破也需要一个带动性强的切入点，而旅游产业的边界模糊性、旅游市场的一体性对于统筹城乡经济发展具有不可替代的重要作用。要消除这种城乡旅游开发的阻隔，必须努力构建连接城市与乡村的旅游产业链条。

（二）利用融合推动乡村全域旅游创意产品开发

要树立乡村全域旅游的开发理念，将整个乡村作为旅游吸引物，促进城市和乡村旅游发展的一体化，对资源和要素进行整合，努力挖掘资源的传播点，挖掘与旅游呈现的立足点。突出旅游产业的主导性，不是简单地做加法，而是需要融合发展，社会资源和生产要素的优化配置紧密围绕旅游业展开，发展成为一个布局合理、形象突出、要素完备、魅力十足的旅游目的地。

（三）推进乡村旅游产品开发的集群化

在乡村，单个景区的吸引资源往往比较单一，吸引留住游客的能力有限，要用产品组合的观念打造旅游产品的集体概念，突破靠单一景区来发展的既有模式，因此，可以通过合理设计，将一定区域内的景区由点状分布形成网式结构，如成都市三圣乡的"五朵金花"，就是一个典型的乡村旅游集群化发展的经典个案。通过这种设计，既可以提升旅游区域的产品开发、品牌传播，又可以提升游客的满意度。

首先，应该充分体现政府的力量，加强基础建设，加强景区间的交通建设，提高各景区间的交通便利性，降低游客的时间成本和交通成本；其次，在各景区间，建立一个共同的管理平台，加强联系，同时不断创新各自特色，形成"一村一品"，降低旅游产品的同质化；再次，通过联合营销的方式推广一个主题，形成大乡村旅游的概念；最后，针对不同诉求的群体，合理设计旅游路线，真正体现当地乡村旅游的特色，着力于提高游客的停留时间，进一步开发，增加游客体验的空间与感觉。

依据乡村旅游所涉及的不同环节，也可以从田园风光、民俗文化展示、乡村旅游服务企业以及乡村旅游支撑机构几个方面来界定乡村旅游产业集群。

四、路径通融，创新乡村旅游产业融合方式

乡村旅游具有旅游行业的一般特征，可以提供比较灵活的就业方式，对劳动力的素质要求不高，产业关联性强。旅游者的要求也在不断发生变化，越来越关注旅游产品多样性，日益关注旅游活动的代入程度带来的体验，这就给乡村旅游的发展提出了要求，即在把握乡村旅游本质属性的基础上进行提质升级。结合当地的产业发展实际情况，就如何依托本土优势资源，进行产业链的延伸以及农业与旅游业结合、工业与旅游业结合、文化创意产业发展等，提出如下思路：

（一）依托农副产品，实现产品整体概念的挖掘

建设好特色旅游商品生产基地，是带动开放、挖掘潜力、培育核心竞争力的重要途径，是促进就业、建设新农村、构建和谐社会的重大举措，是加快追赶型、跨越式发展的必然要求，是提升对外形象、树立旅游品牌、促进经济又好又快发展的迫切需要。

（二）依托特色农产品基地，实现"农业+旅游"的融合

以市场为导向，以结构调整为主线，努力培植资源有优势、产品有特色、生产有规模、销售有市场的主导产业和主导产品。同时按照"区域化布局，规模化发展，产业化经营"的思路。

（三）依托当地现代农业，开发健康有机餐饮，拉长产业链

以现代农业基地为平台，各类有机农产品为主体，如借助龙阳绿萝卜、界河马铃薯、姜屯大葱等已有知名品牌，结合旅游餐饮提倡健康饮食，以"体验有机生活，享受健康饮食"为主题，根据各地特色开发健康有机餐饮，提出"有机鱼鲜汇""有机果蔬宴"等有机餐饮品牌。

（四）依托现有土地民居，实现"养老+地产+旅游"的融合

实施完善的土地流转政策，大力发展规模化农业，生产要素集约化、农业生产过程标准化以及引进现代产业化经营，建立健全农村土地流转机制，发挥政府和市场各自的作用，尊重农民的意愿，促进农业增效、农民收入增加，促进农村经济健康稳步发展。发展乡村旅游，能够创造就业岗位，合理安置农村富余劳动

力，使其离土不离乡，还能够有一份收入，拓宽了农民增收渠道。同时，应积极发展特色旅游地产，以休闲度假为目的，以旅游项目为依托，以优美的景观和良好的配套为支撑，尤其是针对当下的老龄化以及养老问题，可以有选择地打造城市老人的第二居所，发展老年的休闲度假旅游市场。

五、管理模式创新，优化乡村旅游产业链

乡村旅游特色化、品牌化、规范化和规模化是乡村旅游最终走上产业化的必由之路。其间，乡村旅游的组织管理模式应关注以下内容：

（一）组建大的旅游企业集团，提高组织化程度，全要素发展

旅游服务涉及面广、产业链长，因此其分工不宜过细过窄，适宜培育多要素乃至全要素企业。为了保证乡村旅游的高层次发展，提高组织化程度非常关键。

（二）统筹安排、科学规划，实现优势互补

经营针对地方政府，尤其是政府主导型的乡村旅游开发，主要包括：制定规划，制定支持发展乡村旅游的地方政策，建立乡村旅游地方标准，多方筹措资金，不同乡村进行"一村一品"开发建设，公共基础设施的建设维护，开展乡村旅游业从业人员培训，加大乡村旅游产品的供给等，以及城乡之间的联动，都离不开政府的统筹安排、科学规划。

（三）建立利益连接机制，培养联动发展模式

乡村旅游产业化若想健康发展，关键和核心在于建立利益连接机制以及联动发展模式。以旅游业为龙头的价值链的形成与完善，需要通过发挥乡村旅游的乘数效应，大力发挥旅游产业的拉动功能，促进关联产业的发展。联动发展模式的建立主要围绕不同的产业，形成广义上的产业价值链，如旅—农—工—贸，从而促进农村产业结构调整。围绕乡村旅游，就旅游构成要素而言可以包括以下行业与实体：吃、住、行、游、购、娱可以分别延伸到美食、餐饮、宾馆、民宿、农业、产品深加工、运输、房地产、体育业、创意文化等。因此，围绕乡村旅游结合不同产业开展不同的活动，进而会带动生产要素市场，如信息、资金、技术等的发展。长远来看，通过利益联动，对农业产业化的进程定能起到加速作用。

（四）乡村旅游业态和模式创新

在乡村和乡村旅游的发展中，市场经济的规律和要求始终是基本原则，在现实发展中，客观存在着部门、区域、相关者的各自利益和诉求，因此需要突破局

限，站在大区域、大市场、大旅游的高度，实行政府主导、企业经营的创新战略，全面推进乡村旅游的发展。

目前，乡村旅游产品形式普遍比较单一，很多地方乡村旅游缺乏特色和个性，为了改变这种现状，需要对乡村旅游发展业态与模式进行丰富和创新，在满足不断发展变化的旅游需求的同时，推进普通农户通过业态和模式的改变，扩大规模、形成规模效益，提高品质、打造精品，形成品牌、树立差异性。

在发展乡村旅游经济的道路上，发展路径很多，如依托传统村落建设旅游村镇、与生态农业结合营造生态农业新村、在政策扶持下开发旅游扶贫区、以高科技农业为主题打造观光园等，建设依托知名景区、民族民俗文化村落、历史文化村落、农业产业集聚区发展等不同类型的乡村旅游集聚区或综合体；在乡村旅游业态上，要因地制宜，构建多元业态；在乡村旅游模式上，在依据共性的理论基础上，凸显个性的原则，围绕当地独具特色的资源和主要的目标市场需求，不断探索，发展乡村旅游的模式。乡村旅游发展模式详见表3-1。

表3-1 乡村旅游发展模式规划汇总

产品类型	发展模式建议	举例
农户型	"农户+农户""公司+农户""政府公司+农户"	各种农家乐、农事参与等
村落型	"公司+社区+农户""股份制""政府+公司+农户""政府+公司+农村旅游协会+旅行社"	主题文化村、乡村博物馆、民俗村、生态养生农庄等
农场型	"公司制""公司+社区+农户""股份制""政府+公司+农户""个体农庄"	观光农园、乡村营地等
企业庄园型	"公司制""公司+社区+农户""股份制"	乡村俱乐部、企业庄园
产业庄园型	"公司制""公司+社区+农户""政府+公司+农户""股份制"	产业庄园等

六、全方位营销模式创新，加速乡村旅游产业融合

（一）品牌营销策略

目前在市场营销实践与理论体系中，品牌战略居于主导地位，品牌之所以如此重要是因为品牌的作用。首先，通过品牌建设和传播，可以突出旅游产品或服

务的特色，与竞争者相比有良好的传播点；其次，品牌传播对于旅游形象的树立具有不可替代的作用；再次，通过品牌传播，可以加深消费者的认知，进而提高旅游者的购买率和重购率；最后，通过品牌构建与传播，形成企业的品牌资产，体现旅游企业的综合竞争力。

对于乡村旅游目的地来说，区别于一般的实体产品和服务。首先，一个优秀的乡村旅游目的地需要依托丰富的旅游资源；其次，乡村旅游知名品牌的打造，同样离不开优质的服务。因此，在乡村旅游品牌建设与传播中，要有清晰的认知，如自身资源、市场需求偏好、竞争企业等。在市场选择上，要注意发展先后顺序。往往是由近及远，先易后难，先省内市场，再周边省份，后国际市场。通过选择不同的平台，不断地宣传促销，树立旅游形象，加大市场影响力，提升旅游品质，保证乡村旅游品牌的市场影响力。

（二）整合营销传播策略

源于美国的整合营销传播理论被广泛流传应用，在开拓发展市场、提升旅游品牌形象、促进规模发展、提升消费者购买意愿等方面具有重要的作用。

1. 同一地理空间内的不同乡村旅游产品之间的整合营销

在同一区域范围内，乡村旅游产品之间要形成一种良好的竞争与合作的关系。目前，很多乡村旅游产品存在着严重同质的现象，尤其是像以农家乐为代表的最初的乡村旅游产品开发，在相对集中的地理范围内，难免会发生恶性竞争。从长远的发展来看，无论对游客还是对业主，都存在很大的风险。

因此，在开发乡村旅游的时候，主张"一村一品"，在同一区域范围内，形成可以互补的合作关系，往往以政府主导推进，强调整体形象和品牌，实行整合营销，共同培育开发市场。既降低了经营风险，避免了恶性竞争，同时，还会增强对游客的吸引力。

2. 不同区域间的联合营销

乡村旅游产品的行政区划以县市区一级为主，乃至于乡镇一级，其拥有的资源有限、资金不足，传播的影响也极其有限。因此，营销还应考虑主动纳入市、地区等更大区域的联合营销中去，尤其是考虑与主要景区进行联合，形成联动模式，也可以考虑寻找成熟的旅游市场进行依托，进行游客引导开发乡村旅游市场。

以泰安市岱岳区和泰山区的乡村旅游景点为例，因为这两个区具有明显的地理空间优势，环泰山分布，泰山就是最好的可以捆绑的平台。而且在市场宣传的过程中，泰山的知名度和美誉度为这两个区的乡村旅游做了良好的背书。

除了依托知名景点以外，还要善于挖掘整体的历史空间感，就滕州市而言，环微山湖、大运河一线，就是非常好的历史空间的载体再现。

3. 不同的营销传播手段的综合运用

在市场营销传播的概念里面，传播的手段多种多样，其中比较经典的手段有这样几种：广告、人员推销、公共关系和营业推广。目前，越来越多的地方政府，开始关注旅游目的地形象广告的打造，在不同的营销传播手段里面，他们所起的作用、花费的成本以及影响的范围是有差别的，因此，在营销传播的过程中，要进行深入系统的分析，针对当地乡村旅游目的地的定位和目标市场，进行有针对性的营销传播手段的组合。

4. 不同传播媒介的综合运用

随着互联网、移动通信手段和网络技术的飞速发展，各种新型的信息获得方式越来越普及、便捷。这就给乡村旅游的传播提出转变思路的要求。在关注传统优势媒介的同时，还要关注各种各样的新媒体信息传播。

（1）传统媒体。

①借助目标客源地的传统媒体。借助目标客源地报纸、杂志、电视、广播、户外广告等传统媒体宣传旅游区的旅游形象及旅游产品，不断扩大宣传推广范围和提高旅游区知名度。

②分发旅游宣传册等材料。积极参加旅游推介会和说明会以及各种旅游会展，向当地旅游业界和游客派发旅游宣传册、促销单张、旅游地图等各类宣传资料。

③与专业旅游杂志合作，形成营销软文。在专业策划的基础上，与国内重要旅游杂志合作，形成一定量的营销软文，营造正面舆论规模，不断传播新的乡村旅游形象。

（2）网络媒体。

网络营销方式可以充分发挥新媒体的作用，应对不断变化的市场要求。新媒体在选择上主要分为三类：网络新媒体、移动新媒体和数字新媒体，重点实施微博、微信、微电影、微视频和微图画、微营销。

①网络新媒体。主要包括各大门户网站（如携程、艺龙、新浪、搜狐），电子邮件／即时通信／对话链、博客／播客、网络文学、网络动画、网络游戏、网络杂志、网络广播、网络电视等。重点关注微博及社交网络的"病毒式"传播的口碑宣传方式，对旅游区进行"病毒式"传播。

②手机新媒体。在选择上可以有智能手机应用程序软件、手机短信／彩信、

手机报／出版物、手机电视／广播等。

③数字新媒体。数字新媒体广告投放包括数字电视、IPTV、移动电视、楼宇电视、城市多媒体终端等。在一级目标客源市场的火车站、飞机场、饭店大厅、大型购物中心、重要的景区景点和旅游咨询中心等地，开展旅游营销宣传。

（3）公共关系渠道。

①公关营销。整合社会资源，分析贴近目标市场的各种社会活动、政府公关活动、有关的专业组织会议等进行品牌植入。

②名人营销。明确分析当地的文化资源、自然资源等，把握其特质，遴选聘请具有共性的名人进行相关的市场推广活动；或者根据实际情况安排名家名人参与活动，利用名人效应，进行旅游目的地的营销。

③会展营销。会议展览因其影响效果越来越被地方政府部门接受，尤其是高规格会议，会议效应往往可以形成旅游宣传的亮点；而且会议效应的融入性与持续性比较可取。除了主动举办会议以外，还要主动走出去，通过选择主要市场，精心准备参加国内外重要的旅游交易会。

④文化营销。文化与旅游具有天生的渊源，可以走官方渠道，如申报世界文化遗产或者非物质文化遗产等，文化营销难在历史文化的物化与实体转化。

（4）专项营销渠道。

①旅行社营销。与国内重大旅行社进行合作推广精品线路，借助知名旅行社的渠道，分销旅游区的旅游产品；与目标客源市场的旅行社建立良好的合作关系，定期组织认知之旅，让其了解旅游区的特色，同时针对不同目标市场的旅行社提供不同的优惠套餐，以求最大力度地吸引当地游客。

②行业协会营销。建议乡村旅游点加入不同的行业协会，利用行业协会的渠道进行精准销售。

③旅游大篷车促销。面向大众市民，在城市中心区和人流密集的商业广场、商业街，采取旅游大篷车的方式开展宣传促销活动。

④社区促销。深入社区，拓展周末休闲市场，针对主要客源市场，组织旅游区营销小分队直接深入其中的大型社区，特别是高端住宅区和高端酒店区等，开展促销宣传活动。

（三）有效区分市场，采用多维营销策略

在市场营销中，基于市场细分、市场定位和目标市场选择的目标市场营销战略，是非常有效的，在乡村旅游的市场发展中，该理论同样适用。很多研究从地理空间分布和有效辐射范围着眼来研究乡村旅游的市场发展，因此，在乡村旅游的市场发展过程中，有必要结合市场的细分和产业的生命周期，进行当下、中期和长期的市场开发布局。

（四）节庆活动发展策略

近20多年来，大部分地方政府以"节庆"为由头，通过传统节庆或者人造节庆，用节庆活动气氛刺激消费者，开展一系列的营销活动。具有当地特色的节庆文化活动，有效地吸引目标市场的关注，在营销表现上逐渐成为亮点。

节庆活动除了本身是一种独特的旅游资源外，还是当地的品牌形象的外化，进行传播的发力点。因此，在设计节庆活动时，除注意凸显与本地旅游结合以外，还要尽可能打造新民俗。同时，淡季错峰举办时效性较差的活动，可以有效激活淡季旅游市场。

七、保障乡村旅游社区利益，稳定乡村旅游融合发展

（一）建立社区居民参与机制

1. 建立农民旅游合作社

由合作社对其境内的资源进行统一管理，对其拥有的果树、农田进行统一规划、综合开发，农民以自家的土地、果树和现金等多种方式加入合作社，设置灵活的股权，在不改变原土地承包关系的前提下实现土地的集约利用。

2. 全程参与景区规划与建设

客观上讲，旅游景区（点）真正的主人是社区居民，就旅游规划发展和如何实施旅游发展的决策他们应该有发言权。倘若旅游发展决策缺少社区居民的参与，那么很难保证社区居民在旅游开发中受益。

3. 对社区进行旅游教育与培训

随着农村青壮年劳动力的流动，社区居民老人和妇女居多，旅游服务的意识比较淡薄，旅游知识与技能相对匮乏，若想让他们从旅游开发中受益，必须引导其参与到旅游开发中，因此，必须对他们进行培训，补充相关知识。

（二）建立规范的利益分配机制

建立利益分配机制，一是兼顾效率、公平。旅游开发商、地方政府、社区居民进行利益分配时，需要按照生产要素的贡献，如资本、土地、技术、资源、管理、劳动等，应该能够保证开发各方的应有收益；二是体现公正、人本。旅游开

发所带来的社会成本应该在利益分配时被重视起来，应该充分考虑资源耗减和环境损失，并对之进行生态补偿。

1. 明确旅游资源产权，并进行资产评估

旅游资源产权界定是合理分配旅游开发利益的先决条件，必须客观公正地进行，资本和各种旅游资源作为基本要素，应建立有偿使用制度。根据规定的评估体系，为显示旅游资源资产价值，则必须由专业的评估机构进行综合评估。

2. 形成多元化补偿机制

对资源与环境的影响是旅游开发不可避免的，作为影响的直接承担者，社区居民有权利获得一定的补偿，作为开发者、经营者等直接受益者有义务对此给予补偿。

政府作为主管部门，应该完善征地补偿制度。被征地以后，农民失去了主要的收入来源，因此，在旅游开发后，确保农村居民的基本生活水平是政府部门应该慎重考虑的。

环保部门应该对旅游开发进行全方位的监管，建立环境资源补偿机制。旅游承载力是一个旅游可持续发展的重要考核指标，一旦超过旅游规模，对旅游资源造成的破坏就不可能挽回，所以，非常有必要对环境资源进行补偿。

（三）鼓励社区居民积极参与，转变为旅游从业者

1. 社区居民直接参与

针对景区建设和管理，鼓励全面参与。旅游区的部分建设项目，可以优先承包给社区居民；旅游区建成后的卫生清洁、绿化、民俗表演可以雇用当地社区居民来做。

从事旅游商品零售业。在旅游区内，各种零售摊位、超市商店、停车场以及部分简单游乐设施等，对社区居民个人，可以以相对优惠的价格招租，这样可以帮助社区居民从事经营活动，从而使其参与进来。

为旅游区提供物质，如新鲜蔬菜、肉食、水果等，开展旅游餐饮住宿接待。

2. 社区居民个人入股

为了强化旅游开发过程中，社区居民的合理收益，以及旅游与社区居民战略同盟关系，社区居民可以以多种形式入股参与旅游开发，获得股份收益。

3. 建立集体性质的旅游公司

建立集体性质的旅游公司，社区居民入股，从事与旅游产业相关的行业，如交通运输、餐饮、接待、商品销售等，也可承担景区的经营项目，实现规模经营、

集约经营，发挥集体的力量。

（四）提升社区产业结构层次

立足于自身产业结构现状与经济发展水平，以旅游产业为核心，积极发展配套产业，以旅带农，以农促旅，优化社区的产业结构，带动社区产业结构的升级。

首先，发展旅游产业的后向关联产业，优先发展高产高效农业，促进农业生产生态化、生态环境景观化，提高经济作物比重，实现农业内部结构优化。

其次，以农产品深加工产业为龙头，发展旅游商品加工业。对本地著名的、独特风味的土特产品进行加工、包装及标准化生产，便于游客购买携带。

最后，充分发挥旅游区的依托地功能，积极拓展旅游前向关联产业，特别是与景区相配套的服务业，包括餐饮、住宿、导游服务以及交通运输等产业。

（五）健全旅游保障机制

1. 理顺管理体制

转变政府职能，地方政府要发挥其管理监督职能以及协调、服务职能。建立社区管理机构。

2. 社区参与意识的着力培养

政府主管部门和社区通过专题宣传和教育培训，帮助社区居民提高对旅游发展的认识。从思想上接受相关理念，若想实现旅游可持续发展，那么社区参与旅游开发是必不可少的因素。因此，要引导、尊重、保证社区居民的参与行为。

3. 制定相关政策

地方政府要制定相关政策，并从财政上（如帮忙筹措经营资金、提供低息贷款）予以扶持，保证社区居民从旅游开发中获益。

（六）完善旅游监督机制

由专家、政府官员、各方代表及公众共同组成，作为社会性执法和监督机构是专门的、独立的，监督、控制旅游开发整个过程以及各方行为，目的在于确保实现各方利益和环境的健康可持续，在监督和管理的同时，也可以作为沟通和反馈的平台以促进信息的沟通交流与反馈。

第五节　乡村旅游规划创新的基本理念与主要内容

一、旅游规划、乡村规划概述

（一）旅游规划

旅游规划指的就是为了实现旅游产业经济效益、社会效益和环境效益的统一，而对某地区旅游产业未来发展状况的构想和安排。对于一个地区而言，旅游业的兴起或许具有很强的偶然性，例如一处遗迹的发现就可以催生一个地方的旅游业，但是旅游规划却能够保证旅游业的可持续发展。因此，近年来，旅游规划开始逐步成为旅游发展的纲领和蓝图，成为地方发展旅游产业不可或缺的重要组成部分。具体而言，旅游规划的内容主要包括以下三个方面：

1.资源评价和开发利用现状评价

地区旅游资源的丰富程度对于旅游产业的发展有着直接的影响，旅游资源越丰富，开发潜力越大，说明旅游产业的生命力也就越持久，对当地经济做出的贡献也就越大，因此对旅游资源进行评价是旅游规划的一个重要内容。一般来说，关于旅游资源价值的评价主要是从资源的科学价值、历史文化价值、景观美学价值和生态环境价值四个角度进行的。此外，除了对旅游资源的价值进行评估之外，也要对旅游资源的开发利用现状进行评估，例如部分地区的旅游资源虽然十分丰富，但是一直以来都只是一个旅游景区，旅游资源基本上已经被开发殆尽，那么进行旅游规划时就要考虑到这一点。

2.旅游服务设施规划

服务设施是旅游产业发展的一个重要影响因素。拥有独特历史文化底蕴和自然景观的地区很多，但是成为旅游热门景点的地区却寥寥无几，原因就在于服务设施不够完善，很难满足现代游客的需求，因此对服务设施进行规划是旅游规划的一项重要组成部分。在规划服务设施时要从旅游地的环境保护、为游客提供最大的便利等角度出发，制定科学的旅游服务系统。

3.旅游活动组织规划和资源保护规划

对于绝大部分的游客来说其旅游时间十分有限，对于游客而言，能够在有限的时间内欣赏到更多的旅游景观是十分重要的，因此旅游规划也要对旅游活动组织进行规划，例如安排合理的旅游路线等，这样一方面能够充分凸显出旅游区的特色，发挥景区的最大效益；另一方面也能够帮助游客欣赏到更多的旅游景观。此外，旅游资源作为旅游产业的基础，并不是取之不尽的，因此在进行旅游规划时要对旅游资源的保护进行规划，根据旅游资源的重要程度来划分出核心保护区、重要保护区和景观保护区，以此来延长旅游地的生命周期，同时也有利于旅游地的生态环境保护。

（二）乡村规划

乡村规划指的是对乡村地区的社会、经济等进行长期的部署，指导乡村地区的社会经济发展。具体来说，乡村规划主要包括以下四个方面的内容：

（1）对乡村的自然资源与经济资源进行综合评估，然后分析这些资源的开发现状，为乡村社会经济发展奠定基础。

（2）对乡村的特色进行宏观把握，确定乡村社会经济的发展方向，例如具有独特风俗民风的乡村可以把乡村旅游作为发展方向。

（3）对乡村各个部门的发展规模、发展速度等进行评估，确定其在乡村社会经济发展中的地位和作用。

（4）综合以上来制定详细的乡村社会经济发展措施与步骤。

乡村规划的制定要建立在实事求是的基础之上，要根据乡村现有的生产生活与资源条件，结合国家给出的经济发展政策，以长远发展为宗旨。

当前，做好乡村规划是社会主义新农村建设的重要组成部分，也是我国乡村建设走上规范化和科学化的一个重要表现，对于乡村经济的良性可持续发展有着十分重要的意义。

在进行乡村规划的过程中，需要坚持以下三个基本原则：

（1）乡村规划一方面要有利于农业生产，另一方面也要有利于为村民提供更大的便利。

（2）乡村规划要以经济建设为中心，但是也要做到经济效益、环境效益与社会效益的统一。

（3）乡村规划的主要目标是改变以往村民自发地发展经济导致农村经济布局凌乱的现象，因此乡村规划必须要充分采取群众的意见，得到群众的支持。

值得注意的是，乡村规划不同于旅游规划。旅游规划是一种全新的规划，即对本来没有任何人工设施的地区进行规划，因此旅游规划往往很少遭到反对。而乡村规划则是对现有农村的一次推倒重建，在规划中必将涉及农村基础设施的改建甚至存在的合并与搬迁，涉及许多村民的直接利益，因此乡村规划必须详之又详，这样才能够获得村民的支持。但是从当前我国所进行的乡村规划来看，绝大部分乡村规划都比较粗糙，只是简单地对乡村规划进行描述，如此一来就很难得到村民的认可，导致乡村社会经济建设难以进行下去。

二、乡村旅游规划的界定

综合上述关于旅游规划和乡村规划的定义，我们可以将乡村旅游规划界定为：根据某一乡村地区的旅游资源、旅游发展规律和旅游市场的特点来制定目标，并为实现这一目标来进行统一的部署。

在对乡村旅游规划的内涵进行把握时，需要注意以下三点：

（1）乡村旅游规划不仅仅是一项技术过程，更是一项决策过程。在进行乡村旅游规划时我们既要采用科学的手段进行规划，更要注意规划的可行性，否则乡村旅游规划也就失去了存在的价值。

（2）乡村旅游规划不仅是一项政府活动，也是一项社会活动，更是一项经济活动。政府虽然在乡村旅游规划中扮演了十分重要的角色，但是这并不意味着政府能够承担乡村旅游规划的全部职责，考虑到乡村旅游规划是为乡村旅游产业、乡村社会经济的发展服务的，因此在进行规划中必须要有一定的经营管理人员参与，只有这样才能够保证在乡村旅游规划指导下的乡村旅游产业能够充分发挥其对社会、经济的巨大作用。

（3）乡村旅游规划不是静态的蓝图式描述，而是一个不断反馈的动态过程。即乡村旅游规划必须具备一定的弹性，规划文本对于乡村旅游发展有着指导价值，但是这种价值随着社会环境的变化必然逐步地削弱，这种情况下就要对乡村旅游规划进行不断地调整，使之与乡村社会经济发展更加契合。

三、乡村旅游规划的对象和任务

乡村旅游规划是区域旅游规划的特殊类型，除兼具区域旅游规划的特点和属性外，还具有其自身独有的规律和特征。受彭华对旅游发展动力系统的研究成果的启发，结合乡村旅游的特点，这里认为乡村旅游规划的对象——乡村旅游系统由需求系统、中介系统、吸引系统和支持系统四大子系统构成。

乡村旅游需求系统是乡村旅游的主体系统，也就是乡村的客源系统，即乡村旅游市场。在对其规划时应包括对乡村客源市场的主观和客观需求分析，其中主观需求涉及旅游需要、出游倾向、个人偏好、消费观念等，客观需求包括经济能力、闲暇时间、职业和政策导向等多种因素。乡村旅游中介系统是联系乡村旅游主体和客体的桥梁，是保障乡村旅游得以顺利进行的中间系统。它主要是乡村旅游企事业系统，同时涉及乡村旅游营销等多种因素，诸如乡村旅游地的口碑宣传、广告效应、旅行社、旅游交通、旅游服务引导系统等。乡村旅游吸引系统是乡村旅游的核心系统，包括物质吸引系统和非物质吸引系统。概括来讲，在乡村旅游规划时必须注意乡村旅游形象（乡村意象）、乡村旅游活动、乡村旅游设施、乡村景观与环境、乡村旅游氛围和乡村旅游服务等主要内容的建设，以营造乡村强大的旅游吸引力。而乡村旅游的支持系统则是指乡村旅游的环境系统，包括硬环境系统和软环境系统两个方面，涉及复杂的内容体系，诸如乡村建设、环境卫生、道路交通、公共设施建设，还有社会风气、经济发展水平、乡村文化环境、乡村旅游发展政策等因素。乡村旅游规划必须注意旅游大环境的营造。

乡村旅游规划的任务与其规划对象相匹配，主要是通过改善乡村旅游系统的结构有序性、功能协调性和发展目的性之间的关系，使乡村旅游系统按照服务旅游者的要求实现优化组合。具体来说，乡村旅游规划迫切需要解决的任务就是在适应旅游竞争的前提下，首先，设计出富有乡村地方文化、特色鲜明的乡村旅游总体形象（乡村意象）；其次，在市场、资源和形象综合导向下合理配置乡村旅游吸引系统；再次，努力提高乡村旅游产品质量，加强与相关部门的合作；最后，以保持乡村生态系统、乡村环境系统和乡村传统文化完整性为前提，切实保障乡村旅游的可持续发展。

四、乡村旅游规划的特点

（一）战略化

乡村旅游规划的制定对于乡村旅游的发展有着决定性的影响，可以说是乡村旅游发展历程中最为重要的一个文件。因此，在制定乡村旅游规划时不能只着眼于眼前的利益，要从战略的角度对乡村的长远利益与眼前利益进行协调，从而在促进乡村地区社会经济发展的同时也保证乡村旅游的持久性。

（二）多元化

乡村旅游规划的多元化特征主要表现在以下两个方面：一方面是乡村旅游规划的制定人员、制定方法的多元化。单纯依靠一个专家来进行乡村旅游规划毫无疑问是不现实的，因此需要诸多不同学科的专业人员合作对乡村旅游进行规划，在规划过程中也要根据需要灵活采取不同的技术手段。另一方面则是乡村旅游规划内容的多元化。乡村旅游规划并不是简单地对旅游进行规划，而是要综合考虑到乡村的社会因素、文化因素等，只有这样才能够保证乡村旅游与乡村融为一体，因此在内容上乡村旅游规划呈现出多元化的特征。

（三）系统化

乡村旅游规划并不是一项独立的工作。作为农村精神文明建设与经济发展的主要推动力，乡村旅游与农村社会的各个因子都有着十分密切的联系，因此在进行乡村旅游规划时要将其视为一项系统工程，综合考虑乡村旅游与其他社会因子之间的关系，如此方能保证乡村旅游与其他社会因子之间的协调性，实现最终的目标。

五、乡村旅游规划的指导思想

（一）可持续发展思想

在规划哲学理念上，可持续发展已经成为全世界的共识。可持续旅游开发可以满足经济、社会和文化的需求，在强调为当前的游客和东道主提供旅游和发展机会的同时，保留并强化后人享有同样的机会。可持续开发同时还包括与复杂的社会、经济和环境有关的切实有效的政策。对于可持续旅游开发，世界旅游组织在 1990 年曾经提出过八条原则，可以概括为：区域整体性原则、生态性原则、可持续原则、公平原则、充分的信息与沟通、地方公众主导、规划分析优先、良好的规划监测。在规划理念上，可持续旅游开发强调文化的完整性和生态过程，强调对自然和文化生态的保护和延续。

在乡村旅游规划中，更应该倡导可持续发展思想，因为乡村环境和乡村文化本身的脆弱性特征，要求在可持续发展原则的指导下，有效地开展乡村旅游规划工作，以便对乡村资源进行科学的开发、培育性开发，从而保障乡村旅游的持续性健康发展。

（二）动态发展思想

乡村旅游规划动态发展的思想主要表现在以下两个方面：

（1）乡村旅游规划目标和内容要具有一定的弹性。乡村旅游规划固然对乡村旅游发展有巨大的指导价值，但是这种价值是建立在规划与乡村社会经济发展现状相契合的基础之上的，而社会环境的迅速变化决定了乡村旅游规划也是随时紧跟社会环境的变化进行调整的。

（2）乡村旅游规划要保证近期规划的稳定性、中期规划的可行性以及长期规划的发展性。

（三）社区参与思想

社区参与是体现社区因素和居民意志的有效机制。在乡村旅游规划中实施社区参与能够协调社区居民与当地政府、开发商、旅游者等之间的关系，实现各方的利益诉求，也有助于规划设计与当地环境、社区和文化协调一致的产品，从而有利于实现旅游业的可持续发展。

为了实现乡村旅游的可持续发展，社区参与应在以下三个方面得到加强：

（1）乡村旅游规划的制定。社区参与规划的制定，一方面有利于培养居民的东道主意识，另一方面可增强乡村旅游规划的可操作性。

（2）加强对乡村环境的保护。旅游地资源和环境保护对社区居民具有更为重要的意义，通过参与环境的保护来敦促旅游企业在开发和经营活动中减少对环境的破坏，有利于形成良好的保护环境的社会氛围。

（3）加强对乡村传统文化的维护。这样有利于强化乡村居民的文化认同感和社会认同感，减少社会张力，促进社区文化的整合。

（四）生态旅游思想

生态旅游观念兴起于20世纪80年代。近年来国内外研究者开始对生态旅游进行整合，将生态旅游视为一种特殊的旅游形式，即乡村旅游、度假旅游等可能属于生态旅游的一部分，但也可能不是，而这完全由旅游区的旅游发展理念所决定。随着人类对自然环境保护的日益重视，生态旅游开始受到很多旅游者的追捧，西方的乡村旅游事业开始逐步朝着生态旅游的方向靠拢。事实上，乡村旅游与生态旅游本身就有异曲同工之妙，只是在发展乡村旅游的过程中由于忽视了对生态环境的保护，乡村旅游与生态旅游渐行渐远，但是这对于乡村旅游的可持续发展有害无利。因此，在进行乡村旅游规划时要始终秉持生态旅游的思想，一切乡村旅游规划行为都不能与生态环境的保护背道而驰，只有这样才能够确保乡村自然景观与人文景观对游客的吸引力，保证乡村旅游持久的生命力。

六、乡村旅游规划创新支撑理论

（一）旅游规划三元论

刘滨谊人为，旅游规划追求的基本核心和最终目标是为旅游者创造时间与空间的差异、文化与历史的新奇、生理与心理上的满足，其中均蕴含着三个层面不同的需求：

其一，旅游活动以及与之相关的文化历史与艺术层面，包括潜在于旅游环境中的历史文化、风土民情、风俗习惯等与人们精神生活世界息息相关的文明，即关于人们行为活动以及与之相应的经营运作的规划需求。

其二，景观时空层面，基于景观空间布局的规划，包括区域、总体、景区、景点的时间与空间上的布局、设计，即关于景观时空布局的规划需求。

其三，环境、生态、资源层面，包括土地利用、地形、水体、动植物、气候、光照等人文与自然资源在内的调查、分析、评估、规划、保护，即生态环境大地景观的规划需求。这些构成了旅游规划需求的三元。

与需求对应，现代旅游规划的内容同样包含三元：以"旅游"为核心的群体行为心理规划和项目经营；以"景观"规划为核心的优美的旅游景观环境形象创造；以"生态"为核心的旅游环境生态保护。

（二）景观生态学理论

1866年，德国埃斯特·黑克尔（Erste Haeckel）在其著作《有机体普通形态学》中第一次提出了"生态学"的概念，从这一刻起，生态学就成为研究生物与环境、生物与生物之间关系的一项重要内容。

景观生态学是生态学的一个重要分支，它的主要研究对象是在一定的区域范围之内，许多不同生态系统所构成的景观之间的相互作用以及未来动态变化趋势。随着景观生态学研究的不断发展，目前景观生态学的研究重点主要集中在一个较大的空间范围和较长的时间尺度内，由多个生态系统构成的生态景观的演变过程。

邬建国和余新晓认为，景观生态学的研究具体包括以下四点内容：①景观空间异质性的发展和动态。②异质性景观的相互作用和变化。③空间异质性对生物和非生物过程的影响。④空间异质性的管理。

景观生态设计顾名思义就是指"具有生态学意义的设计"。据西姆·凡·德·赖恩（Sim Van Der Ryn）和斯图尔特·科恩（Stewart Cohen）的定义：任何与生态过程相协调，尽量使其对环境的破坏影响达到最小的设计形式都称为生态设计，这种协调意味着设计尊重物种多样性，减少对资源的剥夺，保持营养和水循环，维持植物生长环境和动物栖息地的质量，以有助于改善人居环境及生态系统的健康。这种理性人居环境应包括人类与地理环境、代谢环境、生物环境、社会环境、经济环境和文化环境的生态关系。

（三）生态美学理论

生态学与美学的有机结合构成了生态美学理论。从广义的角度来说，生态美学理论主要指的是人与自然、人与社会的生态审美关系。景观生态美学是以当代生态存在论哲学为基础理论，反对"人类中心主义"，主张"人—自然—社会"协调统一；反对自然无价值的理论，提出自然具有独立价值的观点。同时，又提出了环境问题和可持续生存道德原则。此外，生态美学的产生促进了生态文学的发展，即绿色文学，以人与自然的关系为题材，歌颂人与自然的协调和谐、共生共存。

在人居环境创作中，生态美学强调了自然生态之美，欣赏质朴、间接而不刻意雕琢；它同时强调人类在遵循生态规律和美的法则前提下，运用科学技术手段改造自然，创作人工生态美，带给人们的不仅仅是一时的视觉震撼而是永久的可持续发展利用。人工与自然的互惠共生，使城乡景观建设与生态系统特性各有所得，相得益彰，浑然一体，这就造就了人工和生态景观的和谐之美。

中国古代的"天人合一"观念开启了人们质朴无华的自然审美观，包含了丰富的景观美学思想。老子通过对天地万物、自然物象的洞察，通过对人与自然关系的体悟，认识到保护自然生态环境的重要性，告诫人们不要自恃灵明而高高凌驾于天地万物之上，不要凭仗强大有力而妄为滥施。如我国园林艺术多追求的正是"天人合一"的美学境界。园林艺术作为我国传统文化和现代文化的物质载体，所特有的园林文化现象，使得景观中的一草一木、一山一水都具有人的灵性和感情。

人类社会进入20世纪90年代后，以个人心理感受为主要诉求的体验理论（Experience）逐渐兴起，并逐渐渗透到观光休闲活动规划设计中。运用自己的感官，引导视觉、听觉、味觉以及触觉，形成个人整体心理感受，以获得感性的愉悦及知性的充实，已成为观光休闲体验活动设计的最高准则。人类向往自然，乡村旅游为人们提供了一个最适当的体验机会。

（四）闲暇游憩理论

现代休闲是一种生活常态，人们在这段时间内按照自己随心所欲的意愿所从事的各种活动都称作休闲活动。休闲所注重的是人们对时间的使用、安排，以及由此而引起的对人们自我发展和完善的影响，从社会发展的过程来看，只是人们具体消费休闲时间的一种样式、一种手段。我们所熟知的休息、游憩、娱乐、运动、旅游等活动都毫无例外地从属于休闲的范畴。著名经济学家凯恩斯预言，人类将面临一个真正的永久的问题是："如何度过闲暇"。未来学家托夫勒在《第四次浪潮》一书中预言，未来社会的闲暇与旅游将成为"第五次浪潮"。

游憩，英译为 recreation，从词源上讲来自拉丁语的 cecreatio，意思为更新、恢复。游憩的本义是轻松、平静、自愿产生的活动，用于恢复体力和精力。

闲暇游憩理论，被公认为属于生活行为理论范畴。其实际研究内容十分广泛，主要内容有闲暇历史与发展、闲暇与生理和心理、环境与闲暇行为、闲暇与休闲产业、休闲价值与社会发展五大方面。在闲暇与游憩理论研究领域，目前已经形成的基本理论命题至少有如下七点：①闲暇史是与人类伴生的历史，并且具有美好的发展趋势。②闲暇与游憩是维持人类生理、心理健康的充分必要条件。③具有游憩潜力的事物是一种资源。④闲暇是一种前景广阔的现代产业。⑤闲暇是人类的基本权利，是社会发展的重要方面，需要政府介入。⑥闲暇类型具有地域、文化和发展阶段的差异。⑦闲暇与可持续发展具有较密切的相关性。

（五）RMP 理论

1.RMP 理论的提出

RMP 理论是我国旅游规划管理专家吴必虎提出的一个全新的观点，是指导区域旅游发展的一项重要理论。所谓 RMP 理论指的就是 R——Resource 资源、M——Market 市场、P——Product 产品理论，其中 "R" 主要研究的是将旅游资源转化为旅游产品。随着旅游业的迅速发展，旅游业已经逐渐成为一种高投入、高风险、高产出的产业类型，这就需要在发展旅游业之前对旅游资源进行科学的评估，确定将旅游资源转化为旅游产品的有效路径。"M" 主要研究的是旅游市场中对旅游产品的需求，这一研究包括两个内容，一个是旅游产品需求的弹性，即在一定时间内游客对旅游产品的需求变化，另一个则是旅游者的旅游动机，根据这一研究成果可以有针对性地制定旅游营销策略。"P" 主要研究的是旅游产品的创新，即根据消费市场的变化以及旅游资源的特色，采取产品的创新或者组合等方式来打造新的特色旅游产品，从而保证旅游业旺盛的生命力。

2.RMP 理论和乡村旅游规划

旅游资源、旅游市场、旅游产品从本质上来说是相辅相成的，旅游资源是打造旅游产品的基础，而旅游市场是将旅游资源转化为旅游产品的基本目标，旅游产品是实现旅游市场价值的基础载体，因此在实践中我们要同时兼顾旅游资源、旅游市场与旅游产品。具体来说，RMP 理论应用于乡村旅游规划中需要注意以下三个问题：

（1）旅游资源问题。一般来说，关于旅游资源的把握主要是通过调查与评估完成的，其中旅游资源的调查指的是对旅游地区进行综合的考察、测量、分析与整理，从而准确地把握旅游区的资源现状。但是在对旅游资源进行把握的过程中需要注意以下两点，一点是要即时对旅游资源进行对比，包括同地区的旅游资源对比以及不同区域的旅游资源对比，从而寻找出具有特色的旅游资源；另一点则是建立旅游资源档案，以便能够根据旅游资源的消耗来确定旅游资源的保护章程，实现旅游资源的持续利用。

（2）旅游市场问题。从市场经济的角度来看，乡村旅游资源规划与开发的主要目的是促使乡村旅游产品能够顺利进入旅游市场，这也就意味着在进行乡村旅游规划时应当准确把握住旅游市场的脉搏，否则乡村旅游资源与产品也就失去了存在的价值。对此需要注意两个问题，一个是旅游业的发展趋势，另一个则是旅游者的行为特征，只有这样才能够开发出具有前瞻性，符合旅游者需求的产品。

（3）旅游产品问题。旅游资源的特色、旅游市场的定位最终都是通过旅游产品来实现的，可以说旅游产品是旅游资源与旅游市场的直接载体。好的旅游产品在满足市场需求的同时也能够极大地提高资源的价值，因此在开发设计旅游产品时要以旅游资源与市场为参照。

七、乡村旅游规划创新的原则

乡村旅游规划所要考虑的内容包括乡村的旅游市场需求、资源约束、社会宏观条件分析（主要是经济条件）等几个方面。由于"乡村"的特殊性，决定了其规划必须遵循以下五个基本原则：

（一）自然环保原则

随着工业生产对生态的破坏日益严重，生态环境保护受到越来越多人的重视，旅游规划作为一种技术产品，也应当紧跟时代的潮流，具备生态文化的特征，承担起保护生态与文化多样性的重任。具体来说，就是在乡村旅游规划中科学应用景观生态学、生态美学等理论来实现乡村旅游与生态的协调发展，最大限度地降低发展乡村旅游对生态环境所造成的破坏。

坚持自然环保原则也就意味着在乡村旅游规划中要因地制宜，尽可能地保留自然特色，没有绝对的必要就不对乡村的自然原貌和建筑物进行更改。国内当前很多地方将乡村旅游与普通的观光旅游等同起来，为了迎合游客的口味，不顾原先遗存的自然资源和人文景观，随意地对乡村进行改造，这种做法不仅对乡村的生态环境造成了极大的破坏，同时也与乡村旅游的本质特征背道而驰。

（二）乡土特色原则

对于旅游而言，特色也就意味着生命，没有特色的旅游景点是难以有持久的生命力的，有特色才有吸引力，才能够在激烈的旅游市场竞争中占据优势。而对于乡村旅游而言，其最大的特色就是乡土文化，五千多年的历史造就了中国璀璨的乡村民俗文化，复杂的自然地理环境则决定了每一个乡村都有自己的特色。因此，乡村旅游规划的一个重要内容就是充分地将乡土文化凸显出来，从而在诸多的旅游形式中"鹤立鸡群"，吸引游客的注意力。

坚持乡土特色原则指的就是在乡村旅游规划上要有别于城市的公园绿化，尽可能体现出野趣天成、返璞归真；在植物配置上注重适地适树，强调多样性和稳定性；所展示的也应该是当地的农耕文化和民俗文化。

（三）和谐生态原则

从美学的角度来看，在地球表面，土地格局、岩体、动植物之间存在着明显的和谐关系，形成了完整的统一体。大自然造就的景观特征的完整性越是统一、彻底、明显、强烈，对观察者的感官冲击就越大。而且，景观地段不同要素的和谐程度"不仅是获得快感的量度，也是美的量度"。因此，对自然景观和历史文化景观在设计时，要运用整体论的观点，保护和加强内在的景观质量、剔除不应该保留的要素，甚至是引进要素以加强自然特征，尽量地保持景区的原始性、完整性、统一性、和谐性。

乡村旅游是第一产业——农业与第三产业——服务业的有机集合，因此乡村旅游要同时兼顾经济效益、生态效益和社会效益。要用生态学原理来指导乡村旅游的建设，建立良性循环的生态系统，产生好的生态效益。生态性主要指两个方面：一方面是生态平衡，另一方面是生态美学，即从审美角度体现出生命、和谐和健康的特征。生命力主要体现在规划设计的旅游区应具有良好的生态循环再生能力。和谐则要求人工与自然互惠共生、相得益彰，即人工构筑物与生态环境形成一种和谐美。健康是指在争取人工与自然和谐的前提下，创造出无污染、无危害，使人生理、心理得到满足的健康旅游环境。

（四）良性互动原则

良性互动原则主要是针对乡村旅游与村民居住环境而言的。众所周知的是，人类居住环境良好很容易获得游客的认可，从而推动旅游的发展，同样的道理，旅游的发展又会不断地改善人类的居住环境，因此在乡村旅游规划中要坚持良性互动原则。

坚持良性互动原则就是要求乡村旅游规划在尊重自然的前提下充分考虑到人类的活动需求与心理诉求。由于乡村旅游中人们的身份大致分为原住居民和游客两种类型，而他们的活动与心理需求是不同的，其中原住居民的需求主要以生产和生活需求为主，游客的需求则以休憩、娱乐需求为主，因此乡村旅游规划要共同兼顾这些需求。从投资回报的角度来说，游客的休憩、娱乐需求占据主导地位，因此应当将提高游客的舒适度作为规划的重点。但是考虑到村民是乡村旅游的主体之一，也应当不断改善村民的聚居环境，帮助村民建设美好家园，从而使得乡村居民生活环境与乡村旅游相互促进，共同发展。

（五）社区参与原则

作为乡村旅游的主体，乡村居民能否认识到自身的文化价值，是否支持乡村旅游对于乡村旅游的发展有着十分重要的意义。而社区参与是实现乡村居民全面参与到乡村旅游中，避免权利与利益分配不均问题出现的重要举措，因此在实践中要坚持社区参与原则，保证所有村民都能够参与到乡村旅游规划中。

社区居民参与旅游发展的内容必须渗透到各个层面，从个别参与到群体参与、组织参与，逐步实现社区的全面参与。一方面，社区居民要参与旅游经济决策和实践、旅游规划和实施、环境保护和社会文化进步；另一方面，社区居民不仅仅局限在谋求经济发展的层面，而是要重视环境保护与社会传统文化的维护与继承的层面，参与森林资源的管理，参与规划和决策的制定过程。乡村社区的参与要能在规划中反映居民的想法和对旅游的态度，以便规划实施后，减少居民对旅游的反感情绪和冲突，从而达到发展乡村社区旅游的主要目的，即：①要有效地进行经济发展和资源保护；②在社区内创造公平的利益分配体系；③发展当地社区的服务员，增强他们保护资源的责任感，自觉地参与到旅游中来。

八、乡村旅游规划的技术路线

（一）规划阶段划分

虽然乡村旅游是一种特殊的旅游形式，但是乡村旅游规划也应当遵循一般旅游规划的原则和技术路线。当前国内还没有专门针对乡村旅游规划的技术路线，而关于一般旅游规划的技术路线却是众所纷纭。对此，本书在对国内相关研究进行梳理的基础上大致将乡村旅游规划分为五个阶段，即规划准备阶段、调查分析阶段、确定规划思路阶段、制定规划阶段和组织实施阶段。

（二）规划阶段内容

第一阶段：乡村旅游规划的准备阶段。乡村旅游规划准备阶段的工作内容主要包括：①明确乡村旅游规划的基本范畴；②明确负责乡村旅游规划的责任人，组织乡村旅游规划小组；③设计社区参与乡村旅游规划的基本框架；④建立乡村旅游规划保障机制。这些都是乡村旅游规划顺利进行的重要保证，如果准备阶段的工作不到位，那么乡村旅游规划很可能会因各种意外状况，例如因社区参与不健全导致村民反对、发生突发问题找不到负责人等而夭折。

第二阶段：调查分析阶段。乡村旅游规划调查分析阶段的工作内容主要包括：①对乡村的整体现状进行分析，包括乡村自然地理环境、社会人文环境等；②对乡村潜在的旅游资源进行挖掘，确定哪些资源能开发成旅游产品，并对这些资源做出定性和定量分析，为后续的旅游资源的保护奠定基础；③对乡村旅游目标市场进行分析，分析的内容包括潜在游客的旅游倾向、收入、市场规模大小等；④对乡村旅游发展进行SWOT分析，即详细地对该乡村发展旅游的优势、劣势、机遇、挑战等进行分析。

第三阶段：确定规划思路阶段。该阶段的主要工作是通过对以上乡村旅游发展的背景和现状进行整体的联系性剖析，结合乡村的历史、社会、经济、文化、生态实情，综合确定乡村旅游发展的战略定位，在宏观上确定乡村旅游发展的方向定位，在此基础上，确定未来乡村旅游的具体发展目标。

第四阶段：制定规划阶段。制定规划阶段是乡村旅游规划工作的主体部分，是构建乡村旅游规划内容体系的核心，主要工作就是根据前几个阶段调查和分析到的结果，并依据发展乡村旅游的总体思路，提出乡村旅游发展的具体措施，包括乡村旅游产业发展规划和乡村旅游开发建设规划等。需要注意的是，在制定详细的规划内容时，必须考虑规划区域的乡村社区建设和社区居民的切身利益。

第五阶段：组织实施阶段。组织实施阶段的主要工作内容就是将乡村旅游规划落实。值得注意的是，在落实的过程中并不能盲目地依照规划文件进行，而是要结合乡村社会经济现状进行微调，确保乡村旅游与乡村社会经济更加契合。同时也要做好乡村旅游规划的综合评价工作，及时进行信息反馈，为后续的规划提供参照。

九、乡村旅游形象规划

旅游形象指的就是旅游者对旅游地的认识和评价，它是旅游地在旅游者心中的一种感性存在。旅游形象对于旅游营销和发展有着十分巨大的影响。对于很多潜在的游客而言，旅游形象的好坏与否直接决定了他们是否具有旅游的兴趣。随着国内旅游产业的迅速发展，旅游业开始进入买方市场中。对于游客而言，同类的旅游产品众多，在必要的情况下完全可以找到一个新的旅游产品，这种情况下旅游形象的重要性就凸显出来。在同样的条件下，旅游形象越好，给游客留下的印象毫无疑问也就越好，对游客的吸引力也就越大。从某种意义上说，旅游产业发展到今天，已经从最初的产品竞争时代进入到形象竞争时代。

乡村旅游形象属于旅游形象中的一种。它是旅游者对乡村旅游目的地总体、概括的认识和评价，包括其乡村旅游活动、乡村旅游产品及服务等在其心目中形成的总体、概括的认识和评价。乡村旅游形象的确立在乡村旅游发展中同样具有举足轻重的地位。

（一）现状问题分析

我国乡村旅游形象设计目前主要存在以下两大问题：

（1）不重视旅游形象的塑造和传播。我国绝大部分乡村旅游区都没有进行过专门的形象设计，在对外宣传时很多乡村旅游区都是以"全国农业旅游示范点"为口号的。事实上，农业旅游与乡村旅游有很大的区别，并且"全国农业旅游示范点"也绝没有想象中的那么多。通过这种宣传手段我们就可以发现我国乡村旅游在旅游形象塑造上的缺失。有的乡村旅游没有属于自身的标徽，有的乡村旅游没有独具特色的旅游纪念品，这些导致乡村旅游很难给游客留下深刻的印象，对于大部分游客而言，选择这个乡村进行旅游和选择另一个乡村进行旅游并没有根本性的区别，如此乡村旅游发展较为缓慢也就不难理解了。

（2）形象定位模糊。乡村旅游形象的确定需要与当地的人文资源和自然资源结合在一起，如此方能够给游客留下直观的感受，让游客看到这一旅游形象就能够想象旅游经历。但是目前国内乡村旅游要么没有专门的旅游形象，要么虽然确定了旅游形象，但是旅游形象却和实际现状不符，例如部分乡村的建筑风格、道路、饮食，服饰、农具等并不协调，给游客留下一种虚假的印象，在游览中游客很难真正体会农家生活。

（二）形象定位前提研究

乡村旅游地旅游形象的规划过程，主要包括前期的基础性研究和后期的显示性研究。基础性研究主要包括地方文脉分析、市场调查分析以及旅游地竞争分析三个方面。

（1）地方文脉分析。地方文脉主要指的是乡村旅游地区的特色资源和民俗文化。对于任何一个旅游地区而言，独特的资源与人文景观都是旅游产业迅速发展的重要保证，乡村旅游也不例外。此外，有别于其他地区的旅游资源和人文景观先天就能够成为一个旅游地区的形象符号。

（2）市场调查分析。游客对于不同的旅游形象接受力度是不同的，例如一些可爱的卡通形象和美丽的自然风光总能够更容易地获得游客的认可，反之一些比较粗糙，有悖于传统审美观念的形象却很难受到游客的认可。因此，乡村旅游形象的规划也要对市场进行详细的调查分析，这样才能够保证最终确定的乡村旅游形象能够满足潜在游客的预期心理目的。

（3）旅游地竞争分析。随着旅游产业的不断发展，很多地方政府将乡村旅游视为经济发展的核心动力，这种情况下越来越多的乡村开始涉足旅游业，但同时也带来了乡村旅游形象的同质化问题，在乡村旅游中多个乡村采用同一旅游形象的事件屡见不鲜。因此，在进行乡村旅游形象规划时要对旅游地的竞争进行分析，避免出现乡村旅游形象与其他旅游地区一致的现象。

（三）形象定位确定原则

乡村旅游的形象定位是乡村旅游形象塑造的前提与核心。乡村旅游地旅游形象定位应该在遵循整体性和差异性总体原则的基础上，反映市场需求，体现乡村自然与文化资源价值，同时应与乡村旅游产品的策划相结合。

（1）满足乡村旅游的市场需求。旅游地形象是影响目标市场购买决策的主要驱动因素，作为旅游企业运营的一个环节，其本质是一种旅游市场营销活动，而旅游地旅游开发一般是以其整体形象作为旅游吸引因素推动旅游市场的，因此，旅游地整体形象的塑造也必须紧扣旅游市场的发展趋势和需求。此外，乡村旅游地形象定位除了把握定位的目标市场以外，还必须做进一步的市场细分，目的是与共享相同目标市场的乡村旅游地在市场方面实行差异化策略，以分流竞争力。

（2）体现资源的自然与文化价值。乡村旅游形象的规划必须与当地的自然与文化价值保持一致，这是发挥乡村旅游形象对乡村旅游促进作用的一个重要前提。但就旅游形象而言，能够选择的旅游形象很多，名人、文物、自然风光、独特的建筑等都可以成为旅游形象，但是对于乡村旅游形象而言，必须要考虑该形象与乡村的契合性，例如以休闲旅游为主的乡村旅游地区便不能随意选择一个当地名人作为旅游形象，一方面该当地名人在全国乃至全世界范围内不一定具有足够的知名度，另一方面将名人作为旅游形象与休闲旅游的主题不相符合。因此，在选择乡村旅游形象时要对旅游区的自然与文化价值进行深入的研究，可以针对其中的一点，也可以宏观上把握自然与文化价值，将其在旅游形象中综合体现出来。

（3）与旅游产品策划紧密结合。对乡村旅游形象进行规划的主要目的是吸引更多的潜在游客，推动乡村旅游的发展，而旅游产品作为乡村旅游的主体，乡村旅游形象的规划必须与旅游产品紧密结合，两者是相辅相成的。一方面，乡村旅游形象规划的好坏与否对于旅游产品在旅游市场上的认可度有着极大的影响，好的旅游形象能够在潜移默化中提高游客对旅游产品的认同感；另一方面，好的旅游产品也有助于扩大旅游形象的影响力，越好的旅游产品就越受到市场的欢迎，而产品上的旅游形象的影响力也会随之不断提高。

（4）使乡村旅游者的心理可接受。旅游地形象的传播对象是旅游者，在定位旅游地形象时，受众调查和市场分析是必不可少的环节。旅游地形象的构建，其目的也是更大限度地开发潜在旅游市场，让游客更清晰、方便地了解旅游地的特点及其独特之处，从而诱发旅游动机。乡村旅游地形象定位应当考虑旅游者是否能够接受的心理。

（四）形象识别系统设计

乡村旅游形象识别系统的设计是旅游形象的具体表达，主要包括理念识别系统、视觉识别系统和行为识别系统的设计。

（1）理念识别系统。从乡村旅游的角度来说，理念指的就是乡村旅游发展所需要遵循的思路与方向，而最能够体现乡村旅游理念的莫过于经典的宣传口号。分析国内比较成功的乡村旅游区，不难发现，一个好的宣传口号是必不可少的，这也是区别于其他乡村旅游区的一个重要标准。例如苏州吴中区旺山生态园的宣传口号是"吴中生态绿园，旺山诗梦乡里"，而同地区的树山村的宣传口号则是"山真水真天堂"，简单的两句话就将两个乡村旅游地区分开来，塑造了鲜明的旅游形象，增强了对游客的吸引力。

（2）视觉识别系统。视觉识别主要是在视觉上让游客意识到乡村旅游地的特殊之处。一般来说，视觉识别主要是通过旅游地的形象标识、户外广告、旅游纪念品等来完成的。当然，如果有的旅游地的自然景观或者人文景观也能够给人留下深刻的印象，那么这些也可以作为视觉识别系统的一部分。

（3）行为识别系统。行为识别系统的建立可以从以下两个方面着手：①服务行为形象设计。乡村旅游属于第三产业服务业，因此服务行为对于乡村旅游有着极大的影响，这就需要进行专门的服务行为形象设计，通过良好的服务行为来加深游客对旅游地的认同感。对此可以分类从交通运输服务、导游服务、住宿餐饮服务、购物服务等角度进行。②感知形象设计。感知形象设计包括听觉、味觉、嗅觉等设计。听觉形象设计主要指旅游地的语言、方言、地方民歌、旅游景区的主题曲和背景音乐等。味觉形象设计主要指发展本地餐饮业，建立适量的农家菜馆，提供有当地特色的农家菜肴。嗅觉形象设计主要指种植具有地方特色或反映四季变化，具有芳香气味的花草树木。

十、乡村旅游设施规划

乡村旅游设施包括乡村旅游基础设施和乡村旅游服务设施。其中，乡村旅游基础设施包含交通设施、给排水设施、电力通信系统、供暖与空调系统，以及卫生设施；乡村旅游服务设施包含乡村旅游住宿设施、商业与餐饮设施、游憩与娱乐设施，以及旅游辅助设施。从广义上讲，乡村旅游设施包含了所有满足旅游者需要的内容，这些从各个方面为旅游者提供服务；从形象上看，乡村旅游设施是乡村旅游区景观最重要的组成部分；从功能上，乡村旅游设施承载着各种旅游活动，是各种乡村旅游产品的载体。

（一）认清主要矛盾

目前我国的乡村旅游在设施规划上主要存在以下两个方面的矛盾，这些矛盾使得乡村旅游的发展并没有真正成为新农村建设的推动力，反而引发了一系列的不必要矛盾。

（1）居民与游客的矛盾。在乡村旅游设施的使用过程中，居民与游客产生矛盾并不稀奇。原因就在于乡村旅游设施的服务界限过于模糊，很多设施同时服务游客与居民，例如商店、道路、公共卫生、停车场等，在旅游淡季，居民与游客的矛盾尚不突出，但是随着旅游旺季的到来，设施开始紧张，游客与居民在设施的使用上矛盾开始凸显。

（2）设施的配置与乡村用地之间的矛盾。乡村的用地都是根据本村村民的数量来进行配置的，但是乡村旅游的发展意味着需要占用一部分土地来建设新的设施，而占用哪一户村民的土地则成为矛盾的焦点。对于很多村民而言，将土地用于设施的建设获得的赔偿远不如自己做点小生意收入高，因此设施的配置与乡村用地之间一直存在着巨大的矛盾。

（二）基础与服务协调配套

完善的乡村旅游基础设施可以保证对乡村旅游资源进行有效和科学的开发。因此，在开发规划时，需要对其进行全面而深入的研究和思考。在交通上，应当对乡村旅游地及其周边的道路、出入口、停车场、游览步道等进行合理布局，使游客进得来、留得住、出得去。在给排水方面，最重要的是需要保证给水的质量和安全，保证乡村旅游地的排水设施在暴雨时不会妨碍旅游者的通行以及污水不会危及乡村的环境质量。在电力通信、供暖与空调、卫生设施等方面，也都应该相应配套，保证足够的容量和使用方便。需要注意的是，为了适应网络时代的到来和方便通信和联系，有条件的乡村还应当积极促进互联网的建设，如建设自己的旅游门户网站。另外，所有的基础设施之间应当统筹考虑，协调安排和弹性规划。

在乡村旅游基础设施已经完善的基础上要考虑到旅游服务其他设施的配套问题。例如在乡村旅游的住宿上，要综合考虑客源市场的社会经济状况，建设不同等级的住宿设施，以便更好地满足不同收入游客的住宿需求；再比如在商业购物与餐饮设施上，两者不能过于集中，要结合人流量留出足够的公共空间来供游客休闲购物，同时商业购物设施旁要尽可能地配备餐饮设施，以便游客在购物之余能够享受到乡村饮食趣味。此外，一些相关的辅助性设施也是必不可少的，例如安全保障设施、行政组织设施等，这些设施看似与游客没有直接的联系，但是对于塑造乡村旅游地良好的形象却有着十分重要的意义，同时也能够为游客提供更为便捷的服务。

（三）分散与集中有机结合

一般来说，乡村旅游设施的空间布局大致可以分为两种类型，一种是分散式布置，另一种则是集中式布置。在规划乡村旅游设施时需要根据设施的特点来灵活地采用不同的方式，例如农家乐等接待设施比较适合分散式布置，原因在于两个方面：一方面，农家乐等接待设施过于集中将会直接导致游客的集中，而游客的集中又会给乡村的旅游服务带来巨大的压力；另一方面，农家乐等接待设施过于集中很容易出现恶性竞争现象，不利于乡村旅游的健康持续发展。再比如商业区等服务设施，这种类型的服务设施应当采取集中式布置，发挥其规模效应。例如太湖西山的明月湾就是一条沿着太湖布置的以乡村美食为主题的商业街。

值得注意的是，乡村旅游游客服务中心需要综合采用分散式布置和集中式布置两种形式。一方面，旅游地需要在与乡村保持一定距离的地方建立独立的建筑来统筹负责售票、购物、咨询、导游、展示等服务，这属于集中式布置。另一方面，考虑到旅游地随时可能存在突发状况，因此在旅游路线的关键点要采用分散式方式布置承担购物、咨询、导游等部分职能的小型接待站，以此来保证旅游服务的全面性。

总而言之，分散和集中并不是固定一成不变的，也不是绝对的，它们之间应当是相互补充和配合的关系。集中含有分散，分散内有集中，两者有机结合方为成功之道。

（四）单轨与双轨功能

单轨指的就是乡村旅游服务设施只为游客或者村民提供服务，双轨则指的是旅游服务设施同时为游客和村民提供服务。部分旅游设施先天性就具有双轨的功能，例如道路等基础设施，在建设这些设施时既需要考虑到村民的出入问题，也要考虑到游客的进出和集散问题，但是也有部分设施以单轨功能为主，例如村里的老年活动中心就只是为村里的老年人服务的。因此，在对乡村旅游设施进行规划时要着重考虑旅游设施的单轨与双轨功能，如何使更多的设施可以为居民与游客共用，其使用方式上可以是部分使用、错时使用、错空使用以及同时同地使用等。一些如文化娱乐设施、休闲设施、餐饮设施等就可以比较多地共同使用。这样形成的基础和服务设施使用双轨制，既有利于当地居民的生产生活，又有利于游客的旅游活动。因此，为了营造新时期舒适宜人、富有特色的村庄旅游环境与和谐的人居环境，需要尽量对设施功能进行复合考虑。

（五）乡土与文脉完美融合

乡村旅游服务设施是乡村旅游的重要吸引物，因此乡村旅游服务设施的设计应该反映乡土文化，与当地的文脉相整合。

1. 乡村特色餐饮设施

餐饮是乡村旅游的一个重要组成部分，餐饮设施体现出足够的乡土特色对于游客而言极具吸引力。目前，国内在这方面做得比较好的莫过于太湖明月湾的农家乐，明月湾沿着太湖统一建设一条美食街，美食街的建筑全部由各种各样的木屋构成，坐在古朴的木屋当中，吃着太湖独有的农家菜，欣赏着太湖美丽的风光，这对于游客而言毫无疑问是一个巨大的享受，如此，太湖明月湾的农家乐取得成功也就不难理解了。

2. 乡村特色住宿设施

住宿设施应符合本地建筑风格，应与环境相协调。乡村旅游住宿设施是在乡村建设的适合城里人居住而又不失乡土特色的住宿设施。因此，一定要保持原汁原味的乡土建筑特色，与所在地的人文、地理、气候、民俗等相适合。要追求回归自然，文化内涵丰富；讲究淳朴简洁，清新淡雅，赏心悦目，就地取材，其颜色的选择和建筑风格模式应与周围环境相协调、融洽，相映成趣。

（六）技术与生态相互支撑

在旅游设施规划中需要在技术上引入生态的理念，使二者相互融合，相互支撑，以达到保护环境、节约资源、保持生态平衡、促进人与自然界和谐发展的目标。

在乡村旅游设施规划中，技术与生态的相互支撑主要表现在以下四个方面：

1. 建筑功能生态化

建筑功能生态化主要指的是建筑的设计、布局、采光、通风要自然化，而不是简单地依靠现代家电。这就需要对建筑设施进行规划时着重考虑以下两点：一是在设计中重视建筑设施的生态化布局，要结合建筑场地的气候、水文、地质、相貌、植被等特点来对建筑设施进行布局，保证建筑设施在完工之后不仅能够降低对周边景观的影响，更要保证建筑能够最大限度地利用当地的各种水文自然景观，实现建筑与自然的和谐共处；二是建筑的采光与通风要自然生态化，建筑内部的采光要尽可能地利用明媚的自然阳光，建筑内部与外部环境的交流要保持自然，而不是单纯地依靠空调等现代电器来满足建筑的采光和通风需求。

2.能源生态化

能源生态化指的就是降低对传统火电等污染较大能源的需求，尽可能地使用清洁能源。乡村旅游地的生态环境是极为脆弱的，这种脆弱在能源污染面前更是不堪一击，因此乡村旅游设施在规划时要尽可能地使用太阳能等清洁能源，太阳能不丰富的地区也可以发展生态沼气。

3.物质循环与再生

随着游客的迅速增加，对于旅游地而言，所面临的一个重要问题就是垃圾的处理，如果按照传统的垃圾处理方式，即建设垃圾处理站——对垃圾进行回收——统一进行焚烧填埋，这种方式不仅需要投入大量的资金，而且对当地的生态环境也有极大的破坏作用。因此，在对服务设施进行规划时不妨从循环与再生的角度着手来建设垃圾处理设施，将生态沼气与垃圾处理设施结合起来。同时，服务设施应尽可能地使用木材、竹材等可循环利用的资源。

4.水生态化

水是乡村旅游景观的一个重要因素，很多研究证明，有水文景观的乡村更受欢迎，但同时水生态也是极为脆弱的，极易受到破坏，因此乡村旅游建筑设施的规划应当充分融入水生态理念，高度重视水的生态化使用，从供水环节开始到污水的处理都要保证水生态，从而实现水资源的高效利用。

其中，与乡村旅游结合得比较好的一个应用是人工湿地污水处理系统。人工湿地污水处理系统是目前世界最廉价的低投资、低能耗、行之有效的处理与利用污水的系统工程，是在长期应用天然湿地净化功能基础上发展的水净化资源化生态工程处理技术，脱氮除磷效果明显，可作为污水二级处理的替代技术。它与常规污水处理系统的主要差别之一就是具有生物种群多样性的特点。运用在乡村旅游区中，其自然的景观与周围环境协调一致，成为游客们得以欣赏的另一道风景。

十一、乡村旅游景观规划

乡村旅游景观规划，简言之，就是指对乡村旅游地内的各种景观要素进行整体规划与设计，使旅游景观要素空间分布格局、形态与自然环境中的各种生态过程和人类观瞻协调及和谐统一的一种综合规划方法。

（一）反思：城市化的乡村景观

随着农村社会经济的不断发展以及新型城镇化建设进程的加快，农村居民的现代化生活方式与传统的乡村性之间的矛盾也越来越突出，这一问题在城郊地区体现得尤为明显。大部分城郊地区的农村无论是在规划布局上还是生活方式上都基本和城市没有区别，乡村性开始逐步地消失，出现这种现象的原因主要有以下两个：

（1）农民的收入水平在不断提高，而与城市生活相比，农村生活水平本身较低，因此在农村收入提高的背景下，农村开始追求与城市一样的生活方式也在所难免，例如越来越多的农村居民开始将自己房屋的建造向城市建筑靠拢，装修也基本上和城市保持一致。这种生活方式固然提高了农民的生活质量，但是从乡村旅游的角度来看，当游客进入农村之后发现与其在城市生活并无区别时，旅游的性质自然会大幅度下降，如此乡村旅游自然难以得到发展。

（2）社会主义新农村建设是农村社会经济发展的一个重要目标。但是很多地方政府对新农村的认识却出现了偏差，认为整齐排列的住宅与宽阔的道路就是新农村的表现，却忽略了这种新农村建设方式所造成的直接后果就是"千村一面"，毫无乡村性可言，乡村旅游的发展潜力遭到破坏。

基于以上原因，为了避免乡村旅游在发展中出现城市化现象，必须要对乡村旅游景观进行科学规划，以此来保证乡村旅游持久的生命力。

（二）乡村旅游景观之结构规划

对景观的空间结构规划，可以引入景观生态学原理。景观生态学将景观的空间形态结构归纳为三个元素：斑块（Point）、廊道（Corridor）和基质（Matrix）。乡村旅游的景观生态单元、功能及原则因规划区域的范围大小而有所不同，一般来说分为宏观和微观两种尺度。在宏观尺度，斑块往往是指耕地、园地、林地、疏林地、水库、湖泊、村落、工矿等；廊道一般指河流、道路等；基质一般指成片分布的农田，大面积的山林等。而在微观尺度，斑块代表乡村旅游的产品单元即游客的消费场所（农舍、景点、宿营地等）；廊道代表景点之间的路径；基质代表除此之外的生态背景。乡村旅游区的景观结构规划是基于宏观层面考虑的。

乡村旅游景观的结构设计就是以斑块为乡村景观主题与游憩项目开展的主载体，以廊道为游客流动以及乡村旅游区内能源与物质流动的主渠道，将各斑块、基质和谐地交织起来，形成一个浑然天成的乡村旅游景观格局。

1.斑块的规划

斑块的规划要点在于斑块属性的选择、实体设计和空间布局三个方面。选择具有代表性意义的乡村景观类型和活动区，然后以巧妙的空间布局为辅助是斑块规划的关键所在。其中，对斑块属性的选择其实就是乡村旅游景观的选择，这方面需要根据乡村旅游资源以及乡村潜在旅游市场需求来进行规划，例如林地资源比较丰富的地区可以规划登山、野营、探险等熟悉的斑块，而平原地区则可以选择农事活动的体验、乡村文化探秘等斑块。

2. 廊道的规划

廊道规划可以从区间廊道、区内廊道和斑内廊道三个方面着手。其中，区间廊道主要指的是不同旅游景点之间的通道，区内通道指的是同一旅游景点之间的通道，斑内廊道则指的是各个斑块之间的通道。在对廊道进行规划时要尽可能地使用天然的自然通道，同时也要避开生态比较脆弱的地带，选择生态恢复功能较强的地带，只有这样才能够保证乡村旅游在发展中不会对当地的生态造成太大的影响。同时廊道的规划也要兼顾趣味性，不能简单地将其视为一种旅游通道，水资源、奇石资源等都可以用于廊道规划中。

3. 基质的规划

"基质"作为生态旅游区的背景具有普遍性，如热带雨林、亚热带阔叶林、高山草甸、红树林等。当其背景性消失而特征性突出时，就可转化为新的旅游吸引物（斑），因此，基于"斑"与"基"的递变性，生态背景（基）具有旅游意义，如通过树种花卉等植被的重复出现和园林雕塑造型的设计，可构成具有明显旅游意义的视觉单元（斑）。

对基质的研究有助于认清旅游地的环境背景，有助于对生态斑（生态敏感区）的选择和布局的指导，也有利于分析、确定与保护旅游地的生态系统特色。

（三）乡村旅游景观之功能分区

乡村旅游区的功能分区规划是为了使众多的规划对象有适当的区划关系，以便针对对象的属性和特征进行分区，既有利于突出规划对象的分区特点，又有利于体现规划区的总体特征。

不同的乡村旅游区，因其现状条件及发展目标不同，在分区组成上也有所区别。一般综合性的乡村旅游区分区组成较为复杂，而观光农园的分区组成则较为简单。规划时可根据实际情况确定组成各个分区的内容，不求大求全。

1. 功能分区的一般性规划原则

（1）既要通过各种廊道来解决不同功能斑块区之间的分隔、过渡、联络问题，更要保证乡村景观的相对完整性。

（2）对于功能斑块区的划分要根据旅游项目的类别和用地性质进行，如此方能够确保分区之后不仅便于管理，而且不会因季节的变化失去美感。

（3）坚持科学、生态、艺术的原则，构造优美乡村旅游景观格局，在构建的过程中以路网为骨架最为理想。

（4）在对功能斑块区进行划分时不仅要突出各个分区的特点，保证旅游产品的特色，更要控制各个分区的规模。

2. 分区类型

由于地理环境等因素的不同，乡村旅游区的划分也不尽相同。但是一般来说，绝大部分的乡村旅游区都分为农业生产区、展示区、观景游览区、农业文化区、游乐区及服务区。农业生产区，即将农业生产活动作为该区域的主要旅游产品，为游客提供参与到农业生产中的契机；展示区，即向游客展示各种农业生产工具以及农村的一些特有手工业产品，该区域以参观为主，也伴有一定的实践操作，例如游客可以尝试自己制作手工业品；观景游览区，即以农村的自然风光为主题的游览活动；农业文化区，即向游客介绍本地区的农耕文化；游乐区，即纯粹以娱乐为目的的区域；服务区，向游客提供饮食、住宿、购物等服务，方便游客的生活。

（四）乡村旅游景观之视觉设计

景观美学是通过美学原理研究景观艺术的美学特征和规律的学科。在乡村旅游景观规划设计时，可运用一般景观美学原理来美化乡村景观风貌。

1. 注重景观序列的规划

景观序列指的就是将一连串的景观按照一定的顺序进行排列。景观的种类多样，但是如果将这些景观随意堆放在一起，那么很容易产生视觉上的冲突，景观对游客的吸引力也会大幅度下降，因此在乡村旅游中应当科学地对乡村旅游景观进行排序。一般来说，景观的排序方式大致有以下四种：一是将景观视为一个故事，按照序景—展开—高潮—余韵的顺序进行排列，起到层层推进的作用；二是通过对比来凸显某个景观的特点，即将两种同类但又特点不同的景观放在一起进行对比，在对比中加深游客对景观的印象；三是通过并列将景观规模化，即将大量同类主题的景观放在一起，从而起到规模化效应；四是根据时间来对景观进行排列，例如按照春—夏—秋—冬的顺序来布置景观，保证每个季节景观都有其特色。

2. 注重景观的边界和焦点的规划

在景观的规划中，很多人误以为游客能够直接看到的景观规划是最为重要的，但是不容忽视的是游客眼中所能够直接看到的景观给游客留下的印象往往不是很深刻，相反那些肉眼能够看到，但是又看不清的景观边缘，例如水岸线、山水轮廊等因充满无限的想象空间给游客留下的印象反而更加深刻。因此，在乡村旅游景观规划中景观的边界和焦点的规划是十分重要的，这一点对于处于山地丘陵地区的乡村旅游区而言更为重要。对此在乡村旅游规划中可以通过规划来对地形进行一定的改造，加强地势边缘的多变性，也可以在林缘处增加附有层次感的花丛灌木作为过渡地带，对林缘边界进行美化等。

3.凸现优美景观，控制消极景观

并不是所有的天然景观都是美的。在农村地区由于村民需要进行各种农业活动，农村的天然景观往往显得十分杂乱，这种景观并不优美，这就需要在进行乡村旅游规划时有意地对那些不优美的景观（消极景观）进行控制，着重突出优美景观，例如通过不同植物的搭配，利用孤植、对植、列植等方式来赋予乡村天然景观更多的变化，丰富乡村天然景观。

值得注意的是，由于喜水是人类的一大特性，很多游客对于带有水体的景观情有独钟，因此在乡村旅游规划中要么尽可能地利用现有的水潭、池塘、小溪等水域景观，要么通过人工来创造水域景观，与植物景观共同发挥作用，增强对游客的吸引力。水体景观的构造要与地形景观相结合，一方面要保证土方的稳定，避免生态遭到破坏；另一方面也要利用地形因素来实现水体的自然循环，避免形成死水。同时，在水体景观构造之后也要对水体进行一定的规划，例如将水体用来养鱼或者种植各种水中植物等，这样既能够增加水体的美感，也有利于水体的净化。

4.注重人造设施的自然风格规划

人造设施是乡村旅游必不可少的一部分。比较常见的人造设施有具有乡村气息的建筑民居、住宿设施、卫生设施、道路设施等。虽然说人造设施是乡村旅游不可或缺的一部分，但是人造设施的规划也要与当地的旅游景观相结合，本书在此主要对民居建筑、住宿设施、卫生设施进行详细的分析。

（1）对于乡村的民居建筑，应当以突出地方文化为基本原则，民居建筑尽可能保持传统风貌，整体的空间布局也应向传统靠拢。

（2）对于新建的住宿设施，应当充分考虑当地的自然环境、人文环境，确保住宿设施能够与当地的民居建筑融合在一起。

（3）对于卫生设施，设施的外观要尽可能自然化，例如将公共卫生间和垃圾桶设计成植物样式，避免在自然景观中人工设施给人带来一种突兀感。

第四章　乡村旅游产品开发创新

第一节　乡村旅游产品概述

所谓乡村旅游产品，是指旅游者在乡村旅游过程中，所能够购买或体验的一切有形的商品和无形的精神感受。

一、乡村旅游产品的特点

（一）产品的参与性

在体验经济时代，参与性是体验经济的首要特征，没有参与性的乡村旅游产品只能满足旅游者感官上的需求，但是却很难引起游客在情感上的共鸣。因此，产品的参与性成为乡村旅游产品的一大特点，即为游客提供参与到乡村衣、食、住、行等活动的机会是乡村旅游产品规划的首要考虑因素。

（二）产品的差异性

产品的差异性指的就是乡村旅游产品的主观性和个体性。每一个旅游者的家庭背景、生活环境、知识文化程度、个人兴趣爱好等都存在很大的差异，因此旅游者对于乡村旅游产品的体验性也存在很大的差别，这就要求在对乡村旅游产品进行规划时必须重视乡村旅游产品的差异性，这种差异性可以通过产品的质量、形式、包装等体现出来，以更好地满足不同游客的需求。

（三）产品的时尚性

从本质上来说，乡村旅游产品其实就是乡村社会文化和当地居民生活价值取向的一个载体，但是在规划乡村旅游产品时也不能简单地从乡村居民的角度出发，原因就在于旅游者是乡村旅游产品的主要消费者，而绝大部分旅游者对于时尚的追求是一种本性，因此在规划乡村旅游产品时要重视将乡村性与时尚性结合起来。

（四）产品的原生性

乡村旅游之所以能够吸引越来越多的城市居民，根本原因就在于乡村生活的特殊性，由此我们可以看出在乡村旅游中对游客产生吸引力的是原汁原味的乡村生活，而不是利用现代科技来模仿乡村文化。因此，在对乡村旅游产品进行规划时必须要重视产品的天然性和原生态性。

（五）产品的乡村性

乡村旅游产品的乡村性是界定乡村旅游的核心内容，是乡村旅游独特的卖点，是乡村旅游区别于城市旅游的根本特征，乡村旅游产品正是以这种纯朴而浓郁的乡土气息来吸引游客的。乡村性主要表现在资源具有明显的乡土性和旅游活动具有浓郁的乡情性。比如古色古香的乡土民居、如诗如画的田园风光、原始古朴的劳作形式，这些都散发出浓郁的乡土气息。与农家朋友漫步于田间小道，或与他们一起种植、采摘、载歌载舞，这些活动都蕴含着浓浓的乡情。

（六）产品的教育冶情性

乡村纯朴的传统美德及生产生活具有天然的教育和冶情功能，乡村旅游产品能够给旅游者带来快乐、轻松、兴奋、愉悦和幸福的各种心理感受，能够启迪人的心灵，陶冶审美情趣，提高文化素养，领悟人与自然"天人合一"的和谐。比如在与民同耕的参与性产品中可以体验到乡民"锄禾日当午，汗滴禾下土"的艰辛和生命的厚重韵味，同时增强旅游者对人类生产劳动的体认，对现代生活的重新认知。

（七）产品的脆弱性

乡村旅游产品的脆弱性主要表现在乡村旅游产品是基于乡村的生态环境设计出的，而乡村的生态环境本身属于一种半人工半自然生态，这种特殊的生态环境很容易受到游客的破坏，而伴随着乡村生态环境破坏而来的是乡村旅游产品的破坏。

三、乡村旅游产品的分类

乡村旅游可以分成不同的类型，乡村旅游产品同样可以细分为不同的类型。

（一）从消费行为的角度划分

1.核心产品

乡村旅游的核心产品指的是乡村自然景观与社会人文景观，这是发展乡村旅游的基础和核心。一般来说，乡村旅游的核心产品主要包括：乡村接待、乡村度假、乡村景观、乡村文化。对于旅游者而言，缺少其他产品所造成的后果无非是体验感下降，但是缺少核心产品则会造成旅游者失去最基本的旅游动力。因此，乡村旅游核心产品的开发与规划对于乡村旅游的发展有着十分重要的意义。

2. 辅助产品

乡村旅游的辅助产品是从乡村旅游核心产品延伸出来的，弥补乡村旅游核心产品不足的产品类型。例如乡村接待需要提供相应的餐饮与住宿服务，又如乡村文化是一个抽象的概念，需要借助一定的载体进行表现，而各种乡村工艺品、特色活动等就是最好的载体，这些都是乡村旅游辅助产品的表现。事实上，辅助产品看似没有核心产品重要，但是也是不可或缺的。如果说核心产品是乡村旅游的基础，那么辅助产品则是乡村旅游质量提高的保证，是增加核心产品吸引力的根本途径。

3. 扩张产品

乡村旅游的扩张产品是由政府、企业、行业协会等组织面向乡村旅游的营销或服务网络。扩张产品是乡村旅游发展到一定阶段、形成一定规模后的产物，游客通过乡村旅游网络获得旅游信息、预订及其他增值服务，乡村旅游的从业者也通过该网络共享资源并开展营销活动。

（二）从旅游资源的角度划分

1. 村落民居旅游产品

村落民居旅游产品指的是那些将乡村民间建筑作为旅游开发资源的旅游项目，这些民间建筑大多数是传统的民居，但也有部分是独具特色的现代化建筑，具体如下：

（1）将古民居作为旅游资源进行开发是乡村旅游的一大热点。由于很多农村地区交通不便，与外界的交流较少，因此很好地保存了古代建筑，这些建筑对于处于现代社会环境下的人们具有极大的吸引力，例如汉族的秦砖汉瓦、斗拱挑檐的建筑形式，黎族的船形茅屋，傈僳族"干脚落地"的草屋，侗族外廊式的木楼等都是极好的乡村旅游资源。近年来比较成功地将村落民居作为主打旅游产品的地区有福建武夷山市武夷镇村的明清建筑、山西的王家大院、河南的康百万庄园等。这些地区因古民居保存完整，历史风貌古朴而受到诸多旅游者的喜爱。

（2）将现代化乡村建筑作为主打产品进行开发也是当前乡村旅游的一个着眼点。由于在现代化农村建设中很多地区盲目地按照城市进行规划，因此很多乡村失去了特色，无法开展乡村旅游。但是也有部分地区在对乡村建筑进行规划时结合乡村发展特点充分展示了社会主义新农村建设成果，比较有名的有江苏的华西村、河南的南街村等。

2. 民俗风情旅游产品

乡村旅游对游客产生吸引力的一个主要原因就是乡村独特的风土人情和民俗文化。因此，对风俗民情和乡村文化进行开发，突出乡村的农耕文化、乡土文化等特色是一种十分常见的手段。目前比较常见的民俗风情旅游产品主要有以下几种：

（1）生产民俗，如农耕民俗、手工业民俗等。

（2）流通交易民俗，如商业民俗、通讯民俗等。

（3）消费生活民俗，如服饰、饮食等。

（4）社会礼仪民俗，如礼俗、成人、婚嫁、寿诞、葬埋礼俗等。

（5）家族民俗，如称谓民俗、排行民俗、财产继承民俗等。

（6）村落民俗，如集市民俗、村社民俗、乡规条例民俗等。

（7）民间组织民俗，如行会民俗、社团民俗、帮会民俗等。

（8）历法及时节节日民俗，如传统节日、二十四节气、本民族的年节等。

（9）信仰民俗，如民间宗教活动、民间禁忌、民间崇拜等。

（10）游艺民俗，如民间体育竞技民俗（赛龙船、赛马），民间杂艺博戏民俗（斗牛赌戏），民间艺术民俗（蜡染、剪纸、刺绣、雕刻等）、民间口承语言民俗（民间传说、神话、故事、山歌、谚语等）。

3. 田园生态旅游产品

将乡村的田园生态环境与各种农事活动结合起来开发成乡村旅游产品是我国乡村旅游发展早期的一种表现形式，但是近年来随着城市居民对千篇一律生活的不满，这种独具风情的乡村生活模式又再次蓬勃发展。根据主题的不同，田园生态旅游产品大致可以分为竹乡游、花乡游、水乡游、果乡游等，也可以根据旅游活动的内容将其分为四种类型，具体如下：

（1）农业景观观光游。农业景观观光游指的就是以欣赏农业景观为主题的乡村旅游项目。比较常见的农业景观观光旅游形式有田园风光观光，如欣赏水乡、梯田等独特的田园景观；林区风光观光，如森林旅游、种植园旅游等；草原观光，如欣赏大草原景观等。

（2）农业科技游。随着科学技术在农业生产中的应用越来越广，很多农业景观既具有传统农耕文化特点，也具有现代科技特点，这种特色的结合极大地增强了农业景观的吸引力，也催生了将农业科技作为主打产品的乡村旅游产品，例如观赏高科技种植园区等。

（3）绿色生态游。一般名义上，绿色生态游指的就是充分利用乡村原生态的生态资源来进行旅游，这种旅游项目一般尽可能地减少人工痕迹，增加旅游者与自然生态环境的接触。

（4）乡村务农体验游。城市居民大致可以分为两种类型，一种是城市原居民，即从城市建立起那一刻就是城市居民，另一种则是外来居民，例如通过城区扩建或者自主迁入城市等手段成为城市居民。对于第一种居民而言，乡村的农耕生活极为新鲜，而对于第二种居民而言，乡村的农耕生活是缅怀过去生活的一种手段，因此催生了乡村务农体验游。即让游客与村民一起生活，共同劳动，亲自接触真实的农耕生活，感受乡土气息。

4. 乡村自然风光旅游产品

乡村自然风光旅游产品即以乡村地区的自然地质地貌、风景水体、风景气象气候与天象、生物等旅游资源形成的旅游产品。

（1）自然地质旅游：包括典型的地质构造、典型的标准层型地质剖面、观赏岩石、矿物、古生物化石、火山地震遗迹、海蚀、海积遗迹、典型的冰川活动遗迹。

（2）地貌旅游：山岳地貌、岩溶地貌、干旱风沙地貌等。

（3）风景水体旅游：江河风景河段、溪涧风景河段、构造湖、火口湖、堰塞湖、河迹湖、海迹湖、风蚀湖、冰蚀湖、溶蚀湖、人工风景湖、风景瀑布、冷泉、矿泉、观赏泉、风景海域等。

（4）风景气象气候与天象旅游：云雾景、雨景、冰雪景、霞景、旭日夕阳景、雾凇、雨凇、蜃景、佛光景。

（5）生物：植物包括观花植物、观果植物、观叶植物、观枝冠植物、奇特植物、珍稀植物、风韵植物、森林。动物包括观形动物、观色动物、观态动物、听声动物、珍稀动物、表演动物。

（三）从旅游者体验的角度划分

1. 乡村观光旅游产品

乡村观光旅游产品指的是将乡村的自然风景和各种社会人文景观作为主题，以参观为主要方式的一种旅游产品。例如古建筑观光、风水文化观光、园林文化观光、田园观光等。

2. 娱乐型旅游产品

娱乐型旅游产品即以满足旅游者休闲、娱乐的需求所提供的旅游产品。纯粹的观光对于游客的吸引力是极为有限的，很多游客选择乡村旅游的一个基本出发点就是为了充分享受乡村的生活，因此娱乐型旅游产品的开发是十分重要的。例如为了让游客更好地融入乡村生活中开发出的示范表演；为游客提供亲手制作乡村手工业品的机会；让游客亲自动手制作农家的食物和饮料等。

3. 保健型旅游产品

部分乡村由于缺少独特的自然景观与乡村文化，另辟蹊径地开发出了保健型旅游产品，针对当前大众普遍处于"亚健康"现象开发出各种强身健体、修身养性、医疗保健的旅游项目。例如日光浴、温泉浴、散步、食疗养生等。

4. 乡村休闲度假旅游产品

乡村休闲度假是指在乡村地区，以特有的乡村文化和生态环境为基础开展的休闲度假活动，是乡村旅游发展到一定阶段较高层次的一种旅游形式。休闲度假旅游产品一般是融观赏、参与，体验、教育、娱乐为一体，主要有周末节日度假游、家庭度假游、集体度假游、疗养度假游和学生夏令营等形式。

5. 乡村生活体验旅游产品

乡村生活体验旅游产品是指通过提供丰富的乡村生活独特的信息和新奇的活动来帮助旅游者全身心投入对乡村劳作的知识和技能进行探索，获得积极的旅游体验。典型的乡村生活体验游有民俗风情体验游、野外生存体验游、童趣追忆体验游、亲子温馨体验游、动物亲近体验游、心理调节体验游、贫困苦难体验游、农家生活体验游等。如农家生活体验活动形式主要有：果园摘果、品尝；花卉园学习插花技艺、园艺习作；茶园采摘；竹园学习竹编、竹雕、竹枝、竹节造型等艺术和烧制竹简饭。在牧区可以挤马奶、勾兑奶茶、骑马放牧，感受牧区生活的原汁原味。

6. 修学科考旅游产品

修学科考旅游产品其实是专门为青少年设置的一种产品类型。目前很多家庭都是独生子女，父母的长期溺爱使得这些孩子对大自然缺少足够的了解。而修学科考旅游产品正是针对这一现象而设计的，通过为青少年提供各种自然科考的机会来吸引游客，例如青少年环境保护游、农业生产游、大自然生态写生游等，在旅游中帮助青少年认识自然，认识乡村，树立正确的人生观与价值观。

7.探险旅游产品

探险旅游是户外娱乐的一种形式，也是提高人类适应性的一种特殊活动方式，常见的探险类型有沙漠探险、海岛探险、高山探险、高原探险、攀岩探险、崖降探险、徒步探险、滑雪探险、雪地驾驶探险、河谷探险、漂流探险、湖泊探险、洞穴探险、冰川探险、森林探险、狩猎探险、观鸟探险、垂钓探险、潜水探险、驾独木舟探险、野营探险、狗橇探险、遛索探险、骑马探险、划艇探险、草地探险、野外生存探险、雪地徒步探险、峡谷探险、古驿道探险等。探险旅游主要显示了人类对自然界的利用还存在着脆弱性和局限性，也显示了自然界的原始性和神秘性。探险旅游一般要有一定的探险知识、野外生存知识和一定的技术。

8.民俗旅游产品

民俗旅游产品即将乡村的民俗文化作为切入点，有针对性地开发旅游产品。例如根据乡村的舞蹈风俗、体育风俗以及各种传统的工艺品、饮食文化、民族建筑等开发出相应的产品。

9.节日旅游产品

节日旅游产品指的是以各种节日为核心的一种旅游产品。一般来说，节日旅游产品根据节日活动内容的不同大致可以分为以下五种：

（1）农村风光节日。即将欣赏农村优美的自然风光作为节日的主题。很多景观都是具有一定的时间限制的，在最美景观出现之时开展各种以景观为主题的节日活动能够极大地提高对游客的吸引力。例如北京延庆冰雪旅游节、成都清流梨花节、中国四川（西岭雪山）南国冰雪节、齐齐哈尔观鹤节、伊春森林旅游节、安徽砀山梨花节等。

（2）农业产品节日。即在某种农业生产成熟时开展的节日活动，这种节日活动一般是为了表达对丰收的庆祝以及对来年丰收的愿景，因此这种节日往往是一种狂欢式节日，与以往的生活节奏截然不同，这对于希望脱离日常生活的城市居民而言极具有吸引力。例如北京通州西集镇的绿色果树采摘节、哈尔滨松北的葡萄采摘节、鄞江澄浪潭休闲钓鱼节等。

（3）民俗文化节日。中国民族众多，因此各种民族节日也十分繁多，这些民族节日都是不同民族文化的载体。例如赫哲族旅游节、连州保安重阳大神盛会、宁波市首届乡村美食节、天台山高山茶文化节等。

（4）历史典故节日。即将历史上比较有名的事件作为节日的主题，然后有针对性地开发旅游产品，例如都江堰的李冰文化节等。

（5）综合类节日。即没有特定的主题节日，内容包括多种体验方式，满足游客的不同需求，一般来说，这种类型的节日多以"文化节"命名，例如郫县休闲乡村旅游文化节、成都天台山养生节、大连万家岭老帽山映山红旅游文化节等。

10. 乡村会议度假旅游产品

乡村会议度假旅游产品指的是将会议作为切入点进行开发的一种旅游产品。对于一些大型会议而言，如果乡村的生态环境优美、基础设施完善且交通比较便利的话，那么会议的举办方很乐意在乡村地区举办会议，这对于提高参会人员的工作效率是极为有利的。

11. 专项旅游产品

专项旅游产品包括体育旅游、采风摄影旅游、电影电视拍摄旅游、野营旅游、怀旧旅游与历史事件遗迹旅游等。摄影旅游指旅游者前往乡村地区拍摄自己的摄影作品，并将旅游与摄影视为一举两得的体验方式。怀旧旅游是指专门寻觅历史上的社会风情、建筑、生活用具、名人故居等的旅游活动。历史事件遗迹旅游则是乡村旅游产品中重要的组成部分，在乡村地区有开发这一旅游产品的丰富素材。

12. 乡村购物旅游产品

乡村购物旅游产品主要是为旅游者提供旅游纪念品、土特产、工艺品等，供游客选择购买。乡村购物旅游产品包括农村服饰、农副产品、土特产品、手工艺品、农村饮食等有形物品，主要利用石、木、竹、柳、藤、荆等编制、加工的各类工艺品，利用葫芦、菱秆、高粱穗、麦秆、芦苇、马莲草等加工成的生活用品等。乡村购物旅游产品具有纪念性和实用性。

三、乡村旅游产品的特色

（一）乡村特色浓厚

所谓乡村特色，是相对于城市特征而言的，指人们在乡村地域内，能够感知和体验到的，和城市有明显区别的所有自然和人文的元素。乡村旅游之所以能够迅速发展，正是因为乡村旅游产品和城市旅游产品相比具有的诸多差异性、独特性，从而产生的旅游需求。城乡之间的这些差异包括地理差异、历史差异、文化差异。城乡两个地域仿佛磁铁的两极，存在相互吸引的"能量"，这种"能量"的放射点，正是乡村特色，吸引城市人进入乡村、乡村人进入城市，两个区域内人口彼此双向互动。乡村旅游产品的这一特点，决定了并非所有的乡村都能够发展乡村旅游，乡村特色不明显的乡村，不能依靠人造景观开发乡村旅游。只有那些具有相对突出的、明显的自然或人文特性的乡村才具有开发乡村旅游产品的基础条件。

（二）乡村旅游产品的客观真实性

目前学界对旅游产品的真实性研究主要集中在客观性主义真实、建构性主义真实和存在性主义真实以及后现代"超真实"四个方面。客观主义真实观是从客观的、博物馆学的角度来看待真实性问题的，强调被旅游的客体与原物完全对等，即认为展示给旅游者的对象应是完完全全的真，不能掺杂丝毫的假。客观主义者认为，商品化会破坏地方文化的真实性。建构主义真实观认为旅游真实性是由各种旅游企业、营销代理、导游解说、动面片制作者等共同制造出来的。因此，真实性是一个社会建构的概念，其社会含义不是给定的，而是相对的、商榷的、由环境决定的，是思想意识形态的含义。建构主义者认为商品化并不一定会破坏文化的真实性，商品化会不断地为地方文化注入新的活力，成为民族身份的标志。存在主义真实观认为存在的本真是人潜在的一种存在状态，可由游客参与的各种令人难忘的、激动人心的旅游活动来激发，如游客在参加不同寻常的活动时，会感到比日常生活中更加真实、自由地展示了自我。后现代主义"超真实"观抹杀了"真"与"假"的界限，认为模拟变得如此真实，比真实还真，已达到一种"超真实"境界。

从上述四种观点来看，乡村旅游产品明显具有真实性的特点。旅游者到乡村进行旅游互动，观察乡村居民的真实生活方式和各种传统习惯，并亲自参与到农耕生活、节日庆典、产品加工等活动中，充分满足了旅游者体验不同生活的需求。更为重要的是，旅游者参与的各种活动并不是旅游地区提供的一种虚假活动，而是旅游地的日常生活，这是乡村旅游真实性的最大体现。

（三）乡村旅游产品兼具自然与人工特色

与城市环境相比，乡村旅游产品的自然环境较为优美，与纯粹的荒野森林相比，乡村的旅游产品又具有一定的人工属性，这种半人工半自然的特点使得乡村旅游产品的自然环境更具有特色。例如，我国拥有森林景观的地区众多，原始森林面积极为广阔，但是这些地区却缺少对游客的吸引力，原因就在于这些地区由于缺少人工规划，处于最为原始的状态，与游客的预期心理不相符。而乡村旅游产品既保留了森林景观的原始性，同时也对森林景观进行了一定的规划，使得森林景观显得井然有序，如此对游客的吸引力自然会大幅度提高。试想一下，对于游客而言是搭个帐篷睡在纯粹的原始森林更有吸引力，还是住宿在乡村提供的森林旅馆中更具有吸引力？毫无疑问，除了纯粹的探险者，后者更具有吸引力。

（四）乡村旅游产品所依赖的人文环境独特

乡村地区所依赖的人文环境独特。如江西婺源青砖黛瓦的明清民居、原汁原味的古村驿道、廊桥和茶亭，众多气势雄伟工艺精巧的祠堂、官邸成群，飞檐翘角的民居栉比。福建培田古村明清时期古民居建筑群主要包括大宅、祠堂、书院、古街、牌坊和庵庙道观，体现了精致的建筑、精湛的工艺、浓郁的客家人文气息。安徽宏村精雕细镂、飞金重彩、气度恢宏、古朴宽敞的民居群，巷门幽深，青石街道，栋宇鳞次，有着科学的人工水系和方格网的街巷系统，体现了典雅的建筑造型，合理的功能布局，是徽州传统地域文化、建筑技术和景观设计的典型代表。浙江诸葛村村落格局按九宫八卦图式而建，整体布局以村中钟池为中心，全村房屋呈放射性排列，向外延伸八条弄堂，将全村分为八块。北京韩村河旅游景村明快和谐的红顶白墙、红顶黄墙或黄顶黄墙，明亮的塑钢玻璃窗，宽敞的观景阳台，大气庄重的中式琉璃瓦飞檐伴同秀美挺拔的欧式尖顶、网柱，在阳光下一同展示着亮丽的风采；不同风格的别墅楼区、宽敞的街道、高雅的景观小品、现代蔬菜大棚、花卉基地、星级饭店、公园、医院等组成了中国新农村的风貌。

（五）乡村地区独特的民俗风情

我国乡村地域辽阔多样，有着风格各异的风土人情、乡风民俗，使乡村旅游活动对象具有独特性特点。如新疆图瓦村：主人招待客人，用酸奶、奶酒、奶茶、奶疙瘩、酥油、油饼、油筛子等；说图瓦语，会讲哈萨克语，当地的节日有邹鲁节等，信仰佛教。新疆尉犁县罗布人村寨：有自己的地方方言，有罗布舞蹈、罗布民歌、罗布故事、睡茅屋、骑骆驼、滑沙、狩猎、捕鱼、穿森林、涉河水；村寨正门形如一个戴着帽子的人的头部，两侧是鱼的图腾。北京延庆县香屯村：村民用天然绿色原料制作的生态保健餐，主要有栗子鸡、炸河鱼、炸核桃仁、杏仁、香椿拌豆腐等16道特色菜和红枣、栗子棒米粥、蜂蜜羹等6种主食。在苗族的吊脚楼里有血灌肠、辣椒骨、酸汤鱼、绵菜粑、油茶、万花茶等组成的地地道道的苗家美食。在陕西陕北乡村的窑洞里，有浓郁特色的陕北菜肴。

（六）乡村旅游产品的季节性显著

农业生产是在人们定向干预和调节下的生物再生产过程，生产的各个阶段深受水、土、光、热等自然条件的影响和制约，具有明显的季节性，从而也导致农业旅游活动具有明显的季节性。乡村农业生产活动有春、夏、秋、冬四季之分，夏、秋季节乡村旅游火爆，冬、春季节旅游冷淡。

（七）乡村旅游产品项目多样化

乡村旅游依托乡村古朴秀丽的乡村环境和各类农业资源、农耕文化、乡村民俗风情，针对客源市场需求状况，开发出一系列趣味性高、参与性强、文化内涵丰富的各种旅游产品类型和各种旅游产品项目。

乡村旅游的产品线的长度和宽度均较大，且产品线之间有较大的差异性，集观光旅游、度假旅游、体验参与型旅游、消遣休闲旅游、康体保健旅游为一体，可满足各种旅游者的需求。例如，草原农舍、民族村寨、古村镇、江南水乡村庄、海边渔村、荷塘、果园、牧场、农业科技园区等，乡村旅游产品的内涵和外延博大宽泛。

（八）乡村旅游投资和消费进入壁垒低

进入性乡村旅游产品要能客观、真实地反映自然乡村世界的本来面目，强调返璞归真，回归大自然，因此，从旅游投资的角度看，乡村旅游产品不需要也不能够大兴土木和投入巨资去培植人造景观。比如，在乡村地域内建造的主题公园并不属于乡村旅游产品，因此，乡村旅游产品开发投入成本少，受资金限制程度低。另一方面，从旅游消费的角度看，国内外的乡村旅游，均以国内游客尤其是近距离城市居民为主要客源。原则上，乡村旅游市场为近程性市场，旅途短，交通费少，不收门票或门票价格低，食宿费用相对城市低，旅游购物品以当地自产自销的为主，因中间环节少，也较城市便宜。当然，也有少数高档乡村旅游产品可满足高收入消费者的需要，但不是主流。城市人游乡村，其消费心理限度原本就不高，同时，现有的中、低档价位产品的大量存在，客观上保护了这种低消费的持续性和经常性。

（九）乡村旅游产品地区差异性显著

不同的地域有不同的自然条件和山水环境、文化背景、生活习俗和传统等。另外，每一个地方的农业生产，包括农、林、牧、副、渔等产业的生产也具有很明显的地域性和特色。中国乡村既有南北乡村之分，又有山地平原乡村之分，还有汉族和少数民族乡村之分。我国乡村旅游产品具有分布的地域性特色，如东部沿海以海洋农业和渔猎生活为特色，东南部以江南鱼米之乡和小桥流水为特色，南部以热带海滨风光为特色，北部以冬季的冰天雪地为特色，西部以草原景观和游牧生活为特色，西北以沙漠戈壁和雪山绿洲为特色，西南部以高山峡谷和垂直农业为特色，青藏高原以神秘的民族文化和高寒农业为特色，平原地带以一望无际的田园风光为特色；还伴有纷繁复杂的民俗宗教、庙会节庆、人文历史和浓郁的少数民族风情等。

第二节　乡村旅游产品开发原则和过程

一、乡村旅游产品开发遵循的基本原则

（一）因地制宜原则

乡村旅游产品开发的一个基本原则就是因地制宜原则，盲目地跟风模仿、移花接木甚至造假欺骗等行为只会导致乡村旅游产品失去原本的特色。一个好的乡村旅游产品总是以本地的旅游资源为基础，以独特的乡村生活表现为目标。因此，在对乡村旅游产品进行规划时要坚持因地制宜的原则，对本地的乡村旅游资源进行考察，寻找最佳的切入点。

以渔业资源比较丰富的乡村为例，在对乡村旅游产品进行规划时可以大致将乡村旅游产品分为三个阶段：

第一个阶段，利用本地丰富的渔业资源来为游客提供渔业景观观光、垂钓等项目，这些项目对于资金的要求较低，能够迅速地帮助旅游地积累大量的资金来用于后续阶段的开发。

第二个阶段，介于这个时候资金相对有限的困境，该地区完全可以充分利用现有的资源，打出"原生态捕鱼"的口号，吸引游客与渔民一起居住，一起捕鱼，如此一来对于住宿等基础设施的要求就会下降。同时为游客提供自己制作海鲜食品的机会，让游客把自己捕获的鱼制作成各类海鲜食品，加强游客的体验感。

第三个阶段，经过前两个阶段的资金积累，该地区已经拥有相对充足的资金来进行大规模的开发，这个时候应当针对本地区的渔业资源与渔业文化打造休闲观光渔业游览区，依托原生态的岛屿、村落、礁石、滩涂等多元化地发展乡村旅

游，例如观海景、尝海鲜、踏海滩的休闲观光旅游、捕鱼捉虾的体验式旅游等。

当然，上述分析主要是针对那些乡村旅游资源丰富而又缺少足够发展资金的地区而言的，部分地区如果资金较为充足的话那么可以直接进入第三个阶段，从一开始就对乡村旅游进行系统科学的规划。如果缺少独特的资源，那么可以利用农村景观的生态性来开展保健养生旅游项目。总而言之，因地制宜地开发旅游产品是必要的，一味地模仿其他地区的成功案例只会起到适得其反的效果。

（二）可持续发展原则

在之前的章节中我们已经论述过农村的生态环境是一种半自然半人工生态环境，这种复合型生态环境更为脆弱，极易受到破坏。从某种意义上说，乡村旅游对于农村生态环境的破坏是不可避免的，而我们要做的就是在规划乡村旅游产品时尽可能地对农村生态环境进行保护与改善，实现农村生态环境的可持续发展。具体来说，乡村旅游产品对农村生态环境的保护主要体现在以下两个方面：

一是对农村自然生态环境的保护。这就要求乡村旅游产品不能以破坏自然景观为代价，例如森林景观、草原景观等自然景观只能开发出观光型旅游产品，而开发体验型旅游产品则极易对这些景观造成不可修复的破坏。再比如在开发捕鱼等体验型产品时也要把握好尺度，避免大肆捕捞对渔业资源造成破坏等。

二是对农村人文生态的保护。乡村人文生态的保护主要集中在各种古文物上，例如对于一些年代比较久远的古文物，要尽可能避免游客与其进行接触。近年来部分地区为了增加对游客的吸引力，将古建筑开发成宾馆，这种行为从长远的角度来看对于乡村旅游的发展弊大于利，虽然后期的维护与保养能够保证古建筑的形态，但是其历史风貌毫无疑问在逐步地消失。

（三）凸显特色原则

特色是旅游产品活力之所在，是旅游吸引力的主要源泉和市场竞争的核心。旅游产品的开发，就是要根据旅游资源特色来进行选择、概括、提炼。旅游产品的特色主要体现在地方性、原生性、民族性等方面，因此，在乡村旅游产品开发中，要深入挖掘那些原汁原味的乡土文化和生态环境，做到"人无我有""人有我优""人优我特"，不断地突出"乡村"性，体现农耕文化、展示农业科技成果、强化乡村氛围。

（四）生态和谐建设原则

生态原则是乡村旅游产品开发的一个十分重要的原则，是实现乡村旅游发展与环境、资源协调统一的重要保证，更是确保乡村旅游产品原汁原味的根本途径。所谓的生态原则指的就是在开发设计乡村旅游产品时要尽可能地实现旅游产品与周边生物、自然环境相一致，避免人工雕琢的痕迹。一般来说，乡村旅游产品生态原则主要体现在基础设施的建设上。

乡村基础设施对于乡村旅游发展的重要性不言而喻，但是基础设施的建设过程本身也是对自然生态的破坏过程，这种情况下乡村基础设施建设要尽可能地遵循绿色建筑设计原则。例如在建筑材料的选择上要尽可能地使用木材、毛竹、泥土等自然材料，而不是大量地使用钢筋混凝土；在安装水电设施时要充分利用太阳能、风能、沼气等再生能源，实现能源的节约与循环利用；在建筑设计上要利用设计手段来实现建筑的自然通风、自然降温、建材保温等；在建筑的外观上要与周边的自然环境相统一，避免突兀的建筑影响整体景观效果等。

此外，乡村旅游产品在开发过程中要注重强调开发的产品与周边环境的和谐性，尤其是乡村旅游产品中的游览设施。一般来说，乡村旅游景区、景点都有其配套的旅行游览接待服务中心，及能够满足游客游赏风景需要的基础设施。它们既属于旅游产品，又对乡村旅游景观产生影响，在很大程度上提升或是降低了乡村旅游点的感知程度。

（五）美学原则

人类的审美活动是人类一切活动中最基本的活动之一。对美的追求是人类对美的一种永恒的追求。旅游从本质上讲，实际上就是一种审美过程。旅游活动作为人们精神生活的一部分，是游览性和观赏性的审美活动，是自我实现与自我完善、潜移默化的情感过程，是陶冶情操、修身养性的过程，是自然美、形式美与社会美、艺术美的统一。旅游审美追求的是"天、地、人"合一的理想审美情境，其目标是创造人与自然的和谐。所以，在乡村旅游产品开发过程中，要综合考虑旅游者的审美心理要素和旅游审美态度，把握旅游者的感知、想象、理解和情感。在审美过程中，感知因素通常起着先导作用，它是审美知觉的出发点。想象可以使旅游审美充分发挥作用，使旅游景观更加丰富多彩，可以使旅游产品品味升华。情感是人们对客观世界的一种特殊的反应形式，是人们对客观事物是否符合自己需要的态度和体验。对审美形象内容的理解，是进行审美的不可缺少的环节。在乡村旅游产品开发中要通过在物质的东西中增添精神层面的成分，在功利的东西中增添超功利层面的成分，带动旅游运作系统对自身功利性进行超越，最终使旅游者体会到旅游提供的不仅仅是使用价值和供人生理需要的低层次满足，而是带给人们更高的精神层面满足的审美享受，乡村旅游产品的开发最终目的是实现旅游者对乡村旅游资源进行美学意义上的感知、体验、认同和联想，从而得到感官上、情绪上和心灵上愉悦和满足的过程，使得自然旅游资源形成的产品具有形态美特征（雄壮美、秀丽美、奇特美、幽深美、险峻美、旷远美）、色彩美特征、动态美特征、综合美特征，人文旅游资源形成的产品具有历史性特征、文化性特征、特殊性特征、愉悦性特征。

（六）精品工程原则

由于乡村旅游资源在开发过程中容易造成产品替代、重复建设，投入多、产出少的局面，加上目前乡村仍不富裕，人力、物力、财力都十分有限，乡村旅游产品的开发尚处在粗糙、低层次阶段，无法激起更多游客的消费欲望。所以，乡村旅游产品的开发应在资源普查、综合比较论证的基础上，确定重点，择优开发，在保留原田园风光、自然景观、乡村风情的基础上，在部分景区按照高标准、高品位、精品化的原则，充分挖掘特色旅游资源的内涵，集中有限的人、财、物力打造精品。对于那些区位条件较优、交通条件较为便利，自然生态环境和人文环境相对较优以及当地居民有浓厚的开发热情的乡村地区应优先开发，在政策、资金、技术等方面要给予重点扶持，以创造特色品牌产品，保障其市场竞争力。只有按照精品工程原则开发乡村旅游产品，才能够创建乡村旅游名牌，进一步提高乡村旅游收益。

（七）市场导向原则

乡村旅游产品与其他旅游产品一样，作为一种旅游产品，它是针对相应的市场需求而设计产生的，乡村旅游产品是否符合旅游者的需求是决定其开发能否成功的重要因素之一。随着乡村旅游的发展，乡村旅游产品越来越丰富，但不同旅游者有不同的需求，因此，乡村旅游产品的开发要以市场为导向，充分调查与分析市场后，在了解旅游者需求的情况下，结合不同旅游者的消费偏好对旅游市场进行细分，并根据市场细分结果，将市场需求与客观条件相结合，确定产品的定位，形成产品的特色与差异性，开发如生态观光、农业科普考察等不同档次、不同规模、适销对路的乡村旅游产品。一般来说，乡村旅游产品开发坚持市场导向原则时主要考虑以下两个问题：

一是旅游业的发展趋势问题。旅游业的发展趋势是乡村旅游产品开发的宏观市场环境。对于现代人而言，城市化进程不断加快带来的是人们对于自然生活的向往，这也是乡村旅游逐步兴起的根本原因。而乡村旅游产品开发就要充分地把握这一特点，避免在旅游产品中表现出太多的现代化工业痕迹，否则的话对于游客的吸引力就会大幅度下降。

二是游客的行为特征。游客的行为特征是游客潜在需求的外在表现。例如乡村旅游游客多以受过良好教育，经济条件较好的城市居民为主，这类游客的一个较大特点就是不仅追求美好的自然田园风光，更重视田园风光给自己带来的精神享受。这种情况下乡村旅游产品就要不断地增加产品的文化含量，避免停留在物质层面。再比如乡村旅游游客的群体特征是存在很大的差别的，有家庭式旅游、教育式旅游、老年休闲旅游、情侣观光旅游等，这就需要有针对性地开发出不同的旅游产品。

对市场的准确把握是乡村旅游产品能够受到市场欢迎的基本保障，更是乡村旅游发展的主要影响因素。

（八）文化导向原则

旅游活动本身也是一种文化交流的过程，旅游文化可以说是旅游业的灵魂。以乡村旅游为例，它不仅能够满足游客的一般性观光需求，更能够满足游客的故乡情结、怀旧心理和回归自然愿望。这是旅游者对农耕文化、民俗文化、乡土文化底蕴的追求和体验，这是人们对以往文化的留恋和不同文化的向往，因此，乡村旅游的开发要满足和创造旅游者的这些文化需求。所以，在旅游业的开发中要重视文化资源，在产品的开发中寻求文化差异、增加文化含量，通过精心设计和安排，将特色文化元素融入产品设计、旅游活动和旅游线路中，形成文化竞争力，实现旅游产品价值的最大化，实现旅游者最高层次的文化满足。

（九）以人为本原则

旅游者是旅游产品的主要使用者，如果旅游产品在设计时无法坚持以人为本的原则，那么再好的旅游产品都无法得到市场的认可。这也就意味着旅游产品的设计必须站在旅游者的角度进行考量，主要体现在以下两个方面：一方面是旅游产品的内容设计要以人为本。市场上旅游产品众多，但是获得旅游者认可的旅游产品却寥寥无几，根本原因就在于旅游产品的设计过于理想化，或者说设计者在设计旅游产品时没有站在旅游者的角度进行考虑，忽视了旅游者对旅游产品的需求，从而出现了产品与需求背道而驰的现象。另一方面则是旅游产品的表现形式与价格要以人为本，并不是越花哨越贵的旅游产品市场前景就越好，相反乡村旅游地区需要准确把握自身客源的经济收入，有针对性地制定出具有普适性的旅游产品价格。

（十）整体性原则

旅游产品的整体性原则指的是在设计旅游产品时要考虑到该产品与其他产品的互补性，避免乡村旅游出现短板。虽然说乡村旅游主题的侧重点不同，但是设计出的旅游产品最少要涵盖游客的衣、食、住、行、购物、娱乐六个层面。同时不同的旅游产品也应当尽可能地根据旅游活动内容将观赏性、参与性、体验性、教育性等融合在一起。

（十一）产品差异性原则

人无我有、人有我优是获取市场竞争优势的重要方式。对于乡村旅游而言，近年来随着乡村旅游的兴起，旅游市场上旅游产品的种类也逐渐丰富起来，这种情况下旅游产品的设计就要将产品的差异性原则作为切入点，开发出具有特色的旅游产品。在实践中，旅游产品的差异性原则主要表现在两个方面：一方面是时间的差异性，即率先进入某一个产品市场，以先行者的身份出现，迅速地占领市场，然后不断地进行创新，保持自己先行者的身份；另一方面则是内容的差异性，即保证自己所推出的旅游产品具有不可复制性，这种不可复制性大多是通过技术要求、文化内涵等体现出来的。

（十二）兼顾开发保护原则

根据不同旅游产品具有不同的生命周期的特点，在旅游产品的开发上坚持可持续发展原则，在分析旅游产品的生命周期的基础上，采取不同的开发策略，以延长旅游产品的生命周期，为区域旅游发展增添活力，增强区域旅游竞争力。此外，在旅游产品的开发过程中要优化旅游资源配置，处理好开发与保护的关系，注重旅游资源及其环境的保护，为开发的可持续化奠定良好的资源基础。在经营过程中，旅游管理部门和旅游企业要在管理方式和经营上不断探索与创新，不断对旅游产品进行提升与完善，适时推出适应市场需求的旅游产品，从而实现旅游的可持续发展。乡村旅游产品的开发，应该遵循"保护为主，开发与保护相结合"的总体思路，在保持自然资源完整性、生物多样化、生命维持系统正常的情况下来进行。要对生态旅游区的旅游环境影响做出评价，包括旅游对自然景观、人文景观资源的影响程度，旅游区的最大环境承载力，旅游建筑物对环境的影响，旅游产生的废水、废气、噪音的综合治理措施等做出综合评价和规划，力求对自然资源的影响降至最低。生态保护原则应当贯穿于旅游产品开发的始终，开发要服从于保护，在保护中进行开发。因此乡村旅游产品的设计要将生态环境的保护放在首位。

（十三）参与性原则

随着旅游活动成为大众的一项日常活动，人们越来越不满足于以观光为主的旅游活动，取而代之的是追求参与型的旅游活动，反馈到乡村旅游上，指的就是乡村旅游产品必须重视产品的参与性，简单地为游客提供参观服务是很难获得游客的认可的，而是要让游客在实践中亲自发掘旅游景观，获得精神上的享受。一般来说，乡村旅游的参与性大多是通过一些互动性活动项目来体现出来的。例如在开发乡村旅游娱乐项目时只是设计一下项目的规则，项目则由游客负责执行；在乡村手工业品上鼓励游客自主制造自己心中的工艺品；为游客提供亲自参与田园农耕劳动的机会等。

二、乡村旅游产品开发的基本流程

乡村旅游产品开发是一种综合性活动，涉及整个旅游地及有关部门的合作与协调，是一个循环、逐步提高的系统过程。

（一）区域背景基础资料调查和分析

1. 区位条件调查分析

区位条件指旅游资源所在区域的地理位置、交通条件以及与周边区域旅游资源的关系等。一般从以下几方面调查：第一，该乡村是否邻近大中城市；第二，交通状况，本地或邻近地区是否有火车站、汽车站等，外地包括境外游客可否直达或比较方便转来本地。近中期交通建设计划，预测本地对外地大交通和内部小交通的发展前景；第三，区位特点，是否位于边境地域或位于省交界地域，是否位于著名景区景点边缘地域等，都可能对当地旅游的开发产生极大的影响。

2. 自然条件调查分析

旅游目的地的气象气候、地质地貌、水文、土壤、植被等要素构成的自然环境，对旅游目的地资源开发有着直接影响和作用。植被、水文、气象等本身是乡村旅游资源不可分割的一部分，直接关系到乡村旅游资源的品质。乡村环境必须清洁雅静，令人赏心悦目，宜人的气候是旅游的必要条件，并起着导向作用。水既是孕育乡村景观的活跃因子，又是乡村旅游设施、当地居民和游客的生活必需，而且水质十分重要，直接关系到游客的健康。

3. 经济条件调查分析

经济条件指旅游目的地的经济状况，主要包括投资、劳动力、物产和物资供应及基础设施等条件。资金是旅游资源开发的必要条件，特别是经济尚不发达、资金比较缺乏的区域，对投资条件的调查及评价更为重要。资金来源是否充裕、财力是否雄厚，直接关系到旅游开发的深度、广度、进度。乡村旅游投资较少、见效快，但并不是说不需要资金，特别是要发展大规模的乡村旅游区，加上对外宣传，必须有一定的资金保障。劳动力条件是指能满足旅游开发所必需的人力资源数量及质量。对于乡村旅游来说，其开发是在原有资源的基础上加以规划改造，因此其参与者多为当地人。基础设施条件指水、电、交通、通讯等公共设施系统的完善程度。

4. 社会文化条件调查分析

社会文化条件是指旅游目的地的政治、政策、治安、政府及当地居民对旅游业的态度、卫生保健状况以及当地风俗习惯等。社会治安差的地方，即使有高质量的旅游资源，游客也不愿前往旅游。如果政府重视、政策倾斜，那么当地人参与办旅游的积极性就高。当地文化传统朴实、人民热情好客等都会对旅游开发起积极的促进作用。

5. 旅游资源调查分析

旅游资源是基础，在开发前必须进行详细的调查。调查内容包括旅游资源的类型、数量、规模、结构、成因等；还要调查当地的重大历史事件、社会风情、名人活动的情况以及调查区的资源分布图、照片等有关资料。对于重点旅游资源，应提供尽可能详细的资料，包括类型描述、特征数据、环境背景和开发现状等。另外，开发价值高的重点新景区的旅游资源，如具有特殊功能的旅游景观、适合科学考察和专业学习的旅游景观、唯我独有的旅游资源等要重点进行调查。

6. 客源市场调查分析

客源数量是维持和提高旅游区经济效益的重要因素。客源市场调查的内容包括客容量和游客人数的年、月、日变化等。不同旅游区，依其景观特色、地理位置、交通条件，吸引着不同地区、不同年龄和不同职业的游客，而不同类型的游客就决定着该旅游区的市场规模。

（二）开发可行性论证基本流程

旅游开发的可行性分析是决策前必须进行的初步调查研究，其目的是为投资决策及开发决策提供可靠的客观依据，并根据乡村本身的特点进行开发。可行性分析一般包括资源、经济、政策、市场、环境五部分。

1. 旅游资源的科学评价

旅游资源的评价，其核心任务是要确定区域旅游资源的优势与劣势，从而确定开发的机会与约束。通过与之竞争的旅游区比较，确定最能满足目标市场需求的要素，并选出最能反映地区个性，和其他旅游区明确区分开来的特征与要素，对这些要素进行加强、提高，对那些制约旅游区发展的要素也要找出来，通过新产品、服务与宣传促销活动来改变它。

2. 经济可行性分析

经济可行性分析主要确定旅游开发项目是否能够产生令投资者满意的经济效益。乡村社区的经济发展水平直接影响其所能提供的设施及项目开发程度，从一个方面促进或限制着旅游业的发展。伴随着旅游活动的消费增长，为旅游目的地提供商业机会，并间接影响到经济的其他许多方面，促进经济的增长，但也会造成物价上涨、影响居民正常生活等不良后果。因此，在乡村旅游开发前必须遵循在经济安定的前提下实施宏观控制。对于应当开发和优先开发的乡村给予大力的支持，对于不宜开发和暂时不宜开发的要加以限制。

3. 政策导向重点分析

乡村旅游开发要注重政策的引导，研究乡村旅游产业在该地区产业结构中的地位，当地政府对旅游开发的支持力度，有关法律政策对旅游开发活动的规定等，从而制定适当合理的旅游开发模式。

4. 客源市场深入分析

客源市场是旅游市场的核心。进行客源市场分析主要解决三个问题：市场细分、市场定位及市场预测。

（1）客源市场细分。客源市场可通过游客的年龄、性别、受教育程度、职业、收入水平等划分，也可通过游客出游特征，如旅行时间、出游目的、旅行方式及游客心理特征等综合分析市场的需求结构。

（2）客源市场定位。乡村旅游客源市场定位就是在进行市场调研和市场细分的基础上，确定现实及潜在的的市场范围及市场规模，并进一步分析确定乡村旅游区一级市场、要综合考虑乡村可进入性的程度、收入状况、居民的消费习惯等。

二级市场和三级市场。市场定位时客源产出地的社会经济水平、居民收入状况、居民的消费习惯等。

（3）客源市场预测。对客源市场的预测不仅要研究现实的市场需求，而且要对潜在的需求进行研究和预测，分析其需求类型及变化动态，估计其规模、增长速度及持续周期。

5. 环境承载力分析

旅游开发的可行性研究，除了对市场做可行性研究及对资源进行评价外，还要对开发地区做环境承载力分析，它是在对自然、社会、经济三方面综合考虑的基础上所做出的合理分析与评价。

（1）环境承载力的定义及内涵。就环境承载力来说，意味着维持某种平衡，即旅游区环境与游客质量的平衡。要尽可能在这两方面减少冲突，既要吸引最大量的游客，又不至于使环境或旅游产品本身产生大的消极影响。这个平衡点就是区域环境承载力。当前，一个比较权威的、影响面较广的旅游环境承载力定义是世界旅游组织给出的。该定义为：旅游环境承载力是在能保证游客满意度的情况下，对旅游资源的最大利用。这个定义明确了：①旅游环境承载力是对旅游资源的最大利用程度；②最大利用程度的界限是能够保证游客的满意度。但这定义过于概念化，没有给出明确的评价标准，缺乏可操作性。[1]旅游环境承载力只有与具体的评价标准联系起来才能确定，若评价标准本身缺乏可操作性，就无法确定。要使旅游环境承载力具有实用价值，首先要建立一个评价标准。为达到这一目标，必须从更深的层次来理解旅游环境承载力的含义。

（2）环境承载力的评价指标体系。旅游环境承载力不只是一个科学上的概念，更是一个管理依据。旅游管理人员对旅游环境承载力感兴趣，是因为他们关心旅游开发不同的程度会带来的不同后果，他们须明确旅游环境承载力的最大值。旅游开发规模达到旅游环境承载力极限时会有外在表现，如游客反映的是满意度下降，旅游活动本身表现为旅游可能无法顺利开展，旅游环境质量下降。因此，应建立一个评价指标体系，通过对指标的分析，确定各指标可容纳的最大游客量，确定旅游环境承载力。旅游环境指标体系包括感官指标、自然指标和社会经济指标。

---

[1]甘枝茂，马耀峰 . 旅游资源与开发 [M]. 天津：南开大学出版社，2000.

（三）科学确立开发目标和主题

1.明确开发目标

追求经济效益是旅游业开发最主要的目标，但这个目标必须服从于社区发展的总目标。绝大多数开发目标是追求商业利润和经济增长，通过经济效益提高当地人的生活水平，增加就业，改善当地产业结构，确保旅游区开发类型符合社区资源特色等。最后，确定与当地政府及居民的文化、社会及经济追求相一致的开发项目。

2.全面策划乡村旅游主题和形象构建

只有首先确定开发的主题，整个开发工作才能有方向、有重点、有秩序，旅游设施和配套设施的规模、数量、布局和风格才能协调，从而形成统一、鲜明的旅游形象。通常，主题和形象的选择与确定，取决于旅游资源条件和市场需求的特征两个方面。同时，所塑造的旅游形象必须注意与区域社会和自然条件既定的主题形象相适应。例如，湖南省桃江县近年开发的"竹乡农家"，该区域内旅游资源开发的主题与形象选择就突出了竹文化的特点。

（四）产品优化的基本进程

1.乡村旅游开发模式的确立

乡村旅游按区位划分，可分为都市郊区型、景区边缘型和特色村寨型三种类型，因此乡村旅游资源在区位条件、区域经济的发达程度、文化背景、自然环境和社会制度等方面也存在差异，其开发模式也趋于多样化发展。乡村旅游开发模式就是根据客源市场需求及当地资源特色等情况，确立乡村旅游开发目标、开发方向及开发策略，旅游功能和旅游活动的内容，设计旅游活动项目等。

2.乡村旅游开发的总体设计

确定了乡村旅游的开发方向和定位策略之后，就进入开发的具体设计阶段。开发设计是在调查与评价的基础上，本着乡村旅游开发原则和定位，确定旅游规模和开发内容，拟定旅游区的空间布局、功能分区和总体艺术构图，最终制定旅游开发设计的总体方案。

3.乡村旅游客源市场的开拓策略

旅游开发并不是简单地将目标集中于旅游资源本身进行景点开发和配套设施建设，形成由食、住、行、游、购、娱六要素所组成的完整的产品，还必须进行市场开拓工作，两者相辅相成，缺一不可。市场开拓，一方面是将景点建设、旅游活动与旅游需求联系起来,即根据旅游者消费行为特征,进行旅游开发;另一方面,通过多种媒介加强宣传力度,将开发的旅游产品介绍给游客,不断开拓客源市场,实现旅游开发的目的。

4. 乡村旅游产品优化

制定好开发设计方案之后,进入开发的具体实施、市场开拓及经营运行阶段。但旅游开发并不应就此止步,而要根据市场信息反馈和需求结构的变化,进一步认识旅游资源的价值与旅游功能,维持并不断提高旅游资源吸引力,形成旅游开发的良性循环。

三、乡村旅游产品开发要处理好几个关系

(一)传统的继承与创新发展之间的关系

乡村旅游产品开发所面临的一个重大挑战就是传统与现代关系的处理,一方面原汁原味的旅游产品毫无疑问更能够体现乡村的特色,增加乡村旅游产品的内涵,但是另一方面处于现代社会的游客对于那些纯粹的传统旅游产品并没有想象中的那么支持,很多游客更倾向于享受那些披着现代文化理念外衣的旅游产品,这和他们的生活习惯是相符合的。因此,乡村旅游产品的开发必须要处理好传统文化意蕴的继承与现代文化的创新之间的关系。

(二)观赏艺术性与实用功能之间的关系

观赏性和艺术性都是旅游产品的重要特性,但是在当前部分旅游产品的开发上,很多旅游产品往往过于侧重于产品的观赏性,从而出现"名不副实"的旅游活动项目,给予游客一种"欺骗"的感觉,这种做法虽然在初期能够以新颖的手段吸引一定的游客,但是从长远的角度来说,缺少实用功能的乡村旅游产品最终会失去发展的潜力。因此,在实践中必须要重视旅游产品观赏性与实用性的兼顾。

(三)地方特色与游客需求之间的关系

许多旅游产品是在长期的历史文化发展中沉淀形成的,无论是在文化意蕴上还是在工艺技术上都具有明显的地方特色,但是这并不意味着这些旅游产品就一定能够得到游客的认可,相反,必须正确处理好地方特色与游客需求之间的关系,不能一味地"为特色而特色",旅游产品归根结底是为游客服务的,如果不重视游客的需求,那么再具有特色的产品也无法得到游客的认可。因此,处理地方特

色与游客需求之间的关系，解决具有地方特色的旅游产品与现代旅游市场需求之间的矛盾，寻求两者的协调发展是乡村旅游产品设计必须注意的一个重点。

（四）大众化需求与个性化需求之间的关系

能够进行大批量生产是乡村旅游产品设计的一个基本出发点，这就意味着乡村旅游产品主要是针对大众化需求而设计的。但是在设计中也要妥善处理好游客的大众化需求与个性化需求之间的关系：一方面随着社会经济的发展，人们的需求开始朝着个性化、碎片化的方向发展；另一方面从大众化需求角度出发进行旅游产品设计很容易导致旅游产品失去特色，在市场竞争中不占据优势。但是一味地追求旅游产品的个性化又会造成产品的成本无法得到控制，乡村旅游的经济效益受到影响，因此在实践中必须妥善处理好大众化需求与个性化需求之间的关系，比较常见的手段是针对一般性或者低端消费市场开发大众性旅游产品，而针对高端市场则开发个性化旅游产品。

（五）区域性旅游商品与区域性乡村旅游商品之间的关系

许多乡村旅游商品同时又是大区域性的旅游商品，协调好二者之间的关系很重要。那些乡土气息浓厚、与乡村结合紧密的大区域性旅游商品同时也可以被确定为乡村旅游商品，因为在大区域内可能有很多旅游商品，乡村旅游商品只是其中的一部分，在大区域旅游商品中特色不是非常明显，但可以进行设计或功能上的部分调整，来加载更具地方特色的元素或独特性内涵，使之成为独一无二的区域性乡村旅游商品。

第三节　乡村旅游产品市场需求分析

从我国的社会经济与乡村旅游的发展历程来看，在今后的很长一段时间内乡村旅游需求将呈现出以下发展趋势：

第一，以放松精神、休闲养生为目的的乡村旅游将逐步成为旅游的主题，这与生活压力越来越大的现代生活方式有着十分密切的联系。

第二，在未来的一段时间内，以观光为主题的乡村旅游仍旧会占据很大的比重，原因在于当前我国的乡村旅游并没有进入"饱和期"，很多地方的乡村旅游仍旧处于起步阶段，乡村旅游的开发以参观为主。

第三，游客的需求将会朝着多层次、碎片化、个性化的方向发展，这就意味着乡村旅游必须重视游客的个性化需求，传统的大众化旅游产品将会逐步失去发展空间。

第四，城市中高学历、中高层收入的居民将会成为乡村旅游的主力军，这与这类群体较高的经济收入与固定的休息时间有着密不可分的联系。

一、根据身份特征划分的乡村旅游市场

根据年龄、职业、收入水平等身份特征可以将乡村旅游市场划分为以下八种类型：

（一）青少年市场

青少年是我国社会的一个重要群体，他们是社会主义建设的未来，更是未来消费的主力军，因此青少年旅游市场一直以来都是一个巨大的潜在市场。对于乡村旅游而言，青少年旅游市场更为重要，原因在于以下几个方面：首先，与其他旅游形式相比，乡村旅游对青少年的吸引力更大，它同时兼顾了科普性、趣味性、参与性、环保性等内涵，能够在愉悦青少年身心的同时帮助青少年塑造正确的人生观、价值观和世界观；其次，对于家长而言，长期的城市生活使得他们很乐意花费一定的时间去让青少年接触大自然，而纯粹的自然观光旅游的风险较高，乡村旅游则不存在这种因素；最后，在时间上，乡村旅游所花费的时间往往较短，例如农家乐一日游等，这与青少年的学习时间并不存在冲突。

（二）老年市场

进入 21 世纪以来，世界经济较为发达的国家普遍出现了人口老龄化危机，这种危机对于旅游业来说意味着一次巨大的机遇，它表明了银发旅游市场正在不断地扩大。与其他类型的游客相比，老年市场在乡村旅游上具有以下几个优势：第一，步入老年阶段的游客大多数已经退休，这就意味着他们拥有更多的时间来参与到乡村旅游中，同时也不缺少乡村旅游费用；第二，从人生经历来说，很多老年人是从农村走入城市的，对于农村生活先天就具有好感，因此在旅游时也倾向于乡村旅游；第三，乡村旅游或许缺少"刺激"感，较为平淡，但是这种平淡的生活恰恰是老年人所追求的；第四，乡村与城市的距离较近，生活方式也比较接近城市，因此老年人长期居住在乡村并不会产生生活的不适，同时较近的距离也能够减轻子女的担忧。

（三）学生市场

学生市场是一个出游率巨大的潜在市场，一直以来学校都有组织学生进行春游、秋游的习惯，这从本质上来说也是乡村旅游的一种表现形式，如果乡村地区能够把握这些机会，那么就可以将学生市场纳入到乡村旅游范畴之内。但是乡村旅游地区也不能忽视学生市场的一些缺陷，例如学生市场的季节性特点十分显著，旅游的高峰期往往在寒暑假和节假日、学生市场对于安全要求较高，乡村旅游地区承担的风险较大等。

（四）都市白领市场

都市白领指的是那些学历水平较高、收入较高、工作时间较为稳定的一类群体，这类群体的一个显著特征就是追求生活质量，较高的收入决定了他们十分乐意尝试新鲜事物，而千篇一律的工作方式又加大了他们的工作和生活压力。因此，都市白领市场可以说是当前乡村旅游最大的潜在市场，农村良好的生态环境与独特的乡风民俗对于日复一日过着单调生活的都市白领有着强大的吸引力，他们也十分乐意花费一定的金钱来脱离城市，体验农家生活。值得注意的是，都市白领的工作与休息时间相对较为稳定，但是除了国家法定节假日之外，都市白领的休息时间并不是很长，因此乡村旅游产品的设计应当以"乡村一日游"为主。

（五）家庭旅游市场

在我国，家庭旅游市场的潜力从旅游业的发展现状来看并不是很大，由于家长的工作时间与孩子的放假时间并不是很协调，因此家庭共同出去旅游的机会并不是很多。但是从国际旅游的发展历程来看，家庭旅游可以说是一个重要的发展趋势，许多家长都喜欢带着孩子进行旅行。因此，家庭旅游市场也具有一定的潜力，乡村旅游地区对此应当进行一定的准备，至少乡村旅游的特性决定了它很容易受到家庭旅游的青睐，例如危险性小、交通便利、花费较低等。

（六）入境游客乡村旅游市场

入境游客乡村旅游市场主要指的是国际市场，作为一个拥有悠久历史的国家，中国在国外友人的眼中一直以来都是一个神秘的国家，而改革开放的不断深入又放宽了国际游客的限制，导致我国近年来国际游客数量迅速增加。而作为中国传统文化保留最为完整的地区，乡村对于国际游客也具有一定的吸引力，因此入境游客乡村旅游市场也是一个潜力丰富的市场。

（七）周末工薪阶层乡村旅游市场

实行每周5天工作制以来，人们的自由时间明显增加，给近距离旅游创造了很好的条件。随着交通状况的不断改善，城市上班族在周末走出城市、投身乡下已经成为一种时尚。为迎合这一潮流所做的乡村旅游开发，势必有很大的市场发展潜力。这部分客源的出游，大多数是单位组织或以同学、朋友聚会的方式，数量通常较大，但消费不算很高。

（八）城市个体、私营工商、服务业的业主市场

这些比较富裕的游客群体到乡下去，除了放松身心外，主要是利用乡村的环境和地理优势，用以招待客户和联络感情。在出游形式上，这部分客户大多自己有车，经济宽裕，是目前乡村旅游非常重要的客源市场。

二、根据游客的心理需求划分的乡村旅游市场

可以说，每位游客选择乡村旅游的出发点都是不一样的，他们有着各自不同的动机和期望，而根据这种期望可以将乡村旅游市场分为以下七种类型：

（一）回归自然型

随着社会主义市场经济的不断发展以及城镇化建设进程的加快，城市居民接触大自然的机会越来越少，面对喧嚣的钢筋水泥丛林的压力也越来越大，这种情况下城市居民开始追求一种自然的生活方式，希望能够真正地感受到大自然的山山水水，这种需求从本质上来说是对人生价值的感悟，是从繁华到朴实的回归，是一种更高品质的追求。回归自然型的乡村旅游市场以这类游客为主。对于这类游客而言，乡村旅游地区只需要提供基础的衣、食、住、行服务即可，过多的人工雕琢痕迹只会影响他们的精神享受，例如现代的很多"驴友"就属于典型的回归自然型，他们不需要旅游地区提供多么便利的条件，只希望能够真正地感受到真实的大自然。

（二）缓解压力型

在城市里每一个人都面临着事业、学业上的巨大竞争压力，快节奏生活方式使得每个人的生命之弦都时刻处于紧绷状态，这种情况下绝大部分城市居民都处于亚健康状态，也催生了城市居民到偏远地区放松心情，缓解压力的旅游业务。无论是如工蚁般劳作的白领蓝领，就算是叱咤风云的商界巨子、大红大紫的艺坛明星，一旦能搁下手头的活，偷得浮生半日闲，也会欣然前往乡间，暂时改变自

已的社会角色，享受尽管只是瞬间的身心舒坦。当他（她）眺望散落在大山褶皱里的座座农舍、如抖动水袖般的村外小河，聆听漫山遍野的浅吟低唱，或许会怦然心动，叹息良久——乡村，是疲惫心灵的最后家园。这类游客的数量较多，大都属在职、在校人士。他们希望参与轻松愉快的活动，放浪形骸；希望观赏舒心悦目的景致，调节情思意趣。疲惫的身心经过这样的"充电"，返城后就能精力充沛地继续拼搏。

（三）取经学习型

取经学习型游客大致可以分为两种类型，一种是乡村之间的取经学习。部分乡村地区由于科学的经济发展对策以及得天独厚的资源环境，在诸多乡村之间成为领头羊，经济迅速发展，这种情况下其他地区的乡村为了学习特地组织团队进行参观考察，例如江苏的华西村每年都接待大量的学习团队，这些团队主要来自其他地区的乡村。另一种则是青少年到乡村学习。当前的青少年虽然早早地就接受教育，但是对于乡村的了解主要是通过书本实现的，对于实际的乡村生活与文化并不是很了解，因此部分学校与家长为了加强孩子的素质教育，特地组织学生到乡村体验生活，将乡村打造成孩子的第二课堂，在拓展孩子知识层面的同时也培养孩子高尚的道德情操。

（四）民俗体验型

中国民俗凝聚着数千年来华夏儿女对美好生活的追求、向往以及文化创造，它存在并渗透于社会生产与生活的广泛领域。然而，有很长一段时间里，由于某种原因造成的偏见，一刀切地"破旧立新""移风易俗"，把民俗文化中的糟粕连同它的精华都如脏水般的泼掉了。现在城里许多传统节日冷冷清清，民俗文化日渐式微，西方的传统节日却在中国喧宾夺主，气氛甚嚣尘上。幸而，保护物质或非物质的文化遗产已引起国人的关注，对包括当地居民的生活和民间历史传承的民俗——这个无可替代的活化石，开始像保护濒临灭绝的物种般加以抢救，对已流失的加以挖掘，对残存的加以整理，使之发扬光大。幸而，在那些偏僻的乡村，老百姓一如既往地守着老祖宗留下来的土地，依旧保留对自身习俗的那份矜持。于是，当传统的中国人越来越觉得过节单调乏味，发觉真情实感已像金钱一样挥霍殆尽时，便试图冲破商业文化的牢笼，到乡野采风问俗，寻找魅力独特的、带着泥土和俚俗味的文化，跻身于喜气洋洋或神秘诡异的节庆活动中，在享受农家风情时，获得一种全新的印象或勾起一段遥远的记忆。这类游客既希望了解当地民俗，更希望能参与民俗活动。他们希望详尽了解目的地有关农耕、服饰、饮食、居住等方面的物质民俗，以及人生礼仪、岁时节令、节庆游艺等方面的社会民俗，并弄清其程式和寓意。

（五）收获品尝型

当前市场上商品种类繁多，价格便宜，各种应季与反季节蔬菜水果屡见不鲜，但是越来越多的人开始不喜欢从市场上买回现成的蔬菜水果，而是要亲手去采摘、去种植，一方面是多次曝光的食品安全问题加大了居民的担忧之心，对市场上的蔬菜水果的信任开始下降；另一方面人们也增加了在劳动中体验那种收获的快感，因此到乡村地区种植、收获、品尝型旅游活动开始兴起。

（六）运动养生型

当今，成年人不管属于哪个阶层，何种职业，都把自身的健康摆在首位。有强健的体魄才能不断进取，不断打拼。没有健康的身体，有好的条件也享受不到生活的乐趣。老是去名山大川、度假胜地不可能，利用节假日休闲时光，到乡下散心、健身、健美倒挺方便，甚至逐渐成为时尚，乡村已经成为现代都市人心灵的桃花源。对于这类游客，到了目的地，停留的时间要较为宽松。

（七）缅怀岁月型

缅怀岁月型游客多以老年游客为主，这类游客大多生长于农村，后来随着经济收入的不断提高移居城市，但是家乡的那种生活方式与民俗风情始终流淌在脑海之中。在退休之前由于工作时间的限制，没有充足的时间去再次体验乡村生活，但是在退休之后越来越多的老年人选择在农村生活，一方面固然因为农村的生活较为平静，但是另一方面与这些人的缅怀心态也有着十分密切的联系。近年来，越来越多的"下乡知青"选择乡村旅游的一个主要原因就是为了缅怀以往岁月。

第四节　乡村旅游产品开发的创新设计

一、乡村旅游产品的品牌建设

品牌是市场经济条件下最重要的无形资产，21 世纪也是品牌经济时代，产品之间的竞争表现在品牌的竞争。如何在乡村旅游产品市场中得到旅游者认可，获得最佳经济效益，创建旅游产品品牌是关键，品牌的塑造是获得乡村旅游产品核心竞争力的重要手段。乡村旅游产品品牌的塑造要经历品牌主题定位、品牌设计和品牌传播推广三个阶段。

品牌主题定位主要解决乡村旅游产品的发展方向和主要功能定位，品牌主题定位要符合乡村旅游产品的内涵，要重视对乡村旅游产品特色的挖掘展示，不是任何旅游产品都能够成为旅游品牌，而要选择最具特色的旅游产品。品牌设计主要是为了在市场上获得与品牌主题定位一致的形象而对产品进行的一系列包装，以增强旅游者的感受和满意度和产品信誉度。一般要深入研究旅游产品的真正优势，通过一句精练的文字来体现，这句话能够把旅游产品的特色优势形象化地表述出来，同时文字要具备广告效应，能够打动旅游者的心，激发其旅游动机，并易于传播和记忆。最后一个阶段是进行品牌的推广。提高知名度和注意力需要品牌的有效推广和传播，持续的促销活动能给现实和潜在旅游市场造成强烈的视觉、听觉冲击，所以要采用报纸、杂志、电视、网络等媒体和多种促销组合手段，把产品品牌形象与内涵持久地传递给现实或潜在的旅游者，以在受众中树立并强化乡村旅游产品鲜明的品牌形象。例如河南温县陈家沟作为太极拳的发源地，开发"太极之旅"等旅游项目，提出了"看太极发展史，学太极真功夫"的旅游产品品牌，感受太极之乡的特有风情。再如叶剑英元帅的故乡——广东梅县，是客家人聚集最集中的地区，梅县的客家文化是最典型和最具代表性的中国客家文化形态。客家先民定居在山区，山中田园生活是客家人的真实生存状态。而山居生活对人际交往的心理需求，又使客家人养成了热情好客的传统。此外，当年客家先民"衣冠南下"，大多出身于书香门第，历来有"耕读传家"的文化传统。广东梅县结合现代旅游市场的消费需求趋势，突出客家文化和田园风光，提出了梅县的旅游产品品牌形象——"山中田园诗，梅县客家情"。

二、乡村旅游产品主题设计

乡村旅游首先要做的是设定一个精练的主题，主题的设定是规划乡村旅游产品的关键所在。一般来说，科学的乡村旅游产品规划都是将一个固定的主题作为出发点，然后以主题为依托设计出一系列乡村旅游产品。

对于乡村旅游产品而言，主题的最大价值在于以下三个方面：第一，主题能够保证乡村旅游产品的规划始终围绕共同的核心，避免因产品种类繁多，分散游客的注意力；第二，统一的主题有利于乡村旅游地区更好地营造旅游环境与氛围；第三，旅游主题的设定往往与当地的风俗民情相关，这能够保证乡村旅游的特色，避免其他乡村地区模仿。在设定乡村旅游产品主题时，旅游地区可以按照以下三种方式结合自身的特色进行设定。

（一）以乡村四季风景为主题的乡村旅游产品设计

这里主要指在一定的地形范围内，利用并改造自然地形地貌或者人为开辟和美化地形地貌，综合植物栽植或艺术加工，从而构成一个供人们观赏、游憩的具有特定主题景观，达到游客欣赏自然、发现自然、感受自然的高层面的和谐氛围，使得自然资源的初级吸引力转变为更高层次的吸引力，凸现产品特色。

1. 田园之歌

在乡村的果园地区，以春花、夏果、秋叶、冬枝为主题。春赏花漫山野，夏品果熟田间，秋观红叶枝头，冬思枝横影疏，四季皆成美景。例如西藏的乡村地区天如纯蓝墨水一样蓝，云如绵羊的毛一样白，水或碧或蓝晶莹清澈。

2. 休闲田园

把乡村一年四季的农事活动与田园情趣的参与和观赏连为一体，为游客提供农事活动的内容，如栽秧、犁牛耙田、磨磨、车水、割麦、打场晒粮等，让游客亲身感受农耕文化，体验古代农民劳动的艰辛和快乐。还可设计花卉园艺观光园、蔬菜种植园、茶园、水乡农耕观光园、特种植物园、特种养殖园等。

3. 生态园林

比如在开发"竹乡游"时，可以突出"做客竹乡农家，亲近美好自然"的主题，让游客吃竹宴，住竹楼，观竹海，坐竹椅，睡竹床，买竹货。

（二）以乡村实体景观为主题的乡村旅游产品设计

实体景观一直以来都是以观光为主，但是近年来实体景观旅游产品的设计也逐渐地多样化，最为常见的是根据景观的类型来有针对性地设计出相应的旅游产品，从而增加旅游产品的内涵。例如根据"桃李无言，下自成蹊"成语中"桃李"的象征意义来设计以学子谢师或者教师度假为主题的旅游产品，以此来吸引毕业考试之后的学生游客或者节假日期间的教师群体；再比如对"荷花"这一实体景观进行旅游产品设计，可以根据荷花的亭亭玉立，出淤泥而不染的特点来设计出以医护人员高洁的品质为主题的"白衣天使游"旅游产品，也可以利用荷花亦被称为莲花，通过莲与廉的同音，以周敦颐的《爱莲说》为文化主题，针对公务人员开展"爱莲（廉）之旅"。

（三）以地方民俗为主题的乡村旅游产品设计

1. 欢乐农家

欢乐农家产品的设计主要是以乡村常用的农耕与生活工具进行设计，例如将乡村的织布机、石磨等与谷子、玉米放在一起，塑造一个传统的农家形象，游客可以在其中享受传统的农耕方式，感受收获的喜悦。

2. 童真乐园

童真乐园，主要是针对儿童游客设计的。该设计主要是利用城市儿童不常接触的乡村孩子娱乐项目进行布置，例如踢毽子、推铁环、弹弹子、玩泥巴、踩高跷等。

3. 农家宴

农家宴这一旅游产品既凸显了乡村生活的特点，也为游客提供了饮食服务。例如"田里挖红薯、村里吃土鸡"，感受了一天的乡村野趣，再在田园茅草屋下吃上一顿地道的农家大餐，如米汤菜、红薯稀饭、土鸡土鸭，是既饱了眼福、手福，又饱了口福。在东北吃大锅贴饼子、"笨鸡"炖蘑菇、水豆腐、土豆炖茄子、山鸡等纯绿色食品。

4. 农家作坊

可以说几乎每个村庄都有自己的"独门绝活"，对此乡村旅游地区可以充分利用，增设几处农家作坊，挖掘传统技艺，如弹棉花作坊、豆腐作坊、磨面作坊、铁匠作坊，竹刻根雕作坊等，展示各种已被现代文明取代的劳作方式，使游客可以欣赏乡村的古朴意味。

5. 农家听戏

在周末或节假日，可以在农田空地上搭建戏台，进行具有民俗特色的表演。如腰鼓、大头娃娃、跑旱船、秧歌、扇舞、戏曲等。

6. 民俗演绎

演绎祭灶神、祭祖、婚嫁等民间节庆的生活习俗。游客可以参与其中，扮演新郎、新娘或主婚人等，亲身体验坐花轿、游后山、抛绣球等活动。如汉族民俗：春有以"踏青节"为主题的民俗活动；夏有"七夕节"为主题的民俗活动；秋有"中秋节"为主题的民俗活动；冬有"闹春节"为主题的民俗活动。

7. 动物欣赏

虽然说与城市的一些养殖园相比，乡村的动物种类并不是很多，但是仍旧有其乐趣所在，对此可以设计观赏鱼类和农家小动物，如开展"好汉捉鸡"等活动。

8. 乡村购物

乡村购物也是一项可以设计的旅游产品，例如每隔一天或者一周的赶集，固定时间的庙会等，游客可以在此购买民间工艺品、刺绣、瓜果、干果等。

9. 节庆活动

如乡村地区通过开展"乡村青年文化节"活动，组织推出一批学用科技、致富成才、民族团结、移风易俗、美化环境、文体活动等方面的品牌活动，有效带动乡村青年文化活动开展，丰富以农村青年的文化生活为主题的乡村旅游。这些文体活动包括文艺演出（小品、相声、音乐、舞蹈）、健美操比赛、赛诗会、读书心得、知识竞赛、板报比赛、歌咏比赛、演讲会、青少年长跑、公映爱国主义影片等。

10. 体育竞赛

开展乒乓球、篮球、排球、帆船、雪橇、滑雪等体育竞赛活动；拔河、赛龙舟、赛马、叼羊、竹铃球、射箭、舞狮、空竹、马球、捶丸、蹴鞠等民族传统体育活动；武术、太极拳、气功、中国式摔跤、中国象棋、围棋等传统体育项目。

三、乡村旅游产品营销推广

（1）各地方政府在进行交流时要主动宣传自身的乡村旅游产品，正如前文中所论述的法国乡村旅游之所以发展迅速的一个主要原因就是政府主动印刷了大量的宣传手册，并在交流访问中向他国宣传，对此地方政府也应当如此，政府的主动宣传能够提高大众对乡村旅游产品的信任度。

（2）邀请旅行社与新闻媒体来进行参观是推广乡村旅游产品的一个重要途径，旅行社作为旅游活动的发起人，新闻媒体巨大的影响力都能够帮助乡村旅游地区将旅游产品推广出去。

（3）在互联网时代，制作专门的形象与产品宣传片对于旅游产品的推广具有十分重要的意义，它能够帮助潜在客源更为直观地了解旅游产品，激发他们的旅游动力。

（4）将旅游产品的品牌在营销宣传册、形象宣传片、网站介绍、信息中心、旅游纪念品、旅游宣传品等地方反复应用，强化旅游产品形象。

（5）举办节事活动，参加节庆活动、展销会、博览会、旅游交易会；集中大量媒体的传播报道，迅速提升旅游产品的知名度和美誉度。

（6）邀请电影或电视剧的摄影组到景点来选取外景，优秀的影视作品会对旅游产品起到良好的宣传作用。

（7）通过专题新闻报告、专题电视风光、专题性学术会和电视综艺节目等多种运作形式，将旅游产品宣传出去。

（8）通过举办摄影、绘画、作文等系列比赛和优秀作品展览活动，或通过定期举行门票抽奖活动，使旅游与竞技、旅游与知识、旅游与幸运相结合，达到扩大景区影响、树立景区名牌、提高到访率和重游率的效果。

第五章 乡村旅游营销策略创新

第一节 旅游营销的概述

一、营销的内涵

（一）营销的概念

从社会学的角度来看，营销指的就是个人或者企业通过创造、提供、出售并同别人自由交换产品和价值，获得所需的一种社会和管理过程。

从管理学的角度来看，营销也常被称为不可描述的推销艺术。但是这种定义近年来逐渐受到国内外专家的质疑，越来越多的专家认为推销只是营销的一部分，将营销简单地与推销等同起来是一种错误的做法。正如知名的管理学家彼得·德鲁克（Peter Drucke）在其著作《卓有成效的管理者》中所言："可以设想，某些推销工作总是需要的，然而，营销的目的就是要使推销成为多余。营销的目的在于深刻地认识和了解顾客，从而使产品或服务完全适合顾客的需要而形成产品自我销售。理想的营销会产生一个已经准备来购买的顾客。剩下的事就是如何便于顾客得到这些产品或服务。"[1] 从该论述我们可以看出，营销的根本宗旨是促使顾客了解这些产品，从而产生购买欲望，而推销则是一种以促使顾客购买产品为目的的销售行为，营销的内涵较之推销毫无疑问更加的深刻。

从当前学术界关于营销的内涵研究现状来看，美国营销协会（American Marketing Association）对于营销的定义得到了大部分专家的认可。该协会认为营销是一种计划和执行关于商品、服务和创意的观念、定价、促销和分销，营销的根本目的是创造符合个人和企业目标需求。

美国营销协会关于营销的定义主要具有以下五个内涵：

第一，营销的主体可能是营利性企业，也可能是非营利组织机构，这与传统

---

[1] [美] 彼得·德鲁克. 卓有成效的管理者 [M]. 许是祥，译. 北京：机械工业出版社，2009.

的营销界定仅仅局限在营利性企业身上是截然不同的。例如企业或者个人出售商品和服务是一种营销活动，但是学校所提供的教育服务、医院所提供的医疗服务、城市的经济建设等从本质上来说也是一种营销活动。

第二，营销的对象不仅仅包括商品和服务，思想、观念、创意等也是营销的重要对象。

第三，对市场环境进行科学的分析，准确地选择目标市场，确定最终的产品开发项目，结合市场供需对产品进行定价，选择合适的促销手段等是营销活动的主要内容。一般来说，能够对营销效果产生影响的因素主要有两种：一是企业所不能控制的因素，例如政治因素、法律因素等；另一种则是企业能够控制的因素，例如生产成本的控制、分销渠道的选择等，这些能够控制的因素一旦出现问题，最终的营销效果自然大打折扣。

第四，对顾客的需求进行引导，进而满足顾客的需求是营销活动的基本出发点。从这个角度来说，营销活动必须以顾客为中心，面对不断变化的市场环境及时做出正确的反应，从而满足在不同市场环境下顾客的不同需求。值得注意的是，顾客的需求不仅仅局限在现在的需求。更包括未来的需求，良好的营销活动总是能够在满足顾客现在需求的同时刺激和引导顾客，从而创造出源源不断的未来需求。

第五，实现个人和企业的目标是营销活动的根本目标。虽然说营销活动是围绕顾客展开的，为顾客服务的，但是归根结底是为了实现个人和企业的目标。对于营销人员而言，营销活动的好坏与否决定了自己的经济收入和地位，而对于企业而言，营销活动能否取得应有效果则决定了企业的经济效益和市场竞争力。可以说，一切市场交易行为都是通过营销活动来完成的。

从上述关于营销内涵的解释我们可以看出，营销不是一种简单的推销活动，它需要相当多的工作和技巧，因此将营销视为一门学科和艺术是毋庸置疑的。

尽管到目前为止对营销的定义仍然是各种各样的，其主体、观点和侧重点也不尽相同，并且随着时间的变化而变化。但在"营销"的一些核心要素和基础性质方面，仍具有相同之处。这些相同之处主要有以下九点：

（1）顾客的满意度是评价营销活动的一个基本指标。

（2）营销活动是在市场环境中进行的，因此准确的识别市场机会，最大限度地利用市场机会是营销活动的一个基本方法。

（3）不同的产品和服务所针对的顾客群体是不同的，因此良好的营销必须要准确地选择目标顾客。

（4）营销活动所带来的一个直接后果就是促进市场交易的繁荣。

（5）在动态的环境中保持领先。

（6）营销是一门对创新能力要求较高的学科，只有不断地创新才能够保证营销活动取得应有效果，从而战胜现实和潜在的市场竞争者。

（7）对现有的资产和资源进行有效的利用是营销的基础。

（8）增加市场份额是营销活动的一个基础出发点。

（9）所有的营销活动都是为提高企业的盈利能力服务的。

这些要素是当今营销学者广泛同意的。但正如营销学家迈克尔·贝克（Michael J.Baker）所说，"给出单一的定义不是我们的宗旨"，营销本身应具有适应性、灵活性、国际性和开放性。对于企业而言，"所有的成功经营都是营销导向的……关键问题是在于生产者或销售者头脑里的想法——即他们的营销哲学。如果这种营销哲学里包含了对消费者需求和需要的考虑、对所追求的利益和满意度的欣赏、对建立对话和长期合作关系所付出的实实在在的努力，那么这就是一个营销哲学，而不必考虑组织中是否拥有标记为'营销'的人员或职能。"[1]

（二）营销观念的演变

从本质上来说，企业的一切经营行为都是一种营销行为，如此营销观念其实指的就是企业的经营指导思想和观念。企业的经营指导思想并不是一成不变的，社会生产品质的提高、商品经济的发展、市场供需的变化等都会对企业的经营指导思想产生一定的影响。纵观历史，企业的营销观念大致经历了四个阶段：

1. 生产观念（Production Concept）

生产观念指的是将生产作为企业经营中心的一种营销观念。该观念的一个基本观点就是，生产是最为重要的，只要能够生产出有用的产品和服务，那么该产品和服务就一定能够销售出去。对于顾客而言，他们最为关注的是产品和服务的价格以及获得产品的便利程度。这一观念是社会市场需求大于供给背景之下的产物，例如古代的旅馆、驿站等就是生产观念的直接体现，这些产品虽然提供的服务十分有限，但是在那个需求大于供给的时代背景下并不愁销路。

从我国旅游业发展的角度来看，在旅游业发展的初期，在人民收入水平迅速

[1] [美]迈克尔·贝克, 约翰·阿诺德. 移动营销从入门到精通实战指南[M]. 胡杨涓, 译. 北京：人民邮电出版社, 2015.

提高的背景下，处于发展初期阶段的旅游业明显地面对需求大于供给的现状，如此一来，交通、饮食、住宿等服务供不应求，这种情况下自然产生了生产观念，很多企业认为只要有相应的服务就能够销售出去。但是随着旅游业走上健康的发展轨道，企业之间的竞争日趋激烈，这种情况下生产观念也逐渐失去了生存空间。

2. 产品观念（Product Concept）

产品观念指的是将产品作为营销核心的一种企业经营思想。产品观念认为产品是企业经营成败的关键要素，质量最优、性能最好、价格最低的产品总能够获得消费者的认可，帮助企业赢得市场竞争优势。在产品观念的影响下，企业一直将经营的重心放在产品和服务的创新上，并不断地对产品和服务进行优化。

与生产观念相比，产品观念毫无疑问是一个巨大的飞跃。从旅游业的发展角度来看，产品观念诞生在旅游市场逐渐饱和的背景之下，旅游市场的饱和也意味着旅游企业之间的竞争逐渐激烈，各旅游企业所存在的差异并不是很明显，这种情况下越来越多的旅游企业开始依靠独特的产品服务来获得消费者的认可，例如高品位的旅游景点、一站式的旅游交通、豪华的住宿饮食服务等。

值得注意的是，产品观念并不是完美无缺的，它很容易导致一个问题，即过分地重视产品或者服务的质量，导致企业对市场的需求没有给予足够的重视，从而出现了这样一个问题，当游客对旅游产品不满意时，旅游企业的第一印象不是自身的产品和服务出现了问题，而是责怪游客不识"货"。

3. 推销观念（Selling Concept）

推销观念指的是将销售作为核心的企业经营思想。该观念认为，消费者对于产品和服务往往处于一种"购买"和"不购买"的摆动之间，如果听其自然，那么消费者购买该产品与不购买该产品的概率各占一半，这种情况下推销活动就会提高消费者购买产品的概率，尤其在同类产品众多的今天，产品的替代性使得推销的重要性更是凸显出来。

经过长期的实践与研究，推销已经形成一门专门的学科体系，拥有独特的应用理论。推销观念固然是市场激烈竞争下一种提高市场占有率的有效手段，但是推销并不是万能的，很多老化的产品哪怕拥有再好的推销手段也无法销售出去。这一点在国内旅游产业上体现得尤为明显，我国观光型旅游产品在国际旅游市场上推销效果并不是很理想，虽然说与我国的旅游推销意识和手段有着一定的关系，但是最根本的原因仍旧是我国的观光型旅游产品过于老化，与国际游客的旅游需求不相符合。

4. 营销观念（Marketing Concept）

（1）营销观念的含义。营销观念是针对上述三种观念面临的挑战而出现的一种企业经营思想。该观念认为：实现组织诸目标的关键在于正确确定目标市场的需要，并且比竞争对手更有效、更有利地传送目标市场所期望满足的需要。营销观念与生产观念恰恰颠倒了过来——顾客需要什么样的产品和服务，企业就提供这些产品和服务。

营销观念的形成是以卖方市场转为买方市场为背景的，在当今国际和国内旅游业竞争日趋激烈的大环境下，以顾客为中心的营销意识冲击着现代旅游业的经营者们。例如"客人就是上帝""宾客至上""客人就是衣食父母""客人总是对的""您就是这里的主人"等，屡见于旅游业的宣传口号之中。概言之，营销观念要求企业"提供你能够售出去的产品"，而不是"出售你能够提供的产品"。

（2）顾客让渡价值。在现代营销观念指导下，企业应致力于顾客服务和顾客满意。而要实现顾客满意，需要从多方面开展工作，并非人们所想象的只要价格低就万事大吉。事实上，消费者在选择卖主时，价格只是其考虑的因素之一，消费者真正看重的是"顾客让渡价值"。

顾客让渡价值是指顾客总价值与顾客总成本之间的差额。顾客总价值是指顾客购买某一产品与服务所期望获得的一组利益，包括产品价值、服务价值、人员价值和形象价值等。顾客总成本是指顾客为购买某一产品所耗费的时间、精神、体力以及所支付的货币资金等。因此，顾客总成本包括货币成本、时间成本、精神成本和体力成本等。

由于顾客在购买产品时，总希望把有关成本包括货币、时间、精神和体力等降到最低限度，而同时又希望从中获得更多的实际利益，以使自己的需要得到最大限度的满足。因此，顾客在选购产品时，往往从价值与成本两个方面进行比较分析，从中选择价值最高、成本最低，即顾客让渡价值最大的产品，作为优先选购的对象。

（3）4C营销观念。传统的营销理论可以用"4P"营销理论来形容，即将产品（Product）、价格（Price）、渠道（Place）、促销（Promotion）作为实现营销目标的首要选择，认为良好的产品、较低的价格、优质的分销渠道结合不断的促销活动能够帮助企业的产品和服务顺利占领市场。但是从顾客让渡价值的角度来看，传统的营销手段虽然给顾客带来的利益是客观易见的，然而这种客观的利益则完全由顾客的主观意识决定，例如一个能够给顾客带来诸多利益的产品和服务，但是在顾客的思维中，企业的这种手段仍旧是为其获取绝大部分利益，因此对于企业的营销手段自然产生抗拒之心。这种情况下，美国营销学家罗杰·卡特赖特在其著作《市场营销学》中提出了有别于传统"4P"营销理论的"4C"营销观念，[1] 该理论主要包括以下四个方面的内容：①瞄准顾客（Customer）需求，即根据顾客现有的市场需求以及为了可能产生的需求来有针对性地生产产品。②了解顾客的成本（Cost），即在进行营销之前要明确顾客为了满足自身的需求愿意花费多少时间、金钱、精力，而不是从企业的利益出发对产品和服务进行定价，然后采取促销活动进行让利。③顾客的便利性（Convenience），即在营销时要考虑到顾客购买产品和服务的最便利途径。④与顾客沟通（Communication），即通过互动、沟通等方式，将企业内外营销不断进行整合，把顾客和企业双方的利益有效地整合在一起。

（三）关系营销

1. 关系营销的含义

关系营销虽然仍旧属于营销学的范畴，但是与传统的以交易为核心的营销相比，关系营销具有属于自身的特点。所谓的关系营销指的就是将营销活动视为一个企业参与消费者、供应商、分销商、竞争者、政府机构以及其他公众发生互动作用的过程，关系营销的根本目的是帮助企业与其他社会群体建立良好的关系。

2. 关系营销的特征

与传统的以交易为核心的营销活动相比，关系营销的特色主要集中在对待顾客的态度上，其具体表现在以下四个方面：

第一，交易营销关注的重点是一次性交易，即促使顾客购买产品，产品购买之后顾客的回头率则不是在交易营销的考虑范畴之内。而关系营销则注重保持顾客，哪怕顾客没有购买的欲望，关系营销也会一视同仁地为顾客提供相关服务。

第二，交易营销很少强调顾客服务。而关系营销则高度重视顾客服务，通过培养顾客的忠诚度来使得顾客成为自身企业的长期消费者。

第三，交易营销很少有消费前后的承诺，而关系营销则有充分的顾客承诺。

第四，交易营销认为产品与服务的质量应当是生产部门的职责，销售部门不关注产品与服务的质量。而关系营销则认为所有部门都应当重视产品与服务

[1] [英] 罗杰·卡特赖特. 市场营销学 [M]. 刘现伟，译. 北京：经济管理出版社，2011.

的质量。

关系营销的本质大致可以概括为以下五点：

第一，双向沟通。在关系营销理论看来，沟通应当是双向的而不是单向的，顾客与企业之间的沟通、企业与企业之间的沟通是实现信息交流和共享的根本途径。

第二，合作。对于关系营销而言，没有绝对的竞争对手，相反，双方的合作能够更好地发挥自己的优势，实现双赢。

第三，双赢。关系营销的一个基本出发点就是通过合作来维持双方的利益，而不是在不必要的市场竞争中造成损失。

第四，亲密。双方的亲密度决定了关系的稳定与发展，因此关系营销一直以来都是将加强双方的亲密度作为活动的一个重心。

第五，控制。对于关系营销而言，顾客、分销商、供应商乃至社会大众是一个统一的整体，为了更好地对这些群体进行了解，需要建立专门的部门来跟踪他们，以此来保证能够及时地采取各种措施消除关系中的不稳定因素。

3. 4R 营销理论——关系营销新理念

4R 营销理论是美国营销学专家唐·舒尔茨（Don E.Schultz）教授提出的一个新概念，该概念是对关系营销的总结和升华，阐述了一种新的关系营销理念，具体如下：

（1）关联（Relevancy）。4R 营销理论认为，企业和顾客从根本上来说在利益上是相互联系的，两者可以说是一个命运共同体。因此，与顾客建立并保持长期的关系是企业经营管理的主要内容，这也就意味着企业与顾客建立联系时必须站立在平等的角度，认真地听取顾客关于企业的一系列建议，充分了解顾客的现实需求与潜在需求，企业的一切经营行为都是为满足顾客需求而服务。只有这样才能够让顾客在消费活动中得到更多的实惠，增加顾客对企业的认同感，最终实现企业与顾客形成一种互助、互求、互需关系的目标，最大限度地减少顾客流失的可能性。

（2）关系（Relation）。在企业与客户的关系发生了本质性变化的市场环境中，抢占市场的关键已转变为与顾客建立长期而稳固的关系，与此相适应产生五个转向变化：①从以一次性交易为目的转变为以建立友好的合作关系为目的。②从重视眼前的利益转变为重视长远的利益。③从顾客被动地接受企业各种产品转变为顾客主动地参与到企业产品的设计与生产中。④从相互的利益竞争转变为双方合作实现共赢。⑤从单纯的营销管理转变为企业与顾客之间的良性互动。

（3）反应（Response）。在当下市场环境中，对于企业而言，最重要的不是对企业的生产与销售进行控制、制订和实施计划，而是如何站在顾客的角度倾听顾客的需求，进而做出反应满足顾客的需求。在这种情况下，企业的反应速度就显得尤为重要，反应机制越完善的企业所能够生产的产品与顾客的需求也就越契合，对顾客的吸引力也就越大。例如在销售同类产品时，如果一家企业能够最快地对顾客的抱怨做出反应，那么这家企业就会在激烈的竞争中获得顾客的认可，从而占领先机，取得竞争优势。

（4）回报（Return）。任何交易与合作关系的巩固和发展，对于双方主体而言，都是一个经济利益问题，因此，一定的合理回报既是正确处理营销活动中各种矛盾的出发点，也是营销的落脚点。对于企业来说，营销的真正价值在于其为企业带来短期或长期的收入和利润的能力。一方面，追求回报是营销发展的动力；另一方面，回报是企业从事营销活动，满足顾客价值需求和其他相关主体利益要求的必然结果。企业若满足顾客需求，为顾客提供价值，顾客必然给予货币、信任、支持、赞誉、忠诚与合作等物质和精神的回报，而最终又必然会归结到企业利润上。

二、旅游服务的特征

由于服务是构成旅游客体的主要要素，旅游企业及其营销人员必须首先要关注旅游服务（Travel Service）的一些基本特征。

（一）无形性

与那些能够看得见、摸得着的产品不同，服务从本质上来说是一个抽象的概念，顾客在购买之前是无法切实地感知服务的。例如在坐上飞机之前，顾客虽然进行了消费，但是对于飞行服务却没有一个明确的感知，哪怕是在坐上飞机后，顾客唯一能够感知到的就是自己的出行需求得到了满足，但是满足的质量如何却无法进行判断。再比如住宿，顾客肯定无法将自身所住的客房随身携带，事实上，顾客并不拥有客房的权利，拥有的只是客房空间和物品的使用权，在消费结束之后，顾客所获得的除了一张收据之外别无所有。

（二）不可分割性

从旅游的角度来看，在旅游服务中，服务者与顾客绝大部分是同时在场的，两者具有不可分割的特性。值得注意的是，这里的服务者并不局限于"人"，而是各种服务设施。例如顾客在享受迪斯尼乐园的服务时，只有亲自前往迪斯尼乐园才能够享受这种服务，这个时候顾客与服务者是同时在场的。

服务的不可分割性意味着顾客是产品的一部分。比如，一对夫妇选择一家饭店就餐，可能是因为那里雅静而浪漫，但倘若一个吵吵嚷嚷的会议团队也坐在同一个大厅就餐，这对夫妇就会大失所望。因此，管理人员必须对顾客加以管理，这样才能避免他们做出令其他顾客不满的事情来。不可分割性的另一个方面是顾客和服务者必须都了解整个服务运作系统。比如，纽瓦克假日旅馆（Holiday Inn Newark）对于一些国际旅游者来说并不陌生。许多顾客在这里用现金或旅行支票付账，因为他们不用信用卡。人们不止一次地发现，前台服务员用电话回答那边抱怨房间电影播放系统不工作的顾客。服务员必须向他们解释说，那是因为他们没有预付这笔费用，他们只预付了房费。所以要让其工作，顾客必须先到前台来付费。显然，听到这种解释的顾客一定会很恼火。实际上，饭店若是先问一下顾客是否愿意为一些可能收费的项目（比如室内电影）预付一笔钱，这个问题就避免了，与顾客的关系也就改善了。服务的不可分割性要求旅游组织的管理人员既要管理好员工，又要管理好顾客。

（三）变动性

服务并不是一成不变的，相反，由于人是服务的主体，服务的质量也就处于时刻的变化之中。提供服务的人、服务的地点与时间等都会对服务造成一定的干扰。导致这种现象的原因在于服务产品提供与生产同时进行，服务者与顾客的不可分割性决定了服务是现场生产，现场使用的，固然服务技巧能够在一定程度上提高服务质量，但是顾客本身的差异例如知识水平、兴趣爱好等也会对服务产生一定的影响。例如在同一个景点，同一个导游，有的顾客乘兴而返，而有的顾客却败兴而归，出现这种现象的原因不在于服务者本身，而在于游客的需求使实际供给出现了偏差。

服务的变动性特点所带来的一个直接后果就是旅游服务出现"形象混淆"，从而导致旅游产业中顾客投诉现象屡见不鲜。例如同一个旅行社通过两家不同的分社来向顾客提供服务，可能出现一家分社的服务质量明显地高于另一家，这种情况下服务好的那家分社的顾客就会对旅行社产生好感，而差的那家顾客则会认为旅行社服务质量较差，这也是网络上大部分旅行社评价好坏不一的根本原因。

（四）不可贮存性

由于旅游服务产品的无形性和生产与消费的不可分割性的特征，使旅游服务产品也具有不可贮存性的特点，即旅游产品并不能够如同各种工业产品一样事先生产贮存起来，在未来紧需的时候再进行销售。当然，服务产品虽然不能提前生产，但是服务产品的生产设施——服务设施却是可以预先准备好的。例如一家宾馆共有 100 间客房，这种情况下哪怕顾客再多，宾馆所能够提供的服务产品也不会超出 100 间客房。而顾客再少，宾馆也不能将没有销售出去的客房储存起来次日销售。对于旅游业而言，旅游服务产品的不可贮存性特点所带来的一个直接后果就是旅游市场极易出现供需不平衡问题。例如在旅游旺季时，旅游服务产品往往供不应求，但是服务者却没有办法生产更多的产品。而在旅游淡季时，旅游服务产品往往供大于求，服务者只能够面对损失，因此如何处理旅游市场的供需弹性波动也是一个极为重要的问题。

（五）缺乏所有权

缺乏所有权指的就是在生产和消费的过程中，旅游服务产品不涉及任何的所有权转移，这也是旅游服务产品的无形性和不可贮存性特征所决定的。正是由于旅游产品的无形性与不可贮存性，顾客事实上并没有对产品产生实质性的拥有。以乘坐飞机为例，顾客虽然能够通过乘坐飞机从一个地方飞往另一个地方，但是在这一过程中，顾客除了手中的机票和登机牌之外，并没有拥有任何东西，如此自然不会产生所有权。

对于旅游业而言，所有权的缺失所带来的后果就是顾客在购买旅游产品时往往会感受到较大的风险，虽然说服务者一再地对产品进行宣传，但是对于顾客而言，由于无法直接感知这些产品，因此风险相对较大。这种情况下如何帮助顾客克服这种心理就是营销人员所要面对的第一个问题，目前比较普遍的做法是通过会员制度来维持顾客和企业的关系，使得顾客在心理上觉得自己拥有了所有权，即拥有企业所提供的各种服务。

三、旅游营销的内涵

旅游营销是营销的一个分支，它具有营销的一般内涵，但是却不能将旅游营销与一般的营销活动简单地等同起来。对于旅游营销可以这样进行界定：旅游营销指的是旅游企业或者个人为了实现经营目标，对思想、产品和服务的构思、定价、促销和分销的计划和执行的管理过程。

从上述概念中可知，旅游营销具有三层含义：

（1）旅游营销是以交换为中心，以旅游者需求为导向，以此来协调各种旅游经济活动，力求通过提供有形产品和无形服务使游客满意来实现旅游企业的经济和社会目标。

（2）旅游营销是一个动态过程，包括分析、计划、执行、反馈和控制，更多地体现旅游企业的管理功能，旅游营销是对营销资源（诸如人、财、物、时间、空间、信息等资源）的管理。

（3）旅游营销适用范围较广。一方面体现在旅游营销的主体广，包括所有旅游产品供给组织或企业；另一方面旅游营销的客体也很多，不仅包括对有形实物的营销，更包括对无形服务的营销，以及旅游企业由此而发生的一系列经营行为。

第二节　现行乡村旅游营销方式

一、价格营销

价格营销是一种最为常见的营销方式，被广泛地应用于乡村旅游营销中，主要是通过产品的定价策略表现出来的。本书在此对国内乡村旅游一些常见的产品定价策略进行简单的介绍。

（一）新产品定价策略

新产品的定价是旅游营销的一个十分重要的问题，新产品的定价策略是旅游企业常用的一种价格营销策略。一般来说，旅游企业在对新产品定价时大多采用以下两种定价策略，以获得竞争优势：

1.撇脂定价策略

所谓撇脂，原意指的是在鲜奶上撇取乳酪，取得鲜奶的精华。而用在产品定价上，撇脂定价策略则主要指的是利用产品当时没有竞争对手的优势来提高产品的价格。这种定价方式虽然与传统的降价促销有着巨大的差别，但是毫无疑问也是一种价格营销策略，原因在于两个方面：一个是对于消费者而言，"便宜没好货"的观念已经深入人心，同时市场上没有同类产品可供比较，这种情况下价格较高反而更容易获得消费者的认可；另一个则是撇脂定价策略更有利于后期的促销活动，巨大的折扣等促销手段并不会影响企业的经济效益。

2. 渗透定价策略

渗透定价策略指的就是以低于预期价格的价格将产品投入到市场中，简单地说就是以低于市场价的价格来销售产品，这种定价方式往往用于市场上同类产品众多的环境下。渗透定价策略从本质上说就是一种低价营销方式，它能够更快地帮助企业产品获得市场的认可，从而打开销路，提高产品的市场占有率。

对于新产品而言，以上两种定价方式各有优势。在确定定价策略时，企业需要充分考虑以下几个因素：

第一，新产品的供应能力。如果企业的人力、物力、财力较为充足，能够保证市场上产品的供应，那么可以采用渗透定价策略；反之，如果企业的生产能力有限，那么应当选择撇脂定价策略。

第二，竞争对手的状况。如果企业的产品在进入市场时没有竞争对手，并且企业能够保证自身产品的专业壁垒较高的话，那么撇脂定价策略是一个良好的选择。如果企业的产品在市场上已经有诸多的同类产品，那么应当选择渗透定价策略。

第三，新产品的市场需求前景。如果新产品的市场需求前景较为广阔，那么企业可以采用渗透定价策略，通过薄利多销的方式来获得收益；反之，如果现产品只适用部分特殊群体，那么撇脂定价策略则是最为理想的选择。

（二）折扣策略

折扣策略指的是旅游企业为了扩大市场占有率，采用打折的方式来鼓励游客积极地购买旅游产品。目前乡村旅游的折扣营销策略主要有以下四种：

1. 数量折扣

数量折扣指的就是购买的产品数量越多，折扣也就越大。而数量折扣又可以细分为累积数量折扣，即根据长期购买的次数来获得不同的折扣优惠；一次性数量折扣，即在一次性购买相应数量的产品时能够获得折扣优惠。乡村旅游企业目前主要采用的是一次性数量折扣营销方式，原因在于虽然累积数量折扣更有利于乡村旅游企业的发展，但是由于企业已经在乡村旅游的基础设施上投入了大量的财力，因此急需回笼资金。而乡村旅游有相当一部分是以家庭的方式出游，因此一次性数量折扣并不会受到冷落。当然，也有部分乡村旅游企业通过"会员"的方式来为游客提供折扣，即游客通过企业进行了多少次旅游之后能够享受一定的折扣优惠。

2.同业折扣和佣金

同业折扣是旅游企业给予旅游批发商和零售商的折扣。例如，加强与旅行社的合作是饭店营销工作的重要内容。饭店给予旅行社的折扣和佣金数量是旅行社是否向饭店介绍客人的重要因素，"十六免一"是目前通行的做法。

3.季节折扣

正如前文所论述的，乡村旅游是一个季节性较强的产业，在收获季节或者节假日乡村旅游常常人满为患，但是在农闲季节或者工作日，乡村旅游对于游客的吸引力就会迅速下降，这种情况下乡村旅游企业就会通过季节折扣的方式来鼓励游客购买旅游产品。例如在旅游淡季，乡村旅游景点的门票、住宿等价格都会打折等。

4.现金折扣

现金折扣指的是一种预付款折扣，即游客如果选择提前付款，那么就会享受一定的折扣优惠。对于乡村旅游企业而言，已经选择付款的游客毫无疑问是确定旅游的，而那些没有付款的游客仍旧存在一定的变数，放弃旅游也是常有之事，因此企业会对那些提前付款的游客提供相应的折扣，以此来稳定游客群体。

（三）心理定价策略

心理定价策略就是根据顾客的消费心理，通过定价来刺激他们购买某项旅游产品的积极性。该策略主要包括尾数定价策略和声望定价策略。

1.尾数定价策略

尾数定价指的是利用顾客喜欢价格便宜，对价格上升幅度较大的产品难以接受的心理进行定价。尾数定价策略被广泛地应用于营销活动中，乡村旅游也不例外，在实践中可以发现很多乡村旅游产品的尾数都是以10为单位的整数，例如农家乐一日游98元，乡村野菜9.8元一斤等，这种价格事实上与100元、10元的差距并不是很大，但是对于游客而言，98是两位数定价，而100则是三位数定价，如此对于98的定价更为认可。值得注意的是，一些比较知名，以高消费群体为主要客源的乡村旅游企业则不会采用这种定价方式，原因在于对于高消费群体而言，带有尾数的价格本身就是产品质量较低的体现。

2.声望定价策略

声望定价策略就是利用名牌战略效应吸引旅游者消费。名牌产品价格适当高于一般产品价格，客人也可以接受。例如，著名的中国香港海洋公园的价格比同类娱乐设施就要高一些。又如：客人经常把客房价格看作是客房质量的反映，也有的客人把购买高价客房作为提高自己声望的一种手段。据此，饭店应有意识、有限度地提高客房价格。

运用声望定价策略应注意以下原则：

第一，要寻找以购买高价产品来提高自己声望的目标市场。

第二，低价产品最低不能低于客人所愿意支付的最低价格。

第三，当代和历史名人曾消费过或居住过的产品和地方，也可采用声望定价策略。

二、广告营销

广告一直以来都是一种十分有效的营销手段，尤其在信息交流日益便利的今天，广告对于企业而言更为重要，好的广告能够拉近企业与顾客之间的距离，帮助企业更迅速地占领市场。一般来说，广告营销主要是沿着以下四大步骤进行的。

（一）确定广告目标

如同其他的营销活动一样，广告营销首先要做的就是确定广告目标。一般来说，广告目标与企业的整体发展目标是一致的。选定何种广告目标极大地影响着广告所需的经费和设计的内容。例如，一个老牌的乡村旅游产品名气很大，在社会上已获得认可，只要制订一个维持性计划，使用少量维持性经费就足够了。但是，如果是在一个特殊的地方向陌生的公众介绍一个全新的乡村旅游产品，原来的广告计划与预算显然就不合适了。

（二）确定旅游广告的内容

乡村旅游广告的根本目的是帮助潜在游客更好地了解乡村旅游产品，鼓励游客购买该产品。因此，乡村旅游广告必须要在广告中向游客介绍乡村旅游产品的特性、购买价格、购买方式、购买地点等内容。

第一，向游客介绍乡村旅游产品的特性。目前市场上乡村旅游产品众多，如果一种乡村旅游产品不具有特性，那么是很难吸引游客的，因此乡村旅游广告大多是将产品的特性作为着眼点。

第二，向游客介绍乡村旅游产品的价格。对于游客而言，质优价廉是最为理想的选择，在选择乡村旅游产品时，除了产品的质量之外，价格也是游客关注的重点，因此乡村旅游产品必须在广告中明确地给出报价，供游客参考。

第三，说明乡村旅游产品的购买地点、购买电话等。这是保证游客产生购买欲望之后能够顺利购买产品的重要保障。

第四，宣传乡村旅游企业的发展历史和发展规模。与游客维持长期的关系是现代乡村旅游营销的重心，而宣传企业历史和规模能够提高游客对企业的认同感。

（三）旅游广告设计的基本要求

广告的主题确定之后，还要考虑怎样将这些内容表现出来，即解决一个"怎么说"的问题，这就是广告设计的任务。在大多数情况下，人们对广告的阅读和欣赏，不是自觉地追求，而是偶然地接触，因此广告设计存在着特殊的要求，主要是简洁性、创新性和美感性。

1.简洁性

播放时间与刊登篇幅的限制使得广告不能够进行长期的解说，这种情况下如果广告的内容十分的庞杂，那么很难让消费者从中发现有价值的信息，如此一来广告效果自然会大打折扣。以乡村旅游企业为例，如果乡村旅游企业花费大量的辞藻在旅游设施和软件服务上，那么不仅增加了广告经费，而且大量言语介绍的存在使得消费者产生厌烦之心，对于广告的认可度也会大幅度下降。因此，乡村旅游广告必须有一个统一的主题，然后围绕这一主题运用简洁的语言来加深消费者的印象。

2.创新性

广告的活力在于创新，新颖的广告方式与广告内容总能够吸引大量的目光。对于乡村旅游广告而言，也必须尽可能地避免使用一些陈腐用语，以免让消费者反感。在进行广告设计时，企业要采用那些有吸引力、有鼓动性、互动性较强的广告方式和广告内容。

3.美感性

广告创作是一种艺术活动，因此必须遵循美学的要求，用形象的语言、巧妙的构思、诱人的情趣，集中将产品特性表现出来，激起旅游者浓厚兴趣，产生强烈的购买欲望。因此，一个广告画面的质感、美感和意境的追求常常需要创作者付出辛勤劳动，同时又要具有很高的艺术修养和渊博的知识，才能将形式和内容完整地统一起来。这对于旅游景点广告的设计来说更为重要。

（四）旅游广告媒体

1. 旅游宣传印刷品

旅游宣传印刷品是当前旅游广告营销中使用最为广泛的一种方式。虽然与网络营销、新媒体营销相比，旅游宣传印刷品营销的传播速度较慢，但是在实践中很多旅游企业发现，旅游印刷品由于图文并茂、精美大方的缘故，消费者对于这类广告作品的抗拒心并不是很强烈，很多游客会选择长期地保留旅游印刷品，这些印刷品能够在潜移默化中对游客产生影响。

旅游宣传印刷品指的就是由国家或者旅游地区的管理部门、当地主管部门、旅游企业制作的用于旅游宣传、提供信息、消遣娱乐的旅游产品说明书。一般来说，旅游宣传印刷品大致由产品说明书、产品目录集、产品价格表、赠品等组成，样式新颖大方，对于游客而言完全可以作为旅途的消遣用品，因此很多游客会主动地将宣传印刷品保留下来。

具体而言，旅游宣传印刷品大致可以分为三种类型：第一种是信息类宣传印刷品。这类印刷品大多以向游客和中间商提供相关信息为主要目的，虽然娱乐性较低，但是实用价值较高，例如旅行指南、旅行手册、旅游路线图、列车航班表等。第二种是促销类宣传印刷品，即以促销宣传为主要目的的印刷品，例如饭店的宣传册、旅游报价表等。第三种是赠品类宣传印刷品，即向游客赠送一些东西，提高游客对景区的认同感，例如以景区景观为主题的明信片、挂历、信封等。

旅游宣传印刷品的制作涉及文字设计、图案设计和整体效果设计三个方面。

（1）文字设计。一直以来，文字都是传播信息的主要途径。乡村旅游宣传印刷品的文字信息主要由标题和正文组成，其中标题要能够突出乡村旅游的特点，加深读者的第一印象，而正文一方面要客观地对乡村旅游内容进行描述，另一方面也要将乡村旅游的特点表达出来，只有这样才能够对读者产生吸引力，促使读者生出乡村旅游的想法。

（2）图案设计。图案是乡村旅游印刷宣传品最生动、最形象的部分，对于读者而言，图案所带来的感受更为直观。但是随着图像处理技术的发展，图案对于读者的吸引力越来越弱，在读者眼中，越好的图案反而意味着越不真实，这种情况下乡村旅游宣传印刷品的制作应当与文字结合起来，作为文字的辅助工具而存在，避免使用大量的虚假图片，以真实的景观图案来获得读者的信赖。

（3）整体效果设计。整体效果指的是在乡村旅游宣传印刷品设计中要处理好图案与文字的关系，保证两者的协调统一，突出乡村旅游的主题。

2. 出版物

出版物在这里主要指报纸和杂志。

（1）报纸。报纸和人们的生活密切相关，因而是广告媒体中一种有效的宣传工具。报纸有很多优点：①普及面广，宣传覆盖面大。②及时灵活。③给人印象较深，容易查阅。④可以利用报纸的威信，提高读者对广告宣传的信赖程度。⑤价格低廉。其局限性是：①时效短。②报纸内容庞杂，容易分散读者对广告的注意力。③感染力差，质量不精美，不能很好地体现旅游产品特色。

（2）杂志。杂志分门别类，阅读对象比较稳定。杂志作为广告媒体的优点有：①针对性较强，易于选择广告对象。②时效较长，重复使用，传阅范围广，便于保存。③印刷质量好，可提供精美图画。杂志的局限性是灵活性较差、不及时和范围小。

3. 广播电视

（1）广播。广播作为广告媒体的优点是：①迅速及时。②覆盖面广。③具有一定的强迫性。广播的局限性是时效性差，易遗忘，对产品的表现力差。

（2）电视。电视将活动画面和音响效果结合在一起，形、色、音互相配合，因而能产生强烈的效果。其优点很多，主要有：①覆盖面大，为广大观众喜闻乐见。②能综合利用各种艺术形式，效果好。③表现手段灵活多样，可以从各方面表现产品的特色。其缺点主要是费用昂贵。

4. 户外媒体

户外媒体主要指的是广告栏、招牌、霓虹灯等媒体。这种广告营销方式事实上在旅游业中并不是很常见，一般来说只有在旅游景点所在的地区才会使用一些这种广告方式，原因在于两个方面：一个是这种广告方式的费用往往较高，旅游企业花费同样的代价能够通过其他广告方式取得更好的效果；另一个就是户外广告在消费群体中起到多大的作用是很难界定的。当然，这种广告在特殊的情况下也具有极高的价值，例如在旅游景区游客找不到住宿宾馆，这个时候霓虹灯等户外广告的价值就凸显出来。

三、人员推销

人员推销是一种最古老的营销方法，它主要是通过销售人员与消费者的直接沟通来完成销售目标的。就乡村旅游而言，当前乡村旅游的人员推销主要是在企业的销售部，通过销售部的工作人员，借助电话、微信等工具来完成的。

（一）人员推销的意义

第一，推销人员与消费者直接接触，因此人员推销的灵活性较之其他营销方式更为灵活。在实践操作中，推销人员可以随机应变，既能够根据消费者的实际需求采取有针对性的协调措施，也能够避免其他营销方式对消费者造成不良影响，避免消费者出现抱怨情绪。

第二，与其他营销方式相比，人员推销的无效劳动比较少，即人员推销活动往往会取得一定的收获，属于针对性营销。而其他营销方式则属于"撒网式"营销。

第三，在推销的过程中，推销人员能够及时抓住时机促使消费者购买产品，而其他营销方式只能激发消费者的购买欲望，但是能否真正地购买产品仍旧值得商榷。

第四，在推销的过程中，推销人员可以不断地收集资料，了解消费者的现实消费需求以及潜在需求，这对于企业开发后续产品有着十分重要的意义。

当然，人员推销的缺陷也是不容忽视的，一方面，人员推销对于人力、财力的要求较高，人员推销的顺利进行是建立在大量优秀销售人才的基础之上的，这就意味着企业需要投入巨大的资金；另一方面，优秀的销售人员是很难寻找的，而普通的销售人员在推销中能够取得的成效又十分有限。

（二）推销人员的任务

对于乡村旅游而言，推销人员的工作重心并不在于挨家挨户地推销乡村旅游企业的现有旅游产品，而是肩负着更加重要的职责。

第一，推销人员肩负着探寻市场发展的职责。在推销中，推销人员需要积极地寻找更多乡村旅游的潜在消费群体，以及现有消费群体的未来消费趋势。

第二，推销人员肩负着传递乡村旅游产品信息的职责。优秀的推销人员数量较少，普通的推销人员其实主要承担的是向现有或者潜在客户传递乡村旅游产品信息的职责。

第三，销售产品的职责。推销人员在推销的过程中能够将乡村旅游产品顺利地销售出去是最好的结果。

第四，向游客提供各种服务，即在推销的过程中根据游客的实际需求提供有针对性的服务，例如帮助游客安排航班、列车、住宿等。

（三）推销人员的选择

人员推销这种营销方式能够取得的成效完全由推销人员的职业素养所决定，因此在选拔推销人员时就需要注意推销人员的各方面素质，主要包括以下三个方面：一是基础知识素养。推销人员不仅要熟悉各种旅游业务，还要具有一定的知识广度，这是推销人员与消费者进行顺利沟通的重要保障。二是语言素养。推销人员要具有一定的说话艺术，负责进行国际营销的推销人员更要至少掌握一门外语。三是反应灵敏。推销人员要具备一定的随机应变能力，只有这样才能够及时地处理推销中的各种意外问题。当然，作风正派、有责任心等也是推销人员必备的素养。

（四）推销人员的培训

乡村旅游是我国近年来逐步兴起的一种旅游产业类型，虽然很多乡村旅游企业采取了人员推销这种营销方式，但事实上，很多推销人员对于乡村旅游这种产业类型并不是很熟悉。因此，在推销人员进入工作岗位之前，乡村旅游企业应当投入一定的资金来对推销人员进行专业培训，这样才能够保证后续的推销活动取得更好的效果。

（五）推销人员的组织

乡村旅游企业推销人员的定编，要视旅游企业的规模而定，还要注意推销人员的业务熟悉程度。为了充分发挥推销员的作用，还必须进行合理组织。乡村旅游企业的销售组织结构可分为以下三种：

1. 地区结构式

地区结构式即每个或每组推销员负责一定地区的推销业务。这种形式的优点包括：一是责任明确，便于考核；二是推销员活动范围小，相对地节约了费用。但是，它只适合于较类似的市场，如果一个地区市场差异很大，推销员就难以全面、深入地了解和把握目标市场客户各方面的情况，从而影响推销成效。

2. 客户结构式

客户结构式即根据客户的特点、行为和分销渠道等的不同分别配备推销人员。这种方式可以加强对客户的了解，增强相互之间的联系。这种结构在饭店营销部门最为常见。

3. 产品结构式

产品结构式即一人或一组专门负责一种或几种产品的推销，如旅行社的各条线路分别配置推销员，这种方式有利于推销员利用专业知识去争取客户。

四、营业推广

（一）营业推广的概念

美国市场营销协会定义委员会认为，营业推广是指"除了人员推销、广告和公共关系以外的刺激消费者购买和经销商效益的各种企业市场营销活动。如陈列、展出与展览、表演和许多非常规、非经常性的销售尝试"。可见，营业推广是除了人员推销、广告和宣传报道外，为了在短期内刺激消费者和经销商的一种促销措施。它具有针对性强、非连续性和灵活多样的特点。采用营业推广，为消费者和经销商提供了特殊的购买条件、额外的赠品和优惠的价格，对消费者和经销商都会产生一定的吸引力，因此在短期内对于开拓市场、争取客户和进行市场竞争有很大作用。

（二）营业推广的方式

对于乡村旅游而言，营业推广的方式主要有以下三种类型：

第一，直接面对游客的营业推广。这种营业推广方式的优点在于能够直接地向游客传递产品信息，激发游客的购买欲望。比较常见的面对游客的营业推广方式有有奖销售、赠送纪念品、优惠折扣等。

第二，面对中间商的推广销售。这种营销推广方式的主要目的在于与中间商达成协议，从而提高中间商的宣传销售积极性，例如联合进行广告宣传、联合举办展览会等。

第三，针对推销人员的营业推广方式，即采用各种激励手段来提高推销人员的积极性，例如利润提成、行业竞赛等。

第三节　乡村旅游营销策略的组合和创新

一、乡村旅游营销的分工与合作

随着社会经济的快速发展和进步、人们生活质量的提高，乡村旅游已逐渐成为旅游业的重要组成部分，在各地区的社会经济发展中占据着越来越重要的地位。而如何提高乡村旅游在旅游市场上的竞争力，做好乡村旅游的营销宣传是至关重要的一个影响因素。各地的政府部门、当地社区居民、相关旅游企业、行业协会以及各类宣传媒体应积极发挥各自所长，展开全方位、深层次的分工与合作。

各地政府部门之间相互协调、统筹兼顾积极发挥在乡村旅游营销中的主导作用。这种主导作用包括：制定乡村旅游目的地营销战略、选择并确定乡村旅游目的地形象，组织并参与大型旅游促销活动，旅游促销经费的投入、对当地旅游企业的促销活动进行组织协调、开展公关活动和邀请有关人士来访、设立驻外旅游办事处、签订政府间合作协议、推进旅游村的信息化建设，开展节庆活动对民俗旅游进行宣传促销，加强乡村旅游的培训工作，指导和推进乡村旅游协会等非政府组织的建设，尤其重视建立乡村旅游公平的客源分配制度，防止干部利用职权垄断客源、强化行业自律，支持互荐客源，避免恶性价格竞争等。总之，政府在充当旅游业、行业协会与旅游企业的中间桥梁和宏观调控的角色，致力于旅游基础设施、旅游环境氛围营造、旅游形象推广等方面的工作。

当地社区居民对乡村旅游营销的态度和参与程度，也是乡村旅游营销能否成功的关键。因为居民是当地社区的主体，同时也是乡村旅游吸引物里面的一部分，只有当地居民最大限度地参与到乡村旅游营销中来，才能在保护当地的乡村生态环境和乡村文化景观的基础上，最大限度地实现乡村旅游营销的效果。

乡村旅游企业不但要注重利用先进的科学技术对旅游产品的销售进行管理，在对旅游地进行推广时，利用报纸、杂志、节庆活动、展会等方式吸引顾客，促使其对旅游产品进行消费；在企业经营时，通过对话、邀请、联合等方式，把与对手的竞争关系转化为合作关系；还要注重对顾客信息的管理和沟通，建立客户信息数据库，对客户信息进行分类管理，及时把最新信息传达至目标客户。

乡村旅游行业协会是乡村旅游自我协调和自我监督的行业组织，未来乡村旅游的发展趋势是主要依靠行业协会进行协助促销、培训和行业自律管理。通过乡村旅游行业协会开展行业认证，进行质量控制和宣传，有效吸引游客的眼球和扩大产品的宣传效果。

乡村旅游营销是利用多种媒体的整合营销，将传统的乡村旅游宣传媒介——报纸、杂志、电视、收音机、宣传手册等与基于互联网基础之上的网站、微博、SNS、视频等数字新媒体渠道和传播方式相结合，准确把握住受众需求的脉搏，潜移默化引导影响，实时监测反馈，增强与受众之间的互动。

由于乡村旅游涉及当地政府、社区居民、行业协会、旅游企业以及旅游者等多个利益相关者的利益，各利益方只有相互合作、协调发展，本着和谐、以诚为本的思想，才能实现乡村旅游的"多赢"局面，促使乡村旅游更好地发展。

二、乡村旅游营销策略组合

在各个参与乡村旅游的相关利益主体分工与合作的基础上，只有综合运用传统的4P营销策略组合（产品策略、价格策略、营销渠道和促销策略）与紧跟时代潮流、满足游客新需求的新营销策略（网络营销、节事营销、互动营销、体验营销、品牌营销），才能更有效地提高乡村旅游竞争力，实现乡村旅游真正意义上的可持续发展。

（一）传统的4P营销策略组合

1.产品策略

乡村旅游产品的精髓是乡村自然生态景观与民风民俗等传统文化的结合。针对乡村旅游产品的打造，首先，要遵循"一村一品"的原则，所谓"一村一品"，是指充分利用当地资源优势，因地制宜发展特色主导旅游产品的一种经营模式和经营理念。发展乡村旅游要注意突出特色，不能搞同质化竞争，力戒千村一面，力求一村一品。其次，从广度方面来说，综合乡村生态景观观光、农事参与、民风民俗、节日庆典、休闲体验等方面，开发出组合型的乡村旅游产品，在拓宽乡村旅游产品广度的同时，实现不同类型产品的结合；从深度方面来说，每一种乡村旅游产品的打造，不仅要着眼于表面的美观感受，更要突出其内在的乡土文化蕴涵，从而提高乡村旅游产品的价值。

2.价格策略

乡村旅游产品的价格影响着消费者的需求欲望，并在一定程度上反映了产品的价值。因此，要针对不同的客源市场、消费者群体采取不同的价格策略以满足不同的价格需求。在乡村旅游产品市场上，常见的有四种定价方法与三项定价策略（见表5-1和5-2）。

表5-1 乡村旅游产品的四种定价方法

定价方法	具体内容
"成本"定价	以乡村旅游的经营成本为基础，兼顾预期利润，游客规模，确定乡村旅游产品价格的高低，是一种常用的定价方法
"需求"定价	重点以周边旅游市场的情况为依据，来制定价格。若周边市场发展较好，潜在顾客较多，定价可稍高，反之，则低。因旅游季节性较强，"需求"定价是针对淡、旺季常用的方法

续表

定价方法	具体内容
"竞争"定价	重点以周边乡村旅游点的数量、类型是否雷同，及其对自己的竞争大小来定价。如周边乡村旅游点较多，且同质化现象严重，则定价较低。
"心理"定价	充分把握游客的心理而采取的定价方法。一是，满足游客的心理取舍，使其产生"物美价廉"的感觉;二是，迎合人们普遍对吉祥数字的偏好，如定价为66或88，而不是33;三是，结合乡村旅游产品的品牌效应，适当提高价格，营造"到此一游"是一种"时尚"的感觉

表5-2 乡村旅游产品的三项定价策略

定价策略	具体内容	举例分析
"差别"定价	一是，不同类型的乡村旅游产品制定不同的价格;二是，对一定数量的乡村旅游产品制定一种价格;三是，按照人数逐渐优惠，游客的数量达到一定数值后，可以打折，若再超过此数值后，可进行折上折，此做法可吸引团队、组织、集体型游客	以淡季150元的农家院为例游客连续住三天。可设第一天150元，第二天130元，第三天100元。餐饮也可采取此种递减式收费，此种收费方式，可刺激游客的消费欲望，变"淡"为"旺"
"捆绑"定价	将两种有明显差异性的乡村旅游产品捆绑一起进行销售，此种做法与单个销售相比可获得更大利润	一家乡村旅游地主要经营田园观光和农事体验两大类旅游产品，各自定价为10元，有甲、乙两名游客，甲喜欢观光，乙喜欢农事体验，则收益为20元。若二者捆绑一块，定价15元，则甲、乙的消费为30元
"转移"定价	也叫"隐藏"定价，是指将一种旅游产品价格定得较低，通过相关旅游产品的连带效应，使游客在其他产品的消费中，补偿了前一种产品的损失	一家乡村旅游地有两块地方分别经营田园观光和农事体验，且二者距离较远，各自定价为10元。通过提供免费游览车，可促使游客同时体验两处活动，除去交通费，可获利15元，大于单个的10元

3. 营销渠道

乡村旅游产品营销并不只是吸引游客来玩，走时带走当地的土特产，而是要使游客不但玩得高兴，还能对当地乡村旅游的特点有一个深刻的认识，在回去之后，真心自觉地向自己的亲朋好友做一个正面形象的宣传。常见的乡村旅游营销渠道有六种，这六种营销渠道各有优势、劣势，立足于实际情况，选择最佳营销渠道。

（1）纸媒营销

纸媒营销主要是借助期刊、杂志、报纸、平面广告、宣传册、旅游地图等形式进行的宣传营销。乡村旅游季节性很强，采用具有时效性的纸媒营销，针对性很强；图文并茂，效果显著；便于在城市居民的人群中散发，保留时期较长。尤其是旅游地图，作为一种特殊的纸媒营销方式，虽然制作较麻烦，但对游客有很强的引导作用，同时，在其他相关地图上刊登的旅游信息，也同样会引起顾客高度的关注。

（2）广播电视营销

广播电视的普及率高、受众面较广，不同收入阶层，从出租车司机、学生到上班族中的高级白领均会受到其影响。虽然成本相对较高，但是通过公交车上和地铁里的移动电视、火车和汽车站的大型电视屏幕、写字楼里的广告电视等特殊电视广告形式，往往会收获很好的宣传效果。

（3）户外路牌营销

一般来说，在接近乡村旅游地的周围树立路牌同样也能起到很好的宣传与造势作用。

（4）手机短信、微信、易信营销

把乡村旅游产品的最新资讯通过手机短信、微信、易信等方式发送至目标顾客，具有很强的针对性，也便于培育回头客和实行会员制管理。但是，此种方式不可滥用，否则会引起人们的反感。

（5）网络营销

在互联网的背景下，人们的生活与消费行为渐渐发生改变。紧跟时代潮流，利用网络进行乡村旅游产品的宣传营销，是当今最流行、最快捷的一种营销方式。相比较其他营销渠道而言，网络营销的成本低、传播迅速、受众群体更广。网络营销主要有以下四种方式：在有影响力的农业、旅游论坛上发布信息；在综合介绍乡村旅游的网站上创建自己的宣传网页；实力雄厚的乡村旅游点可通过创建专门网站发布信息；建立官方微博，借助名人效应，通过微博用户的相互转发，扩大乡村旅游的影响。

（二）促销策略

乡村旅游的促销策略主要包括人员推销、广告、公共关系和营销推广等各种促销手段。通过这些促销手段，向游客传递乡村旅游产品信息，引起其兴趣，激发其购买欲望和购买行为，从而达到扩大销售的目的。乡村旅游主要有以下四种促销手段。

1. 人员推销

通过对旅游业从业人员的培训，提高其服务技能，强化其服务意识，提升服务人员的综合素质，使人人树立起"全员营销"的意识。

2. 广告

综合运用报纸、杂志、广播、电视与互联网等进行广告宣传，尤其是在互联网高速发展的今天，充分发挥互联网的作用，做好广告宣传，往往可以收到事半功倍的效果。

3. 公共关系

可间断性地策划系列庆典活动，如彰显本土特色的祭祀、庆典、民俗节事活动等。另外，还可以具有全国知名度的媒体、微博为媒介，开展乡村旅游美景摄影、写生、文章征集大赛、帖子等系列活动，潜移默化地扩大乡村旅游的影响与知名度。

4. 营业推广

营业推广分为对旅游者的促销和对旅游中间商的促销两大类。针对旅游者的促销方式为：散发旅游宣传手册，向游客赠送一些带有乡村旅游信息的小物品，举办乡村旅游产品展览会等。随着微信的流行，诞生了一种新的促销方式——转发乡村旅游地制作的一些宣传语和图片并搜集到一定数量的"赞"，可免门票或是获得其他一些优惠活动。针对旅游中间商的促销方式有：积极与一些学校、企业开展合作，鼓励它们前来考察与旅游，并提供一定程度的优惠。组建促销联合体，给予带团队、组织前来旅游的旅行社或其他相关中间商一些价格优惠与津贴，争取与之建立长期的良好合作关系。

（三）新营销策略组合

1. 网络营销：网络"嫁衣"，裁出营销新意

（1）概念界定

网络营销是在互联网的基础上，通过其他媒体进行整合，并以互联网特性和理念去实施营销活动，更有效地促成品牌的延伸或个人和组织交易活动的实现的营销方式。

（2）产生背景

首先，就乡村旅游而言，根据乡村旅游市场分析，可知其主要的客源市场是城市居民。针对城市居民中的工薪阶层、青少年学生、家庭出游以及入境游客等，大部分或多或少地接触到网络，并且使用频率相当高，这就为乡村旅游进行网络营销奠定了基础。其次，以网络为媒介，达到营销产品的目的，顺应可持续发展的潮流。目前，乡村旅游的发展更加注重与自然生态环境相协调，以实现真正的绿色生态旅游。同样，在产品的销售与消费环节，通过全面的相关信息传递，来树立乡村旅游产品的绿色形象，从而获得游客的认可。再次，营销策略更加注重与游客的沟通和协调。乡村旅游主要是为满足城市居民返璞归真、怀旧及回归自然的心理需求，因此，是否能准确及时地把握游客的需求显得格外重要。最后，营销方式逐渐网络化。在互联网的背景下，随着乡村旅游的进一步发展，乡村旅游企业要逐渐学会运用先进的网络技术，开展旅游电子商务服务成为乡村旅游企业发展的必然趋势。

（3）优势分析

首先，网络营销的成本低、传播迅速、受众群体较广。相较于其他行业而言，旅游业因其无形性、整体性、脆弱性等特点更适合通过网络开展旅游电子商务。就旅游目的地及其经营者而言，互联网为其降低向消费者、客户发布信息抑或提供各种咨询预订服务的成本提供了可能性；就旅游者而言，可以通过互联网及时获得旅游目的地及旅游产品的最新信息。其次，展示灵活、效果更佳。相较于一般的旅游资源，乡村旅游资源更包括一些人们通过感觉器官无法直接准确感悟到的一些非物质成分，诸如乡村居民的生活方式、价值观念、民风民俗、宗教信仰等。这些乡村旅游资源纵使运用传统的"4P"营销方式，也很难传达出其原有的魅力，而通过网络的图、文、声等多媒体的传播形式，则可以使游客更直观地感受乡村旅游的独特景观和文化。

2.节事营销：舞台造势，演绎别样精彩

（1）概念界定

在节庆或特殊事件期间，利用或触发消费者节事活动心理、行为，进而开展一系列旨在提高产品销售力和影响力的营销活动的营销方式。

产生背景：中华五千年文明源远流长，相伴而生的民族节庆总是在传统和现代、本土和外来文化元素的相互碰撞中融合、创新与发展，并使之成为一条捆绑历史的文化绳索。在这条文化绳索的两头分别牵着古人与今人，在变化中有不变的文化核心价值，不变的文化价值总是在变化的形态中得到更新的诠释。我国节事共分为五大类，一是多彩祈福，解读五千载文化的传统节事；二是千姿百态，尽展特色中华万般魅力的民族节庆；三是百花齐放，彰显创新世纪时代华章的文化节庆；四是激情变革，浓缩神州品牌实力变迁的经济节庆；五是产业创兴，召令五湖四海汇集民生的旅游节庆。众多乡村旅游目的地良好的自然环境、深厚的文化内涵为其开展节庆营销活动提供了有效的资源依托。节事营销促进了文化保护与传承，提升了目的地品牌形象，乡村旅游目的地的节庆营销活动日趋丰富。

（2）优势分析

①能有效拉动地方经济的发展。通过举办别具匠心、多姿多彩的旅游活动不仅可以弥补乡村旅游淡季需求不足的情况，而且这些节庆期间来访的游客还为当地旅游经营者提供了大量的商业机会，调整了旅游资源结构，拉动淡季的市场经济。

②能有效塑造乡村旅游目的地的整体形象。旅游节事既是乡村旅游的一个重要组成部分，又是乡村旅游营销的一种重要方式。

③节事活动可以有效塑造乡村旅游目的地形象，宣传乡村旅游目的地品牌形象。能充分展现乡村旅游目的地民俗文化。乡村旅游节庆的举行，使得乡村的民族文化得以保护与传承。能加快乡村旅游目的地的基础设施建设。

④乡村旅游节庆活动的举办，能促使乡村所属县、乡政府加强基础设施建设，不仅使当地的群众受益，也可使旅游者全面了解乡村的自然景观、历史景观、人文景观，从而提升对乡村的整体感知。

⑤能带来强劲的经济后续效益。乡村旅游节庆的举办，不仅为乡村旅游经营者带来大量商机，也展示了乡村优美的自然环境、深厚的文化内涵和良好的投资

环境，创造一批潜在的投资者。

3.互动营销：城乡联谊，社区互动情长

（1）概念界定

城乡社区互动营销是以社区服务中心和社区文化广场为固定场所，以城乡互动为基本方式，通过展板、图片展览、讲座等形式，生动、灵活、持久地传播旅游目的地信息的营销方式。

（2）产生背景

城市化建设的进程造就越来越多的居住社区，人员聚集必然会带来巨大的消费人群，社区自然也成为一个广阔的市场。大众媒体的数量急剧增加，媒体受众人群分散，造成收视率、有效率普遍下降。爱森尼尔公司对媒体的调研发现，消费者广告免疫力增强，媒体收视率在逐步下降。国家大力提倡社区服务。1986年，为配合城市经济体制改革，民政部首先倡导社区服务，旨在城市开展以民政对象为主的福利服务和便民利民服务。此后，社区服务进入千家万户，深受群众欢迎，为方便城市居民生活起到了积极的作用。

（3）优势分析

①影响面广，受众面大。城乡社区互动营销活动可以在整个旅游客源地城市和乡村全面开展，直接影响大量中高收入、最具消费潜力的城市中产阶级以上人群。

②传播时间长，影响效果好。城乡互动营销活动受其他因素影响较小，且传播时间可自由选择。

③静动结合，方式灵活。城乡互动营销可综合采用图片展览、展板展示、广场文艺演出、讲座和现场咨询等静动结合的方式开展营销。

④信息损耗低。城乡互动营销可直接将全面且丰富的信息传达给潜在的消费者，减少了中间传播渠道，从而避免信息在中间渠道传播过程中的损耗。

4.品牌营销：品牌"亮剑"，融合虚实两界

（1）概念界定

品牌是消费者对产品整体形象认知的总和。通常来讲，品牌可分为两个层面：一是品牌的实体层面，如质量、功能、价格和外观等；二是品牌的精神层面，如价值、个性、信誉、形象和时尚度等。品牌营销就是各营销主体通过一系列的营

销活动将品牌的实体层面与精神层面结合起来，培养品牌差异，建立品牌个性，并获得消费者认知、青睐，最终提高品牌的知名度与美誉度的营销方式。

（2）产生背景

在旅游消费日益个性化、理性化、享乐化、生态化、体验化的今天，乡村旅游品牌化趋势日益明显，旅游市场竞争逐渐白热化，粗放的、低水平的旅游开发与管理以及落后的旅游营销理念很难再能满足消费者更高层面的需求。品牌营销观念落后已经严重制约着乡村旅游的发展。

（3）优势分析

①迎合旅游者的需求，吸引旅游者。现在的旅游者不再仅仅满足于简单的观光等视觉体验，而是越来越追求身心的愉悦、情操的陶冶以满足其对旅游高水平身心享受的追求和对旅游产品增值消费的期望。旅游者对乡村旅游品牌的要求与呼声是越来越高。

②提高竞争力。乡村旅游品牌营销不但能够提高旅游产品的美誉度和知名度，还可以吸引更多旅游者，增加旅游收入，从而提高竞争力。

③挖掘持续发展的潜力。乡村旅游品牌营销可以提高旅游者的忠诚度，具有很好的营销效果，拥有广阔的潜在客源市场。

5.体验营销：体验参与，品味个性需求

（1）概念界定

伯恩德·施密特在《体验式营销》中，对体验营销的定义为：企业以满足消费者的体验需求为目标，以服务产品为舞台，以有形产品为载体，营造、提供一个全新的环境或者氛围，让客户进行高质量体验的经济活动。体验营销在提供产品和服务的同时，将消费过程看成一种整体体验，以体验为导向设计，制作和销售产品，注重顾客的参与和氛围的营造，力图通过满足顾客的体验要求从而达到长期吸引和保留顾客、获取利润的目的。

（2）产生背景

21世纪是体验经济的时代。随着乡村旅游日新月异的发展，人们对乡村旅游的需求并不仅仅满足于简单的"吃农家饭、住农家院"，而是越来越注重在乡村旅游过程中所获得的一种特殊的体验与经历。目前乡村旅游企业所提供的旅游产品多为粗放的、体验层次较浅的初级旅游产品，游客参与体验的旅游产品不足，对体验营销新的方式认识不足、营销手段落后，因此乡村旅游企业开展乡村旅游体验营销迫在眉睫。

（3）优势分析

①注重体验，满足消费者个性需求。在体验经济时代，情感寄托、回归自然、展示个性和交流沟通逐渐成为消费趋向。旅游者已不再满足于走马观花式的农业观光游，强调的是一种参与和体验。"体验"已成为旅游者购买乡村旅游产品的核心，这为开展乡村旅游体验营销提供了更广阔的空间。

②理性与感性相结合，满足游客的情感诉求，易于形成顾客忠诚。乡村旅游体验营销通过各种各样的途径和手段来营造一种综合的效应以增强旅游者的体验，真正做到从旅游者的整体感受出发，并融于其心里，最终留下美好而难忘的旅游回忆或体验，并形成顾客忠诚，自发地向亲朋好友宣传。

三、乡村旅游营销策略的创新

当前的营销环境和创新的全民营销体系，是乡村旅游进行全面提升的基础。有了这个基础，再运用相关理论做指导，从理念、战略、产品、形象、传播、管理等六个方面，对乡村旅游市场营销提出提升策略。

（一）理念提升——心灵的归宿

所谓理念，是人们对事物的理性认识。理念，是行动的指南；排除外界干扰，有什么样的理念就会有什么样的行动。乡村旅游市场营销的理念，跟发展乡村旅游的根本理念是一致的。现在学界和业界对发展乡村旅游的理念有许多提法，比较多见而又新颖的理念有全地区旅游理念、智慧旅游理念、慢旅游理念等，不一而足。不同的人从不同的角度，提出不同的理念，大多是有一定道理的。但发展乡村旅游的理念大可不必"赶时髦"，归根结底，最本质的一条就是"要让你这里成为游客的心灵休憩之地，找到自己心灵的归宿"。一句话，要让游客到了这里后，他们的内心就能够静下来。这对发展乡村旅游应该有很好的借鉴意义，在乡村旅游产品的开发上，应该特别注重将儒家文化、民俗文化、佛道文化深入融合，并加以创新；不仅要得其形，更要得其神。这样才能挖掘出，让游客心灵得以安静的乡村旅游产品。

在这方面我们认为有两个地方是值得借鉴的，一个是云南的丽江。在丽江有很多长期居住的游客，这些游客的收入并不是很高，在丽江也只能以租房做点小本生意为生，但是这些游客并不愿意离开丽江，原因不在于丽江的景观有多好，相反，我国不逊色于丽江的地方有很多，但是丽江却受到国内游客的喜爱，根本原因就在于在很多游客眼中，丽江的生活能够给予自己一种心灵上的抚慰，在这里生活，他们能够真正地感受到生活的痕迹，而不是如同大城市一样逐日奔波却失去了自我。另一个就是浙江的德清。德清莫干山下有一个毫不知名的小山村，名叫三九坞，这个地方受到国内瞩目起始于 2008 年，当时一个名叫高天成的小伙在三九坞租赁了 6 套泥坯"空巢"，经过简单的装修，经营起乡村民俗，取得了巨大的成效，受到大众的喜爱，被称为"洋家乐"。但是我们分析这种产品不难发现，所谓的"洋家乐"只是对农村空房的一次再利用，一不具有乡土气息，二没有便利的服务，甚至比不上传统的农家乐乡村旅游，从业人员多为乡村留守的老人和妇女，但是偏偏这种乡村旅游模式取得了巨大的成功，根本原因就在于乡村旅游理念上，无论是丽江还是德清三九坞的"洋家乐"都处处贯穿着安居心灵的理念，这种理念迎合当今城市居民的需求，因此取得成功是理所当然的，反之那些打着农家乐的旗号，却以城市生活方式为主要内容的乡村旅游很难受到游客的认可。因此，乡村旅游营销的提升首先要做的就是营销理念的提升，不能局限于乡村生活表面，而是要深入挖掘，针对游客心灵上的缺憾而进行营销，这样方能够事半功倍。

（二）战略提升——世界眼光

市场营销战略关乎全局，关乎长远，当前我国乡村旅游市场营销战略仍旧以国内旅游市场为目标，但是从战略的角度来看，市场营销战略应当上升到国际旅游市场的角度，所打造的乡村不仅是具有中国特色的最美乡村，更应当是世界上首屈一指的乡村，将营销目标放在国际游客市场上是乡村旅游产业发展的必然结果。

将乡村旅游市场营销的重点放在国际市场，会不会对现有的市场产生冲击是每一个乡村旅游企业关注的问题。问题的焦点集中在企业的资源十分有限，如果将资源集中在前景不明朗的国际市场上，那么会不会导致本土市场营销市场资源支持，进而市场占有率会迅速降低。其实不然，国际游客的倾向对于国内游客有着一定的引导作用，很多国内游客会潜意识地跟随国际游客，看看那些能够对国际游客产生吸引力的景观具有何种独特之处。因此，将市场营销的重点放在国际市场在初期固然会造成一定的客源损失，但是从长期的角度来看，对于乡村旅游却是利大于弊，同时也有利于乡村旅游提高对高端客源的吸引力。

值得注意的是，在以国际市场作为营销目标时，当前国内乡村旅游所采取的按消费水平对游客加以区分的方式是不科学的，可能会引发游客的逆反心理。不同的游客有不同的心理需求，同一个游客在不同的时间段，也会有不同的心理需求。乡村旅游经营方应该通过认真的市场调研，准确地掌握这些心理需求，然后针对不同的心理需求群体，对市场加以分割。并且，在产品的建设或改进阶段，就将市场细分的观念落实到位。这样打造的乡村旅游产品，自然而然都会有精确的定位和明确的目标市场。

（三）产品提升——全城旅游

从营销的角度来谈产品提升，就是要将市场的理念灌输到产品建设中，杜绝开发出脱离市场的乡村旅游产品。最好的办法，是让消费者提前参与到产品建设中来。过去，产品的可行性论证、建设完全是经营者的事，只有乡村旅游产品成型后，投入运营了，才会在试营期间让消费者提点意见。从营销的角度来看，这就不是高明的营销。况且，产品已经定型，不可能有大的改动，消费者的作用很难发挥出来，他们的意见无论对错，往往都成了摆设。在这方面，小米手机营销的成功经验很值得移植。小米的成功，在营销界津津乐道，有人以"饥饿营销"总结之，这四字并不得其要领。小米营销的精髓在于体验，消费者提前参与的体验。小米手机，在产品设计的构思阶段，就已经开始发动消费者充分讨论了。乡村旅游产品打造，也应该如此，还没有开始建设，还在构思，还在做可行性论证，就要千方百计让消费者参与进来；产品建设启动后，更要不断地吸收消费者的良好建议，不断修正、完善原有设计方案。这么做的理由有二：其一，什么样的乡村旅游产品最受消费者欢迎？只有充分吸收消费者的建议，进而超越消费者思路，能够打动消费者心灵的产品，才最受欢迎。其二，这一系列消费者参与的过程，也就是一种绝佳的营销。

在宏观上，全城就是一个整体的乡村旅游产品。对于这个乡村旅游产品的提升，应该围绕"中国最美乡村"这一主题定位，丰富其内涵，营造能够让心灵安息的自然和人文环境。归纳为三句话：施行硬标准化产品监管，引导去功利化真诚服务，创建超家园化宜居环境。前面两句是手段，后面一句是目的。对乡村旅游的具体产品，宏观监管者不应该管的那么细，风格上尽情百花齐放，但质量上要有最低标准。没有达到这个底线，就不能入市，不能接待游客。在服务上，过于功利化是目前的通病，也是目光短浅的表现。一些不规范的企业这么做，可以理解，但政府和正规企业不应该如此短视。超家园化就是要达到"不是家园，胜似家园"。在服务业当中，经常讲一句话叫"宾至如归"，似乎这就是最高标准。在乡村旅游产品的建设上，达到这个标准还远远不够。学界对乡村旅游产品的建设，十分强调"原乡性"。什么叫"原乡性"，其实很难说清楚。每一个人心中都有一个自己梦中的"世外桃源"，但不可能都百分百实现。我们只能通过调查与沟通，截取尽可能多的样本，加以综合，然后按一个群体一个群体去打造。即使不能完全打造出个人梦中的桃花源，也要尽最大努力。这就是细分市场理论在乡村旅游产品建设中的贯彻落实。

（四）形象提升——"美"与时动

随着现代信息技术的不断发展，互联网逐步地将全部媒体纳入其中，从而延伸出种种终端，并且这些终端并不是独立存在的，而是具有十分强烈的互动性，从而形成了当今的"互动网络"时代。在网络时代背景下，旅游形象的塑造与传播与传统的旅游已经截然不同，具有鲜明的互联网特征。总的来说，互联网就像一枚无形的大透镜，旅游形象通过这枚大透镜呈现在大众眼中，所呈现的不仅仅是有形的景观如自然景观、人文景观等，更有口碑、服务等无形的评价，对此乡村旅游绝对不能忽视，而是要将乡村旅游之美与时代特征结合起来，充分利用互联网的互动性来加强营销。事实上，在互联网时代，一切营销手段都可以通过互联网进行。例如传统的广告营销可以放在一些 IP 流量较大的网站或者专门为旅游提供服务的网站；再比如人员推销完全可以通过 QQ、微信等新媒体来进行。对于乡村旅游企业而言，这种营销不仅便利，而且能够有效地降低成本。此外，值得注意的是，互联网的一个主要特点就是即时性，对于乡村旅游而言，这种即时性能够迅速地将乡村最为美好的一面展现在大众面前，从而激发大众的旅游热情，例如在收获季节通过分享一些游客在田间收获的场景来吸引他人等。

（五）传播提升——事件、体验与分享

没有好的体验，旅游营销手段再好也是无法吸引大众的，更不会加深大众对乡村旅游的认同感。因此，乡村旅游营销必须要重视体验与分享。从消费者旅游的过程来看，大致可以划分为三个阶段：第一个阶段是旅游前的学习与决策，即对旅游目标进行分析，最后确定旅游地区；第二个阶段是消费中的体验与品鉴，即在旅游中所享受到的一切旅游服务；第三个阶段是旅游后的评价与分享，即对旅游活动进行一定的评价，将好的旅游活动与大众分享，这可以说也是互联网的一大特色。而对于乡村旅游而言，核心就在于第二个阶段，即做好游客的体验与品鉴，做好这一环节的工作就意味着游客对旅游地满意度较高，有利于游客的评价结果和分享，从而不断地扩展乡村旅游的影响范围。当然，重视游客在旅游中

的体验并不意味着忽视游客的评价与分享，一般来说，乡村旅游企业需要建立专门的部门来负责这一方面的工作，主要的工作内容就是通过自己的亲身体验来组织和引导网友进行讨论，收集网友的精彩帖子加以编辑和转发，以良好的图案文字来打开网友的心扉，从而使得网友自发地转发，成为乡村旅游的宣传员。同时，对于一些积极消费者，乡村旅游企业也应当保持长期的联络，一方面从中获取发展意见，另一方面通过一定的奖励来调动他们的积极性，鼓励他们不断地在网络上宣传乡村旅游。

网络信息浩如烟海，如果不能时不时来点"事件"成为引爆点、兴奋点，传播就难以实现高效。这就要有很好的创意，精心的策划，到位的执行。国际上，大堡礁喊出"全世界最好的工作"的口号征集守礁人、马尔代夫的内阁"海底会议"，都是极为成功的经典案例。在国内，张家界是值得学习的，该景区策划了一系列的活动，几乎年年有重大"事件"，大部分取得了成功。反观很多乡村，虽然也重视宣传，但中规中矩、平淡无奇。

（六）乡村旅游市场营销提升保障机制

1. 人才保障机制

乡村旅游人才不能过于局限，要有"大人才观"。天地造万物，必有其用途，关键是用得其所。孔子说："知之者不如好之者，好之者不如乐之者。"玩家就是"乐之者"，以之为乐，虽苦犹甘，费尽心血，做到极致。著名的策划人王志纲说："在一个吃饱了撑的时代，人们不再追求数量，追求速度，而是追求品质，追求品位。下一步在旅游产业，包括文化产业中，最吃香的将是玩家。只有真正心在其中、乐在其中的人才能做出好的产品。"丽江的宣科，就是这样一个大玩家；长溪村的戴向阳，也算得上是一个"玩家"村主任。当然仅一两个是不行的，要吸引一大批、培养一大批这样的玩家，不一定要看学历，不一定要看职称，也不一定要看年龄，只要是真正的玩家就行。要让玩家遍布乡村旅游的各个领域、各个村落，他们才是吸引游客、留住游客的魅力所在，才是当地发展乡村旅游、完善旅游产品的灵魂所在。

2. 风险控制机制

（1）防止过度营销

所谓过度营销，就是经营者对营销手段使用过度，引起了消费者的反感，客观上起到了适得其反的效果。这是一种舍本逐末的经营方式。营销学界将过度营销细分成几十种情况，在乡村旅游当中，主要预防三种情况：一是过度宣传，无中生有，无限放大。许多人，都认为旅游就是宣传，把游客忽悠过来就是成功。二是过度促销，大打价格战。但亏本生意谁也不会做，最后靠宰客盈利，造成恶劣影响。三是过度炒作概念。以为消费者永远都是那么好骗，不扎扎实实做好产品，这些概念，听起来高大上，实际上空洞无物。过度营销只会适得其反。控制过度营销，政府部门首先要从我做起，高度自律；其次严格监督企业的不良行为，一经发现必须严惩不贷。

（2）建立高效的顾客反馈机制

政府和企业都有顾客投诉通道，但存在几个问题：一是职能范围窄，只受理投诉，对顾客反馈的其他信息不予重视。二是反应相当慢，一个投诉十天八天都不见答复。三是非常被动。比较常见的是，开始不肯做让步，到最后付出的代价更大，影响更坏。相对应的措施有：职能要增加，对各种信息都要重视，都要给反馈者回复。还要定期对收集的信息加以分析，提出改进对策或归纳整理出好的建议；处理要迅速，一经手处理，就要及时跟反馈者保持热线沟通，让对方觉得你很重视；要争取主动，判断要准确。很多事情都是处理越早、越主动，付出的代价就越小，负面影响也越小。

（三）制定突发事件应急预案

上述两点是主动消除风险，但百密难免一疏，更何况网络根本就不可控。"凡事预则立，不预则废"，这就要求我们必须做两手准备，一旦出现意外，也要能够及时弥补。首先，管理层要树立强烈的危机意识，建立一支由专、兼职人员组成的有效的危机管理团队，合理配置人员，并对全体经营人员进行应急处理的专业知识和技能培训，提高风险识别和应对能力。其次，要有应急预案。将各种可能出现的意外事故都尽量考虑进去，形成切实可行的预案，并不定期举行模拟演习，强化职员的危机意识和反应能力。危机一旦爆发，一线人员要及时上报，抢夺宝贵的"第一时间"；决策层要充分授权，管理人员要迅速评估、研判、沟通，形成正确的处理措施，并果断执行。危机处理之后，管理人员要及时总结，修补制度和管理上的漏洞，修复损坏的形象；高明的管理者还可以"变坏事为好事"，努力挖掘有利的一面。

第四节　乡村旅游电子商务营销的发展

一、乡村旅游电子商务网站概况

（一）乡村旅游网站的现状

近年来，乡村旅游正以强劲的发展势头在很多地区兴起，已成为我国社会主义新农村建设的崭新亮点和农村经济发展的新增长点。乡村旅游的发展，无论是从发展模式、管理组织、经营手段还是产品服务，大部分都是和信息化联系在一起的。随着信息技术在各行各业中的渗透，顺应我国旅游信息化建设的趋势，乡村旅游电子商务得到了长足的进展。

在我国，当前乡村旅游处于蓬勃发展的大好时机，乡村旅游企业大都开始建设自己的网站。严格地说，乡村旅游网站是旅游信息系统的外在表现。从市场推广媒介来看，目前乡村旅游的宣传主要是通过互联网来进行的。另外，还使用无线通信、GPS 技术，以手机、PDA 等移动设备为终端，提供观光园区旅游观光路线选择、景点查询与浏览、旅游者自身位置定位等旅游自助服务以及用户订购项目和产品的及时通知等信息服务功能。乡村旅游目的地信息系统的建立和乡村旅游电子商务能实现目的地的智能化管理，比如植物的湿度和温度控制、住宿娱乐场所的智能化查询、工作人员的调度和管理等工作，使其达到最优化的状态，不仅管理及时到位，而且不造成浪费。

（二）乡村旅游网站的建设

据有关方面统计，目前，我国已有上千个旅游网站，其中的乡村旅游网站也占了一定份额。例如，中国休闲农业网（中国乡村旅游网）是由中华人民共和国农业部、国家旅游局主办，农业部农村社会事业发展中心承办，农业部信息中心、国家旅游局信息中心为技术支持单位的政府网站。该网站按照"政府引导、服务市场、统筹协调、资源共享、起点求高、内容求精、快速起步、逐渐完善"的要求，以各级农业和旅游行政管理部门、休闲农业与乡村旅游提供者和消费者、乡村旅游相关服务机构等为服务对象，创建了政府服务、游在乡村、活动专题及互动沟通 4 个功能板块，共 20 多个数据库。该网站的开通，为各级农业和旅游部门、休闲农业和乡村旅游经营管理者、广大农民和旅游者提供了一个广泛的信息服务平台。

　　除了提高自身的经营管理水平、开发适应市场需求的旅游产品之外，还要考虑如何进行市场营销。在网络化和信息技术迅速发展的今天，几乎什么都离不开网络。乡村旅游网络化营销渠道也是目前最受欢迎的营销方式，它是以大型专业旅游网站为营销中心，建立覆盖目标市场区域的网络化销售渠道，以便全天候向各种客户提供最便捷的服务。

　　然而，要构建一个知名的电子商务平台需要大量的资金和技术的支持。因此，对于中小旅游企业来说，独自构建自己的电子商务平台是非常困难的，而依靠大型旅游网站的电子商务平台，可极大地降低成本，而且有助于中小旅游企业发挥联合优势，提高利润。

　　到目前为止，真正意义上的乡村旅游电子商务网站所占比例较小，许多网站都是企业名片性质的，并不具备电子商务的完整功能。

（三）乡村旅游网站的类型

　　第一，服务或产品生产商网站。如烟台农博园、北京安利隆山庄网、乡村婺源旅游网、东方（大连）高尔夫乡村网等。

　　第二，综合性门户网站。如网易、新浪、中国旅游网等。

　　第三，中间商网站。携程网、艺龙网、中宇生活网、黄山旅游电子商务网等。

　　第四，其他专业的乡村旅游信息网站。如张家界生态农业观光园网、京郊农家乐旅游信息网、中国休闲农业乡村旅游网、上海郊游网、乡村旅游网等。

　　第五，研究性网站。如乡村旅游与休闲观光农业研究所网等。

　　这几种类型的网站可能在某些情况下有交叉，并且随着网络知名度和综合服务功能的增加必将互相融合，互相联系也更加紧密。

（四）乡村旅游网站的功能

　　旅游网站作为旅游电子商务的载体和表现形式，其内容涵盖非常广泛。乡村旅游电子商务网站除了应该包括一般旅游网站应有的信息之外，更增加了相关的农业知识和乡村旅游特有的绿色生态、健康环保以及农产品订购等信息。其服务功能也包括常见的通信服务、信息交流、商务交流、个性管理等，侧重特产商城、农家美食推荐、乡情农趣等休闲项目，还包括了农产品供求信息、农业科普、农业科技信息等内容。乡村旅游电子商务网的运作机制也不外乎交易佣金、与大导航台"独家"合作分销、品牌合作、网络广告、机票和酒店等的订购及优惠策略等，只是大部分乡村旅游电子商务网站运作机制还比较单一，除了网站知名度低、品牌不成规模的原因之外，就是尚未形成真正专业的乡村旅游电子商务运营商，这也说明各种同类网站应增进联合营销。

二、乡村旅游电子商务营销的前景

（一）乡村旅游发展电子商务的基本条件

1. 乡村旅游业的发展

在世界范围内，旅游业已经连续几年保持高增长，成为全球第一大产业。各国旅游专家认为，现在都市人最关心的是健康，喜欢到郊区体验纯朴、自然的生活情趣。这就决定了乡村旅游是一种朝阳产业。

乡村旅游在我国已是一个越来越热门的话题。"吃农家饭、住农家屋、学农家活、享农家乐"，以亲近自然、享受蔬果采摘之乐的乡村旅游成了时尚之旅。"2006中国乡村游"乡村旅游电子商务是国家旅游局确定的旅游宣传主题，通过政府主导进一步加强，农民参与积极性提高，相关研究更加广泛和深入，乡村旅游在各地得到了前所未有的推动和发展。

2. 电子商务的应用

我国电子商务的发展始于 20 世纪 90 年代初，近几年获得了迅速发展。截至2018 年 12 月底，我国网民总人数约 8 亿人，其中农村网民突破 1 亿人大关，全国互联网普及率约 60%，尤其是手机上网用户的高歌猛进，已经突破 9 亿人，这些都为乡村旅游电子商务的发展创造了基本条件。由此可以看出，中国电子商务正由起步迈入繁荣阶段。

3. 人们消费观念的改变

当今世界，随着社会的进步和经济的发展，人们的消费习惯和消费观念也在悄然发生改变，尤其是在旅游方面。人们的行为习惯是，根据别人的推荐或者某种渠道信息，有了到某地旅游的想法，由于旅游的群体以年轻人或文化程度高者居多，这类群体习惯于先上网查询自己想到的旅游目的地的相关情况，然后才开始旅游行动。

4. 信息化基础条件的改善

近几年来，我国农村信息化基础建设取得实效，通信设施基本上做到了村村通，为乡村旅游企业发展电子商务提供了基础性保障。

（二）国内外乡村旅游电子商务发展比较

1. 我国乡村旅游企业目前的状态

用四个字概括农村电子商务，即"小、弱、散、差"，业务操作带有很大的局限性。从一个乡村旅游产品的设计，到供应商采购、市场推广、销售、结算等诸多环节，基本上都是手工操作，效率低下，成本高昂。伴随着我国经济的快速增长和城乡居民对乡村旅游的强烈需求，乡村旅游要想在规模上迅速做大、做强，传统方式的扩张带来的将是庞大的机构，以致管理可能失效，代价重大。

2. 我国乡村个性化旅游发展势头强劲

随着生活水平的提高，人们对旅游的需求已经转变为追求"舒适、自由"的个性化旅游。越来越多的游客已经不满足旅游企业传统的大众化服务方式，人们不愿意再像以前那样被动地接受旅行社提供的旅游资讯和固有的旅游线路设计，市场需要从传统简单地满足观光游览需要的"到达型"转变为对"舒适、自由"有着极高要求的个性化旅游。乡村旅游的兴起，正好满足了这部分人群的"舒适、自由"的个性化需求。

3. 国外乡村旅游电子商务建设成熟

这主要集中于欧美等发达国家，最开始表现为政府主导型，随着技术和市场的不断发展，已经开始表现为政府、个人、企业、科研机构、社会组织等多方主体推动，并已经出现了较成熟的网上预订交易，涉及酒店、交通票据、景点票据、旅游产品线路等产品服务预订，其功能完善，集中于在线调查、投诉与反馈、旅游科研、信息搜索、语言选择、电子地图查询、信息交流与展示、会员管理、电子邮件、景点投票调查等。

4. 国内乡村旅游电子商务建设滞后、规模偏小

我国乡村旅游电子商务主要表现为政府推动型，还缺乏真正意义上的乡村旅游电子商务交易。

2007年以来，我国乡村旅游继续保持了以往较快的发展势头，城乡互动更加活跃、市场发展更加繁荣。按照党中央、国务院关于特别要重视发展乡村旅游业的要求，国家旅游局提出并积极推动"中国和谐城乡游"主题年活动。在全国开展的乡村旅游"百千万工程"中，陆续推出100个特色县、1000个特色乡和10 000个特色村，进一步完善基础设施，丰富产品内涵，加强市场引导，推动乡村旅游不断向纵深发展。与此同时，我国乡村旅游电子商务也取得了长足的发展。

（三）乡村旅游信息化建设的重要作用

加强乡村旅游电子商务建设，一方面可以提高各级乡村旅游管理部门的工作效率和管理水平，精减办事程序，降低工作成本，加大宣传力度，加快信息传播速度，提高信息实效性，巩固国内客源市场，扩张国际客源。另一方面可以满足游客的个性化需求，提高旅游服务质量，改变乡村旅游企业传统经营模式，降低成本，增加效益，从而提高整个乡村旅游产业素质。乡村旅游电子商务的发展，需要两个基本条件，一是信息化基础建设工程，二是综合信息管理平台。

1. 信息化基础建设工程

乡村旅游信息化基础建设工程是实现乡村旅游电子商务的基础保障。有了良好的基础保障，乡村旅游电子商务才能更好地发展。信息化基础设施的建设，将为政府、农户、游客提供一个方便、快捷的沟通互动的平台，使与乡村旅游相关的旅游信息及时、准确地在政府、农户、游客之间流通，这样，也提高了政府管理效率，方便了游客，为农户带来了经济效益。

2. 综合信息管理平台

乡村旅游综合信息管理平台是全面打造乡村旅游电子商务的重要手段和途径。要实现乡村旅游电子商务，信息共享是最终目的。具体地说，信息化共享就是把景点、景区、旅游线路、饭店、旅行社、旅游消费品、交通、气候等与地理位置和空间分布有关的旅游信息，通过技术手段采集、编辑、处理，转换成用文字、数字、图形、图像、声音、动画等来表示的内容或特征并实现共享。信息管理系统的建立有利于各类旅游信息的整合、共享、管理，有利于体现本地旅游特色，有利于与同行业的交流和沟通，彻底解决乡村旅游信息化的鸿沟，从而推动乡村旅游电子商务的发展。

（四）电子商务为乡村旅游企业带来的机遇

第一，电子商务所创造的便捷、高效、低廉的信息流通方式，使乡村旅游企业的信息能力大增。我国大部分乡村旅游企业组织规模小，缺乏广泛的客户群体和供应商网络，外部环境对乡村旅游企业的制约首先是信息渠道狭窄，乡村旅游企业难以及时了解信息以捕捉市场机会。而在互联网信息环境下，乡村旅游企业依靠网络收集、反馈信息，可以获取常规形态下难以捕捉的资讯，经营服务更为主动。电子商务的应用避免了游客找不到自己喜欢的乡村旅游项目，而乡村旅游企业的经营服务也因找到自己的游客而变得十分主动。

第二，降低了交易成本。据统计，乡村旅游企业在互联网上做广告可以提高销售数量10倍，而它的成本只是传统乡村旅游电子商务广告的1/10。利用互联网，跨国交流信息的平均成本极为低廉，其宣传费用不会随着地理覆盖范围的增加而增加。利用互联网传递电子单证既节省了单证制作费用，又缩短了交单结汇时间，提高了工作效率。

第三，给乡村旅游企业带来了新的产品销售渠道。乡村旅行企业可以在网上推销线路，寻求国内外代理，酒店、车船公司可开展网上订房、订票业务，景区景点也可以把宣传资料制成图文并茂的信息上网展示，吸引更多游客，使乡村旅游企业从而获得更多的市场机会。

总之，电子商务使乡村旅游企业向游客提供个性化服务产品成为可能，个性化的乡村旅游定制产品只有在互联网上才能得以实现，也证明了应大力发展乡村旅游电子商务这一新兴运作模式。

三、乡村旅游电子商务发展的建议

（一）加强乡村旅游电子商务应用意识

乡村旅游企业一定要认清当今旅游业发展的趋势，电子商务和旅游业有着天然的适应性，不仅可突破时空界限，实现全天候、跨地域的经营活动，而且由于乡村旅游业自身很少涉及物流问题，也为电子商务在旅游业的应用创造了优势。因此，乡村旅游企业要优先发展电子商务，乡村旅游企业负责人要提高对企业发展电子商务重要性和必要性的认识，企业投入开发乡村旅游时应首先考虑把乡村旅游与农村电子商务紧密结合，用电子商务促进乡村旅游发展。实践证明，许多乡村旅游企业通过建立本企业的电子商务网站而生意兴隆，也有不少乡村旅游企业，硬件建设一流，但是却没有建立本企业的电子商务网站，由于缺少电子商务网站的企业宣传和网络营销手段而惨淡经营。

（二）开发乡村旅游电子商务服务系统

乡村旅游除了基础设施等硬件外，最重要的就是客户服务。良好的客户服务就是消费者在利用任何一种方式与乡村旅游企业进行沟通时，企业都可以给消费者满意的答复，利用呼叫中心服务可实现这样的功能。其包括在线实时咨询服务、计算机网络呼叫服务、电子邮件咨询服务、电话、传真咨询服务等多个功能模块。这样让消费者在此获得了满意的答复，从而使潜在的意愿转化为了实际的旅游行动。但到目前为止，许多乡村旅游企业只重视企业的硬件投入，却很少在客户服务，尤其是在电子商务服务方面的投资上下功夫，有的企业甚至错误地认为乡村旅游企业发展电子商务是一种无效的投资。

（三）建设乡村旅游企业电子商务平台

乡村旅游企业的电子商务是我国旅游产业实现信息化的重要环节，因为乡村旅游服务的提供者主要是乡村旅游企业。各类乡村旅游企业应根据自身的特点，加快和完善信息化及电子商务，否则将不可避免地遇到生存危机。

就乡村旅游企业而言，一是要实现企业内部管理的乡村旅游电子商务智能化，达到预订、排房、住宿、结算、客源市场分析、财会计划的全自动化。市场目标的确定，客源市场的竞争，都要有高科技的信息技术作保证；要参与国际信息网络，收集国际旅游市场信息，使乡村旅游企业通过多种渠道扩大市场份额，在国际市场营销中站稳脚跟；二是应大力发展乡村旅游企业的网络，除了内部各业务环节互相联网，还要与旅游管理部门、公安、旅行社等部门之间联网，以及实现乡村旅游企业之间的联网，尤其是预订联网。随着乡村旅游企业的发展，还要加快与饭店、航空公司等联网。三是要发掘自身在旅游信息服务中的作用，发挥咨询顾问的功能，为游客制定旅行计划和旅游项目选择，提供高质量的信息服务帮助，提供个性化、人情味服务。就旅游交通部门而言，电脑预订系统是关键，它不仅仅是一种销售工具，还具有办公自动化功能，并能够通过预订情况分析提炼出市场需求及变化动态。可以在全自动化辅助系统和多路联机订票系统建设的基础上，同时开发建设与互联网联网的预订功能。

（四）大力培养乡村旅游电子商务人才

乡村旅游信息化的建设需要大量旅游信息专业技术人才。旅游信息专业技术人才是一种新型的复合型人才，既需要懂信息技术又要懂旅游、管理。旅游信息化人才培养是旅游信息化建设的关键，现阶段，我国各地，尤其是乡村旅游相对集中的地方，应加强对乡村旅游信息化工作人员的教育培训，采取短训班、讲座、印发学习资料等形式对乡村旅游企业相关人员进行统一的、有计划的信息化知识培训。

我国乡村旅游正处于一个逐渐升温的阶段，尤其是黄金周制度的改革将会带动近郊旅游成为新的旅游热点，这将是发展乡村旅游的一个大好机遇。随着旅游业的不断发展和全球信息化、网络化的迅猛推进，乡村旅游也只有借助这个强有力的技术和网络支持，才能在现代旅游业的发展中发挥更加重要的作用和实现自身更好、更快的发展。

第六章　乡村旅游活动与环境保护

第一节　乡村旅游游览、娱乐活动的组织与设计

乡村是与城市相对应的空间概念。乡村旅游不仅包括乡野风光等自然旅游资源，同时还包括乡村的民俗、文化、饮食、农业景观及农事活动等内容。因此，发展乡村旅游，首先要解决的就是如何让旅游者在乡村这个特定的环境下开展游、购、娱等相关的旅游活动，获得更加丰富、独特的旅游体验。乡村旅游游览内容的设计应首先依托于当地的旅游资源，同时结合现代旅游者的乡村旅游需求，为游客提供定位清晰、体验独特的游览内容。

一、乡村旅游游览、娱乐活动设计原则

（一）强调真实体验

乡村旅游是以乡村环境为地域特征，以乡村民族民俗文化为载体，以满足城市居民回归自然愿望为目的的一种旅游活动形式。当绿色、可持续发展理念等新鲜元素与乡村旅游发生关联之后，这种古老又现代的休闲方式焕发了新的活力。在大规模商业化开发的同时，出现了乡村旅游内容的景点化、城市化、同质化、庸俗化，造成游客停留时间短、满意度和重游率低等问题。究其在游览项目开发设计上的原因，是其与旅游真实性产生了脱离，使乡村失去了"乡村性"，也失去了核心吸引力要素。故而，在乡村旅游游览参与性活动的设计中必须认识到乡村旅游体验真实性的重要意义，把握真实性的内涵，努力呈现真实性的要素。让游客在参与中体验，不仅仅是表面化肤浅的表演，而是真实生活场景的再现。

（二）突出特色主题

乡村旅游游览活动的设计，要体现其地域、资源或文化上的差异性，突出具有典型特色的主题性游览活动。在目前的旅游市场上，旅游者对于旅游地游览活动的独特性是非常关注的，在乡村旅游活动中也同样如此。因此，乡村旅游中游览活动的设计必须要做好定位，强调主题性的活动内容。例如，自 2011 年以来，

山东省日照市以采摘为主题的乡村旅游发展迅速，东港区的草莓、蓝莓、葡萄采摘，五莲县的樱桃采摘，岚山区的绿茶、油桃采摘，莒县的油桃、草莓采摘等，与山海天度假区等地的渔家民俗旅游交相辉映，吸引来大批游客。

（三）整合周边资源

提起乡村旅游，很多人马上联想到的就是农家乐、渔家乐。其实，乡村旅游中的游览活动不能仅仅着眼于农家农户这有限的范围，而是要善于整合周边的旅游资源，依托周边旅游景区的开发，或依托传统的民俗文化，实现规模化的发展效应。目前，山东省乡村旅游发展比较好的如烟台长岛、日照等地都在乡村旅游资源整合方面探索出了一条适合自己的路子。

（四）注重文化传承

文化是乡村旅游得以持续发展的重要内核，传统文化的挖掘与传承是乡村旅游获得长久生命力的实现路径之一。具有地域特色的传统民俗文化使乡村旅游活动具备了更丰富的人文内涵，也能提升目的地游览项目的旅游品质。乡村旅游区应大力挖掘当地的特色文化旅游资源，让富有地域传统的民间习俗、工艺、饮食、歌舞等在旅游中得到保护和传扬。通过多样化的参与活动，让游客欣赏到传统的技艺、精彩的表演，甚至直接参与进来。这不仅能使游客对当地有更深层次的体验，还能延长其在乡村的逗留时间，增加旅游创收。

二、常见的乡村旅游游览、娱乐活动

（一）侧重观光、采摘的田园生态旅游活动

对于旅游者而言，参加乡村旅游活动，一方面是为了体验农家生活，另一方面也是为了观赏田园风光，参与田园农业活动。根据这一需求，乡村旅游业户可以积极推广以观光、采摘为主题的田园生态旅游活动。田园生态旅游活动是利用现代化的农业生产园区，组织以特色农业观赏、田园采摘、现代农业劳作、农副产品加工等为主要形式的旅游活动。这一类型的游览活动所依托的乡村旅游资源一般具有较高的科技含量，同时也具备一定的观赏价值以及较强的参与体验功能。田园生态旅游活动可以结合乡村旅游区的资源特点，开发蔬果采摘游、季节性赏花游、务农体验游等活动内容，以满足旅游者体验田园生活、回归自然的心理需求。

山东省是农业大省，农业资源丰富，名优瓜果蔬菜品种众多。在广大农村地区，农业种植一直是重要的区域经济发展形式，但是随着乡村旅游的深入推进，

农旅结合下的采摘、赏花、务农体验等旅游项目成为广受旅游者欢迎的体验性活动。此类游览活动的组织，需要结合当地特色农作物的种植，在恰当的季节推出具有代表性的采摘、观赏或其他农业体验活动。但是，因为瓜果采摘、赏花等旅游项目通常都带有一定的季节性，所以，乡村旅游区在设计此类游览活动时应通过农作物的错峰种植等方式，尽量减小由于农作物季节性所带来的旅游活动的季节性限制。

（二）侧重农情渔趣的传统乡村旅游形式

传统的乡村旅游形式是以突出农情渔趣的农家乐或渔家乐为代表，主要以赏农（渔）家景、住农（渔）家院、吃农（渔）家饭、干农（渔）家活、享农（渔）家乐、购农（渔）家土特产为主要的活动形式。随着旅游者需求的多样化，对于农（渔）家乐这一传统形式也提出了新的要求，从原有的单纯吃、住开始逐渐延伸到游、购、娱等方面。因此，农（渔）家乐形式的旅游活动要充分挖掘游、购、娱的潜力，使产品更加多样化，更具体验性和参与性。

1. 体现"家"

农（渔）家乐，不同于酒店或度假村，"家"的氛围应该是温馨、亲切、舒适的。它可以没有现代化的设施，可以没有豪华精美的装修，但不能没有家带给人的舒适、温馨和便捷。因此，农（渔）家乐要重视"家"的氛围的营造，这不仅体现在设施环境方面，也体现在农（渔）家人热情好客的待客之道，让城市中疏离淡漠的现代人回归到鸡犬相闻的田园生活之中。在"农家"日常的生活场景中，参与农家生活、体验农家民俗，参与农事耕作。根据山东省旅游局的战略部署，山东省集中打造胶东渔家、沂蒙人家、水浒人家、运河人家、黄河人家、泰山人家、岛上人家、圣地人家、鲁艺人家、湖上船家"十大品牌"。"十大品牌"的落脚点都突出了"人家"二字，因此，以"家"为点，可以辐射到以家为单位来开展的各类体验式活动。

2. 突出"农"或"渔"

农情农趣是农（渔）家生活区别于现代城市生活的最大不同，因此，农（渔）家乐产品一定要突出浓厚的乡土气息，客观地呈现质朴原始的民风民俗。农（渔）家特色是农（渔）家乐得以生存的基础，也是农（渔）家乐得以壮大的根基。普通农民（渔民）的生产、生活以及农村文化，还有各种具有乡土特色的风俗、习惯等，都会引起城市人的极大兴趣，也是农家乐可以包装凸显的特色。农（渔）家乐要避免盲目追求城市化、现代化。

3.开发"乐"

"乐"是农（渔）家乐吸引游客的核心。发展农（渔）家乐必须瞄准城市人的兴奋点，充分挖掘田园乐趣、民俗乐趣以及农村生产、生活乐趣，努力为游客留下深刻印象。"农（渔）"中取乐，是农（渔）家乐的发展方向。农（渔）家乐的核心在于让游客们感受到乡间的乐趣，因此，游览活动安排中必须能发掘出让游客感受到乐趣的相关内容。在"乐"上做文章，不要仅局限于农家这个小圈子，要善于整合周边旅游资源，形成链条式环环相扣的"乐"事组合。例如，以胶东渔家特色为代表的河口渔村位于荣成市成山镇，是山东最早注册乡村旅游品牌的村子之一，经过多年来的发展，"吃住在渔家，娱乐在渔村，览胜在景点，游乐在海上"已成为该村最大的特色和亮点。经过资源的整合与规划，河口渔村依托齐鲁乡村逍遥游品牌，进一步挖掘文化内涵，做活海上文章，让游客真真切切地体验到胶东渔家风情。

（三）注重娱乐性的民俗节事旅游活动

在乡村旅游活动中，旅游者不仅关注游览的内容，还会关注活动的娱乐性体验，因此，乡村旅游业户也借助目的地旅游行政管理部门的力量，依托民俗节事活动，强化游览项目的娱乐性元素，以丰富多彩的文娱活动，丰富游览内容。民俗节事旅游活动是以传统的乡村民俗节日、民俗活动、民俗文化及特殊物产为主题，以举办大型节庆活动为形式而进行的一种乡村旅游形式。乡村民俗节庆活动作为旅游景区或乡村旅游点的补充性内容，要处理好文化性与参与性、趣味性、娱乐性的结合，使节庆活动具有广泛的大众参与空间。旅游节庆活动能够在短时间内吸引眼球，聚集人气，改变丰富的资源"养在深闺人未识"的被动局面，吸引更多游客在特定时期前来观光、度假。一般来说，民俗节事旅游活动包括传统的民俗型节庆活动和创新型节庆活动两种。

1.民俗型节庆活动

仅以山东省为例就能轻而易举数出泰山东岳庙会、千佛山山会、胶东沿海地区的开渔节等重要的、具有较大市场影响力的乡村民俗节庆活动；荣成市的国际渔民节，源于当地渔民传统的谷雨节，是当地渔民祝愿天天鱼虾满仓，祈求神灵保佑，免灾除难的节日；长岛的妈祖文化是中国北方颇具影响力的传统文化，影响面广，民间基础好，是中国北方渔村重要的传统节庆活动之一。

2.创新型节庆活动

创新型节庆活动是指在传统节庆活动相对匮乏的乡村，以乡村自然资源和乡村文化为基础，创造性地开发能够突出当地资源特色的节庆活动。例如结合瓜果采摘、季节性赏花等活动设立的采摘节、赏花节等就属于创新型的节庆活动。

（四）以休闲为主的乡村度假旅游活动

今后旅游业发展的一个明显趋势就是从观光旅游向度假休闲旅游过渡，以休闲度假体验为主的乡村旅游活动也会成为旅游者感兴趣的旅游形式。山东的乡村休闲旅游虽然也形成了一些独具特色的地域品牌，但整体来看在满足游客的休闲性、体验性需求方面仍有一定差距。

要想让游客以度假的形式常住乡村，浅层次开发的乡村休闲度假活动显然是很难留住游客，让游客愿意多日驻足于此的。因此，休闲度假旅游活动的设计必须深入挖掘乡村休闲体验的内涵与层次，形成乡村休闲度假的系列活动内容，才能够实现由短期观光到长期度假的旅游过渡。

乡村旅游目的地在设计休闲度假旅游活动时，应该充分利用得天独厚的自然风光、田园风光和乡村民俗文化等资源优势，深度开发休闲度假产品，可以设计以民俗文化遗产为主体的文化产品系列，以乡村山水、田园地头为基础的自然风光系列，以特色乡土美食、手工艺品制作为内容的乡村商品系列等，构建相互联动、相互配套、优势互补、特色组合的休闲度假产品系列。

（五）以野外探险为特色的户外运动旅游活动

乡村旅游应该重视户外参与性运动项目的开发，借助当地的自然环境优势，通过举办各种参与性的户外探险项目，发展专项旅游活动。常见的户外探险式的活动项目包括野外露营、自行车骑行、溯溪、攀岩、CS野战等。随着城市生存压力和生活压力的增大，城市当中的旅游者，尤其是年轻旅游者，对于这种互动性的户外探险旅游项目尤其偏爱，他们认为这种形式能够让压抑的身心得到很好的释放。例如，近几年比较热门的真人CS野战，作为一种新兴的时尚户外运动，它利用激光电子设备来模仿战斗的过程，参加运动的人员手持感应型冲锋枪，身穿迷彩军服在丛林与"敌人"展开激烈的"战斗"。在玩乐的同时，还能考验团队的协作能力及个人的潜能开发。

虽然目前国内户外运动仍然处于起步阶段，但这种健康积极的生活方式已经被越来越多的人接受，呈现逐年上升的趋势。乡村旅游地有其天然的自然资源优势，可以借鉴在欧洲国家发展比较成熟的"运动＋度假"模式，对乡村旅游地的山地及水域户外产品开发进行总体规划。户外运动旅游活动应依托乡村旅游区的自然资源要素，在山林、水畔或溪流、崖壁等环境中因地制宜地开发设计。当然在设计开发中必须将旅游安全作为一项重要因素考虑进来。

（六）以突出民俗文化体验的古镇村落旅游活动

古镇村落对旅游者具有天然的吸引力，也是开发乡村旅游活动时可以依托的重要旅游资源。古镇村落旅游一般都是依托于乡村旅游区特有的原始村落、传统建筑、民俗传统节庆、民俗传统文化等人文旅游资源，以开发形成具有独特的民族特征与浓郁的地域色彩的乡村旅游项目。

在乡村旅游资源中，古城镇、古村落历经了岁月的沧桑变迁，承载着地域文化的传承与保护。古镇村落的旅游项目设计，应以多方位的民俗文化体验为主要特色，最大限度地保持村落文化生态的原真性。古镇、古村落一般都会有丰富的历史建筑以及其他历史遗迹的留存，这是设计观赏型游览内容的重要基础。古镇村落务必要保持村落古朴的原始样貌，切忌盲目开发，盲目追求城市化、现代化，进而损害了原始村落的原真性。

第二节　乡村旅游购物活动的组织与管理

一次完整的旅游活动应该包含吃、住、行、游、购、娱六大要素，旅游者在旅游过程中必然会产生购买当地特色旅游商品的需求，这在乡村旅游中也不例外。乡村旅游目的地一般都会有当地特色的手工艺品和土特产品，这些都为旅游购物活动的开展提供了得天独厚的条件。因此，在乡村旅游购物活动的组织中，我们也要着力于将当地富有特色的物产打造成游客喜爱的旅游商品，为游客提供更加丰富的旅游购物选择。

在乡村旅游中，可以被开发为旅游购物品的资源是很多的，比如乡村物产、传统工艺、民风民俗、历史传说等，都可以视为旅游商品开发的素材。在乡村旅游开发过程中，不仅要善于挖掘现有的资源优势，还要注意实现与旅游市场的对接，能够引导或迎合旅游者的购物需求，从而实现良好的经济效益。

一、乡村旅游购物品的提供

（一）乡村旅游购物品开发的原则

1. 乡村旅游购物品的开发要与当地的文化主题相契合

乡村旅游目的地的旅游吸引物的要素可能有很多，但旅游者未必都能留下深刻的印象。因此，在乡村旅游购物品开发中，应重点开发与当地民俗文化相呼应的旅游商品，注意传承优秀的文化与传统工艺，以实现更好的推广效果。

2. 突出地域特色，增加文化附加值

地域特色是乡村旅游购物品区别于普通商品的重要特质，也是形成旅游吸引力的重要元素。因此在乡村旅游购物品的开发过程中，必须要依靠当地的资源优势，突出地域特色，同时强化商品的文化内涵，增加文化附加值。

要实现这一原则，首先要在商品的选材、生产工艺方面体现地域性和独特性，尽可能地表现出乡村特色及其环境、文化传统、风俗习惯、生活场景等相关特征。乡村旅游商品在制作工艺、生产流程等方面要原汁原味地呈现当地的乡土文化，体现原生态的特质。

此外，在乡村旅游购物品的包装上，也要凸显特色。可以尝试采用当地特有的原材料作为包装原料，注意兼顾审美特性和保存价值，以美观、便携、多样化的包装吸引游客的关注。良好的商品包装是促进商品销售的最佳广告，也是无声的推销员，它能引起旅游者的注意，唤起旅游者的共鸣，激发旅游者的购买欲望。乡村旅游购物品在包装材料的选择上要充分考虑到它的文化属性，因为不同的材料能体现不同的地域特色，传统的自然材料，如纸、竹、木、藤、皮革等天然材料，应成为乡村旅游购物品包装材料的主体，力争使旅游者看到包装材质就能联想到目的地的地域文化。

3. 扩大生产规模，实现多层次创新型开发

乡村旅游购物品要体现乡土气息，展示其独特性，除了要对历史的传承之外，还必须要在开发设计上下功夫。某些旅游购物品在经过长时间的演进过程中，其地方特色可能会逐渐弱化，这就必须要通过创新型的开发，使其能够重新焕发生机。我们可以通过商品功能、工艺、造型、款式等方面的创新，结合规模化的市场战略，充分运用新科技、新材料、新理念，丰富乡村旅游商品的档次和类型，以满足不同市场旅游者的需求。

4. 重视商标保护，走品牌化发展路线

在乡村旅游购物品开发中，应尤其重视品牌的创建，重视旅游购物品自身的品质打造，增强其在旅游者心目中的知名度与美誉度。对于旅游者而言，在众多质量相当的旅游购物品中，当地的品牌产品往往更能获得认可。因此，对于乡村旅游目的地而言，针对当地的优秀旅游商品，不管是土特产品还是手工艺品，都应通过依法使用注册商标、申请技术专利等，来强化其品牌优势。同时配合相应

的营销宣传手段，提升品牌在客源市场上的影响力，使其更具竞争力。

（二）常见的乡村旅游购物品类型

1. 土特产品

土特产品是指具有浓郁地方特色，以地方原料或地方工艺加工生产而成的产品。每个地域都因其自然环境的不同而出产不同的土特产品，尤其是乡村地区，土特产品种类丰富，是旅游商品的重要形式。

2. 手工艺品

在乡村旅游购物活动中，手工艺品是旅游者喜爱的旅游纪念品的典型代表。手工艺品一般都具有鲜明的地域或民族特点，体现了乡村所特有的地域文化，在兼具审美、实用价值的同时，还能具有较强的纪念意义。具有地方特色的手工艺品在乡村一般都有着悠久的历史和传统的工艺，在成为购物品的同时，也是当地民俗文化的重要呈现形式。因此，乡村旅游购物品在开发过程中可以适当融入民俗文化的体验内容。

3. 其他旅游用品

（1）乡村旅游户外装备用品。户外装备用品是开展登山、露营、溯溪等乡村旅游中的户外活动所必需的装备用品，如登山器材、滑雪器材、帐篷、睡袋、冲锋衣、电筒、自行车、烧烤炉等。在开发或配备此类商品的时候，要注意将乡村旅游资源的特色与客源市场需求相结合，不要盲目引进。此外，可以注意赋予商品一些地方特色元素，体现出目的地的一些相关信息，以达到宣传推广的目的。

（2）旅游快消品。旅游快消品是指在旅游过程中能够被快速消耗掉的各种商品，主要包括食品、饮料、特色小吃及日常必需品等。在乡村旅游商品开发中，常见的日常必需品、饮料及食物按照需求正常配备即可，而特色小吃等是开发的重点，尤其是即时性制作的小吃、饮料等，在不方便携带、存放的情况下，可以作为旅游快消品，让游客在现场进行品尝、食用。一般情况下，旅游者在旅游过程中对此类商品的需求弹性是比较大的，因此可以将地方性的特色饮食引进来，增加旅游快消品的市场吸引力，同时也是对地方特色的一种展示。

4. 民俗用品

在广大的乡村地区，特别是少数民族聚集的乡村地区，人们在日常生活或民俗活动中通常会使用一些特殊的民俗用品，这些特殊的民俗用品很多都具有审美价值和文化意味，也可以作为乡村旅游购物品开发中的一个门类。

二、乡村旅游商店的经营

为了满足旅游者在乡村旅游过程中的购物需求，乡村旅游经营者也需要配备乡村旅游商店。乡村旅游商店以乡村旅游购物品为主要销售内容，以乡村旅游者为主要销售对象，一般而言，规模不应过大，因为乡村地区的经济发展水平相对较低，缺少足够的经济基础做支撑，同时当地居民的日常购买力也相对有限。乡村旅游商店可以选址在景区人口或离景区较近的地方，也可以在居民自有住房中辟出一定的区域进行商品的经营。在条件许可的情况下，也可以建设乡村旅游购物或旅游土特产一条街，这样既能方便乡村旅游者的购物活动，也可以方便管理。

（一）乡村旅游商店的经营原则

1. 保证质量，诚信经营

产品质量是乡村旅游商店生存的根本，商家在进行经营时，要本着对旅游者负责的原则提供保证品质的旅游商品。旅游者在旅游购物时最担心的问题就是挨宰或被骗，为了给游客提供有序健康的购物环境，乡村旅游商店的经营者要诚信经营，不欺诈游客，合理定价。要摒弃只做"一锤子买卖"的短视做法，吸引旅游回头客，着眼旅游商店的长远经营。

2. 突出特色

山东省历史悠久，物产丰富，很多乡村都有当地特有的代表性旅游商品，以能够体现当地地域文化的手工技艺和特色物产为主。乡村旅游商店在经营中要凸显当地的特色，将当地的优质土特产品、特色手工艺品作为销售的重点。同时在物品的包装盒陈列上要讲究艺术，力求包装精美且便于携带，也可以把同类商品集中陈列，方便游客比较和鉴别。

3. 提高乡村旅游商店经营者的素质

乡村旅游商店的经营者要努力提高自身素质，做文明有礼的导购员。经营者应深入了解关于商品的特征、性能等方面的知识，能熟练进行商品知识的讲解和导购，可以在购买过程中为旅游者提供中肯、实在的建议，积极引导旅游者的购买行为。

4. 合理布局，美化购物环境

乡村旅游商店的经营者要合理布局商品的陈列，利用科学的展示达到更好的销售效果。与此同时要优化购物环境，做到整洁有序，增加有当地特色的一些装饰用品，体现地域的乡土气息。

5. 创新灵活的销售方式

乡村旅游商品的经营者要采用多种形式让乡村旅游者在购买前了解商品的特征、制造工艺、性能功用等信息，可以通过张贴与商品相关的图文展示材料、现场的加工技艺展示或专门配备讲解人员进行介绍等形式，提升旅游者的购买兴趣，促进购买行为的发生。在条件许可的情况下，乡村旅游商店的经营者可以采取前店后厂的形式，既能让旅游者亲自参观工艺品的加工制作过程，还能对当地的乡土文化有更进一步的了解，同时还可以刺激消费者的购买欲望。

（二）乡村旅游商店的商品配备

乡村旅游商店的货品配备要结合光顾当地的游客需要而定，与当地所开展的旅游活动也有很大的联系，也要考虑到当地的特产等。例如，如果当地开展一些水上娱乐项目，那么游泳圈、泳衣等就可以作为商店需要配备的商品。一般情况下，乡村旅游商店可以考虑配备具有以下特点的旅游商品。

1. 便于馈赠和携带

旅游者在外出旅游过程中除了会购买旅游商品自用或留作纪念之外，还会有馈赠他人的需要，这在讲求礼尚往来的中国是非常普遍的。人们通常会在旅游结束后给身边的亲朋好友带来一些从当地购买的旅游纪念品，作为对彼此情谊的重视。因此乡村旅游购物品要适合馈赠，同时包装上要便于旅游者返程携带，尽量做到轻便简洁。

2. 实用性

虽然乡村旅游者来自不同的地区，也可能会有不同的爱好，但对旅游购物品实用性的要求是普遍的。旅游者在选购旅游购物品的时候，会注重商品的质量、功能和实用价值，如是否可以自用、收藏或馈赠亲友等，然后再考虑购买。乡村旅游地的土特产品和特色工艺品也会是旅游者喜欢的购买对象，这些商品通常对旅游者有较大的吸引力。

3. 纪念性

旅游者一般会倾向于购买具有典型地域特征和象征意味的旅游商品，以作为曾到某地旅游过的纪念或凭证。

4. 新奇性

求新猎奇是旅游者常见的心理之一，在乡村旅游中，旅游者也会对新奇独特的旅游商品产生浓厚的兴趣和购买欲望。因此乡村旅游地的土特产品和特色工艺品也会是旅游者喜欢的购买对象，这些商品通常带有明显的地域特征，也会是当地风俗文化的一种展示，会对旅游者产生较大的吸引力。

（三）乡村旅游商店的延伸服务

在乡村旅游活动中，游客对服务的需求是多种多样的，乡村旅游商店在向乡村旅游者出售旅游商品和提供售后服务之外，还可以提供一些相关的延伸服务，这既可以丰富自身经营内容，也能方便游客，还可以实现额外的经济利益。常见的延伸服务项目如下：

1.参观服务

乡村旅游商店出售的旅游商品要么是当地特有的手工艺品，要么是土特产品，要么是旅游者日常所需的快消品。这些商品大部分具有一定的文化意味或审美特征，是当地风俗风物的一种展示，对旅游者而言也带有特定的审美意味，也是了解当地的民俗文化的途径之一。因此，对于采用前店后厂形式的旅游商店，可以借助资源优势给乡村旅游者提供参观了解工艺品制作的机会，还能向旅游者进行当地民间制作工艺的展示。

2.寄存服务

旅游者外出旅游，一般都会随身携带行李，为了方便乡村旅游者购物或游览，乡村旅游商店可以结合当地游览项目的实际情况，设置相应的寄存物品的服务台，为乡村旅游者提供保管行李等服务。此项服务可以属于面向购物者的免费内容，也可以象征性地收取部分费用。寄存时要注意提醒旅游者把贵重物品随身携带，这样也可以减少一些不必要的麻烦，降低一定的风险。

3.讲解服务

对于规模较大的综合性乡村旅游购物商店或购物一条街，可以视情况而定配备专门的讲解人员，为游客介绍商品的制作流程、发展历史、工艺特点、实用价值等内容，让游客能够对这些旅游商品有更深入的认识与了解。这种讲解，一方面可以起到宣传促销的作用，同时也可以让旅游者更加全面了解当地的传统文化和风俗习惯，也可以在一定程度上刺激旅游者的购买欲望，有利于旅游商品的销售。

4.学习服务

乡村旅游者一般也会对手工艺品的制作产生浓厚的兴趣，能够提供制作当地手工艺品设施的商店，也可以为旅游者提供学习体验的机会。对于简单且能即学即会的手工艺品，可以现场进行传授制作，制作完成的工艺品可以让旅游者购买带走。而复杂耗时的手工艺品制作，在旅游者居住时间较长的情况下，也可以选择恰当的时间集中进行培训。这既可以成为旅游者体验乡村旅游的一项参与性项目，也可以对当地民俗文化、传统技艺的传承传播发挥积极的作用。

5. 亲情服务

广大的农村地区一般都是民风淳朴、热情好客的，当旅游者来到乡村旅游区的时候，无疑会受到当地居民的热情欢迎。旅游购物商店可以在商品销售的同时增加一些小的亲情式服务项目，方便游客的旅途生活，使游客既能感受到家的温馨，也能体现纯朴的民风。例如，商店可以提供打气筒，供往来骑自行车的游客使用；商店门口接出来一个自来水管，可以让驻足的游客洗把脸、洗洗手；商店的门口也可以摆放几张板凳，让疲劳的游客歇歇脚，稍事休息；甚至在信息化发展的今天，可以提供免费的 WIFI 服务，方便旅游者及时了解网络信息……总之，这些微小的细节服务看似貌不惊人，但却能让旅途中的游客感受到浓浓的亲情意味，获得更好的旅游体验。

6. 咨询服务

乡村旅游者外出旅游，接触的是一个对他们而言相对陌生的环境，在旅游生活中很多方面都需要当地能够提供相关的咨询和解答。如果乡村旅游商店能够力所能及地帮助旅游者提供住宿、餐饮、旅游路线、交通票据的预订或购买方面的咨询的话，也能增加旅游者对于经营单位的好感，形成良好的口碑效应。

第三节　乡村旅游游憩设施的配备

开发乡村旅游的村镇，在组织旅游者开展游览、娱乐、购物活动的同时，还要配备相应的游览休憩设施，以满足游客在参与乡村旅游活动时观赏、休息以及短时娱乐的需要。乡村旅游的游憩设施应充分融入当地居民的生活特点，最大限度地保持原汁原味的农家风情，切勿片面模仿城市的现代、奢华，这将有悖于乡村旅游开发与建设的初衷。

一、乡村游憩设施的配备原则

（一）原料取材天然，风格质朴

为了更好地体现原生态和乡野风格，建筑材料也应取材天然，或选用当地特有的建筑材质，体现地域特征。一般情况下可以选择原木质地、石材质地，甚至是秸秆、稻草或海边地区的海草也都可以营造不同的建筑风格，还能带给游客天然纯粹的原生态体验。

（二）设计体现乡土气息，展现乡村风貌

乡村游憩设施在外观设计方面要展示浓郁的乡土气息和地域风貌，能够对区域范围内整体景观起到点缀的作用。乡村游憩设施不应等同于城市的现代化景观，应以乡村环境为依托，营造出传统农耕社会的乡野之趣、田园之乐，保留单纯、质朴的乡村审美意味。

（三）注重与自然或人文环境的契合度

乡村游憩设施应秉承师法自然、天人合一的传统理念，体现出建筑与自然的高度和谐。游憩设施要兼具实用与美观的双重功效，而所谓的美观并不是奢华铺张，而是可以与当地的自然或人文环境融为一体，能够成为地域乡村风貌的展示载体。因此在建筑设计时，除了要在选材上体现乡土气息，在格局样貌上也可以融入当地民俗文化中的一些特有元素。

二、乡村游憩设施的基本配置

乡村旅游的配套游憩设施，应充分结合乡村的自然条件和环境资源，综合考虑游客的游览活动特点，然后进行合理的配置。一般而言，基本的配置内容包括：观景平台、凉亭、休憩桌椅、景观廊道、消遣性活动设备、露营区、烧烤设施等。

（一）休憩桌椅

休憩桌椅是满足乡村旅游游客休息需要的最基本配置，也是乡村旅游区的重要构成元素。为了能够给游客提供舒适干净、稳固美观的休憩环境，休憩桌椅在外观设计、位置设立、材质选择等方面都要综合考虑。

首先，休憩桌椅在外观上应符合人体的生理需求，从高度、宽度到靠背以及表面处理等方面都要有科学的设计，座椅表面与靠背要适合人体曲线，以为游客提供舒适的乘坐环境为基本原则。

其次，从座椅的配置而言，方位上应采用面对面或垂直排列，以增加交谈或互动的机会。在设立位置的选择上，可以在乡村旅游区的步行道、广场等适当位置安置座椅。在可能的情况下搭配树木或墙壁等元素能为游客营造较为安稳的氛围。另外，座椅最好能选择在树荫下设置，或配备独立的遮阳伞，以满足遮阳或避雨的需求。

最后，桌椅在材质选择上应尽量配合乡村旅游区内的自然环境特性，采用天然材质，如木料、石料、藤制品等，使其能够与周围环境相得益彰，体现美观与实用兼顾的原则。

（二）其他游憩设施

乡村旅游区中还可以根据自身情况，配备一些其他的游憩设施，比如消遣性的活动设备，如秋千、吊床等，以增强设施的娱乐性和实用性，更好地满足旅游者的多样化需求。

（三）观景平台与凉亭

观景平台和凉亭的主要功能都是为游客在游览过程中提供短暂的休憩场所，休憩的同时还能够观赏到特殊的景观。一般情况下，凉亭具有遮阳避雨的功能，也是风景中的一种点缀，因此，凉亭的建造要兼具实用性和观赏型。而观景平台适于选择在视野开阔、景色怡人的特殊地点，可让游人在游览过程中止步于此，赏景小憩。

一般情况下，凉亭的造价相对较高，且对地形条件要求较高，而观景平台则相对简易，但需留意做好安全防护的设施和提醒。在乡村旅游建设中，可综合考虑修建成本和游客休憩需求两方面，观景平台与凉亭相互结合使用。此外在外观设计与主材选择方面，可以木材、石材等天然材质为主，体现质朴、原始的乡土气息。

（四）景观廊道

景观廊道在旅游景观中属于线状或带状的景观要素，廊道既能将不同的游览区域进行有机的连接，还能方便游客开展游览活动。廊道一般可以选址在两处景观的过渡地带，要兼顾赏景观景和游中休憩等功能，也要体现对现有景观的装饰或点缀，同时最好还能配备相应的遮阳顶棚和休息连椅等。

三、乡村旅游指示介绍系统的建设

在乡村旅游的游览设施中，也需要配备相应的指示介绍系统，对游客的游览活动进行指导说明，或者让游客对相关的资源有更进一步的认识与了解，同时还能唤起游客的环保意识，有效地保护当地的自然环境和历史遗址。

（一）乡村旅游指示介绍设施的功能

在乡村旅游中的指示介绍设施，一般具有三种功能：指引方向功能、资源说明功能及警示功能。其中具有指引方向功能的指示牌是乡村旅游区的重要设施之一，游客可以在游览方向的标识引导下开展游览活动，确定行走路线。而具有资源说明功能的介绍设施则是主要针对乡村旅游区的特殊资源、视觉景观以及全区资源分布情况提供介绍和导览，方便游客全面了解各类游览信息。具有警示功能的指示牌则会放置在可能危及游客人身安全的地点，给予游客相关的安全提醒。

（二）乡村旅游指示介绍系统的种类

1.静态的指示或介绍设施

静态的指示或介绍设施是指主要由文字、图片、模型标本等制作而成，实现信息资讯的传达。一般而言，静态的指示或介绍会涉及当地游览中的指示信息、特色物产的介绍、游览项目的介绍、特色工艺品的制作工艺介绍等，通过这些资讯的传递，一方面能够对游客的游览行为进行引导，同时也能加深他们对当地特有资源的认识与了解，激发参与的兴趣或购买的兴趣。

2.动态的指示或解说设施

动态的指示或解说设施是以讲解员的实地讲解或以多媒体、视频录像、语音播放等作为解说介绍的形式，通过声情并茂的讲解或图文并茂的展示，与游客在互动中进行沟通，并将资讯信息传递出去。实地的口语讲解是动态解说的常见形式，有时是由专职的讲解人员负责，有时则是由游览活动中的参与者，如正在制作中的手工艺匠人等进行即兴讲解与介绍。除此之外，还可以利用现代化的技术手段，通过 LED 显示设备进行文字图片或视频的播放，达到指示或介绍的目的。

（三）乡村旅游指示介绍设施的常见形式

1.解说牌

解说牌通常会设置在重要入口处或景观之前，用以进行旅游区概况的介绍、路线导览或该处景观景象的具体介绍。解说牌要易于看见且不破坏景观的整体美感，大小适中，内容简洁易懂，能够吸引游客的注意。解说牌的材质选择比较广泛，金属、石材、木材、陶土、塑胶等都可以。在材料选择时要综合考虑设置的地点、当地的气候、原始生态等因素，使解说牌尽量能够持久耐用，不易被破坏。

2.指示牌

指示牌通常设置在容易造成游客混淆的行进路线中，指示牌除了要指明方向之外，还应标示剩下的路程、行进的大致时间，甚至在高海拔地区还要标示海拔高度等信息。指示牌在设计制作上多以符号或简洁的文字为主，易于让游客辨识。

在选材方面要考虑到露天环境下可以承受风吹雨淋日晒，能够持久耐用，同时还应与周围自然或人文环境相融合。色彩选择上可以以暗色为底，配以鲜艳的符号和字体。

第四节　乡村旅游的环境保护

开展乡村旅游的地区一般都属于自然或人文环境优越的地区，这些地区的生态环境相对脆弱，一旦遭到破坏，恢复会非常困难，尤其是生态环境、土壤和水体的污染，如果要恢复，则需要较长的时间。目前，有些地区在开发乡村旅游过程中，由于环保意识淡漠，或因片面追求经济利益而对环境产生了不同程度的破坏，这不仅会影响到当地居民的日常生活，还会影响到旅游产业的可持续发展。因此在乡村旅游发展过程中，要对环境进行有效的保护，使乡村旅游能够遵循"生态旅游"的模式实现健康良性的发展。

一、乡村旅游经营中常见的环境问题

（一）建筑垃圾污染

建筑垃圾污染主要指在开展乡村旅游的地区进行食宿、娱乐、游览等设施建设施工过程中对环境所造成的污染和破坏。它主要包括工程建设所产生的固体垃圾（如碎砖、碎石块、石灰等）对土壤、水体、空气所造成的污染，以及工地的噪音污染，同时还包括盲目兴建豪华人工建筑物与乡村环境不协调而造成的视觉污染等。

（二）垃圾和固体废弃物污染

乡村旅游区的垃圾处理能力一般比较有限，因此生活垃圾与固体废弃物的处理问题普遍存在。此类污染物的主要来源为餐饮业户的餐饮垃圾、游客丢弃的无机类垃圾（如易拉罐、啤酒瓶、废弃纸张等）及有机类垃圾（如瓜皮果核、食物残渣等）。

（三）旅游开发与经营活动所造成的污染

乡村旅游目的地居民为了从事旅游商业经营，如果不适当地使用当地的动植物资源，捕杀珍禽异兽、乱伐树木、破坏植被等都会对当地的生态环境带来破坏与污染。除此之外，乡村旅游的经营业户随意堆放、倾倒或填埋垃圾的行为也会对生态环境造成污染。当然，游客的不文明旅游行为也会破坏自然生态的和谐，带来相应的污染。

（四）噪声污染

噪声污染主要包括汽车等机动车的噪声、游艇船舶的噪声、音响设备的噪声等，这些源自于城市的声音打破了乡村宁静的生活氛围，在一定程度上违背了乡村旅游的初衷。

二、乡村旅游中常见污染问题的防治

（一）乡村旅游大气污染的防治

乡村旅游中的大气污染主要包括机动车辆的尾气污染、燃料污染等，也包括少量的建筑施工过程中的粉尘污染。目前在我国大气污染形势严峻，因此一定要重视这一方面的防治，使乡村能永葆空气清新。

1. 改进燃烧设备，改变燃烧结构，推广除尘设备。一方面要改进燃烧设备，使燃料能够充分燃烧，减少烟尘等有害物质的产生；另一方面要对燃料进行选择和处理，改变燃料结构，推广使用天然气、沼气等清洁能源，尽量杜绝秸秆焚烧等行为。

2. 乡村旅游区内要合理规划、科学布局，例如厕所、污水处理厂、垃圾转运站等设施应建在主要游览区全年主导风向或旅游季主导风向的下风侧。停车场的选址要与餐馆、野营地、娱乐场等保持相应的空间距离，尽量隔离尾气污染。

3. 控制交通污染，核心旅游景区应尽量控制机动车辆的进入，推广使用环保交通工具，减少由于尾气排放所带来的大气污染。

（二）乡村旅游水污染的防治

乡村旅游水污染的污染源主要是生活污水。生活污水中存在大量的有机污染物，可以破坏水体的观赏功能、饮用功能以及破坏水生生态系统。乡村旅游水污染的防治应该从以下方面着手开展：

（1）重视乡村景区内生活污水和厕所污水的处理，必须要能达到国家排放标准之后才能排放，不得随意向饮用水源或观赏水源排放生活垃圾和污水。同时对旅游者也要重视环保宣传，提醒旅游者不要将垃圾等废弃物投入溪流、湖泊或海洋中。

（2）乡村景区内不得进行工业项目的建设，并应严格控制周边地区的工业建设项目，杜绝工业污染源。同时要防止高消耗、高污染的工业项目向农村转移。

（3）开展水上游乐项目的村落，水上游船应协调好非机动船与动力船的比例，各种水上游乐设施的使用要以不污染水体资源为前提。

（4）大力推广生态农业，引导农户科学使用化肥和农药，发展高效、无污染的绿色肥料和有机肥料，推广高效、低毒和低残留的化学农药，保障食物供给环境的安全。

（三）乡村旅游中的土壤保护

对于乡村旅游区的土壤污染，要贯彻"以防为主，防治结合"的环保方针，首先要从控制污染源着手，同时提升土壤自然的净化能力。在游客中普及土壤保护知识，使游客认识到践踏行为对土壤与植被可能造成的不良影响。其次要加强对农用水源和污水灌溉的管理，避免带有不宜降解的高残留污染物随水进入土壤，引起土壤污染。同时合理使用化肥和农药，发展生物防治措施。增加土壤有机质的含量，增加土壤对有害物的吸附能力与吸附量，减少污染物在土壤中的活性，提高土壤容量和土壤净化能力。

（四）乡村旅游固体废弃物污染的防治

1. 旅游垃圾的处理

乡村旅游垃圾的处理可以结合农村的特点，将垃圾处理和利用可再生能源结合起来。对于农业生产中所产生的垃圾，如畜禽的粪便、农作物秸秆等，可以通过建设大棚、沼气池等，将各类垃圾集中在一起，形成可以循环使用的生态化使用机制。同时，在垃圾处理过程中，对于无污染性的垃圾，可采用就地填埋处理。总体而言，旅游固体废弃物的处理要做到系统化、无害化和责任化。

2. 旅游垃圾的收集

在乡村旅游区内，要配备充足的垃圾收集设施，这些设施中可以包括部分的固定垃圾箱等，也可以在旅游旺季的时候在游客集中的区域，如停车场、餐馆、商店、游客休憩区、热门景点等地方临时增加垃圾桶（箱）等。在有条件的情况下，也可以实行分类收集，引导游客分类丢弃不同种类的垃圾。

在可能的情况下，乡村旅游区也要设立垃圾转运站和垃圾处理场，并要选择设立在远离水源地的地方。旅游旺季时，要保证垃圾每日清运，旅游淡季时可视情况而定。

三、关注乡村旅游的环境保护，推进旅游的可持续发展

乡村旅游的发展是以良好的生态环境为基础的，乡村旅游在推动区域经济发展的同时，也应该在乡村旅游资源的合理、永续利用、保障生态平衡等方面发挥积极的作用。

（一）保护特色的乡村文化环境

社会的城市化进程带来了现代化的生活方式，也对质朴的乡村文化带来了相应的冲击。乡村旅游在发展的过程中，应尽量避免向城市文化效仿、看齐，进而丧失自己独有的乡村特色。当具有浓郁乡村风格的建筑被现代化的建筑所取代，当独特的民俗风情活动被淡化，乡村旅游也会失去它得以生存发展的土壤。所以在乡村旅游生态的保护中，文化原生态的保护也尤其重要。现代社会中很多东西都是可以创造的，唯独历史遗迹、传统民俗是无法复现的，它们一旦遗失或破坏，就很难复原。因此要重视对当地传统文化的传承与保护，不能随意构建乡村民俗风情旅游项目。此外，还要考虑到当地居民的适应能力以及居民与游客之间的相互影响。来自发达地区的旅游者对当地居民的价值观等会产生潜移默化的影响，如果不给予引导和关注，会异化当地的民族文化和生活习俗。所以，要强化对于当地民众的传统文化教育，提高他们对当地特色文化进行自我传承、保护和发展的能力。

（二）维护基础的自然生态环境

乡村旅游的开发要走生态效益型的道路，要充分考虑到当地资源、环境的承载能力，合理地开发利用。开发之前要做好环境影响评价，避免破坏性开发。认真核定当地自然环境的承载能力和社会承载能力，确定适当的游客容量，通过游客容量的控制，避免自然生态系统的破坏。推广使用清洁型能源，减少有害物品的使用和废弃物的排放，尽量避免使用不可回收的一次性用品和塑料容器。鼓励旅游者参与生态环境的监督，宣传普及生态环保知识。

参考文献

[1] 安光义，柳瑞武 . 乡村旅游服务培训教程 [M]. 石家庄：河北科学技术出版社，2016.

[2] 窦婷婷 . 新农村特色乡村旅游知识问答 [M]. 石家庄: 河北科学技术出版社，2017.

[3] 冯斌，梁丽芳，范颖 . 我国景区边缘型乡村旅游开发研究 [M]. 成都：四川大学出版社，2014.

[4] 冯年华 . 乡村旅游文化学 [M]. 北京：经济科学出版社，2011.

[5] 付明星 . 现代都市农业 休闲农业与乡村旅游 [M]. 武汉：湖北科学技术出版社，2012.

[6] 干永福，刘锋 . 乡村旅游概论 [M]. 北京：中国旅游出版社，2017.

[7] 龚勋 . 现代乡村旅游开发及营销策略 [M]. 成都：西南财经大学出版社，2013.

[8] 何景明 . 乡村旅游发展及其影响研究 [M]. 北京：知识产权出版社，2013.

[9] 何丽芳 . 乡村旅游与传统文化 [M]. 北京：地震出版社，2006.

[10] 黄顺红 . 乡村旅游开发与经营管理 [M]. 重庆：重庆大学出版社，2015.

[11] 黄郁成 . 乡村旅游 [M]. 北京：中国大百科全书出版社，2006.

[12] 贾荣 . 乡村旅游经营与管理 [M]. 北京：北京理工大学出版社，2016.

[13] 雷晚蓉 . 乡村旅游资源开发利用研究 [M]. 长沙：湖南大学出版社，2012.

[14] 李海平，张安民 . 乡村旅游服务与管理 [M]. 杭州：浙江大学出版社，2011.

[15] 李开宇，张传时 . 城市化进程中的城郊乡村旅游发展研究 [M]. 北京：北京理工大学出版社，2011.

[16] 林光旭，唐建兵 . 乡村旅游项目创意策划与实践 [M]. 成都：电子科技大学出版社，2011.

[17] 林新河 . 乡村旅游培训手册 [M]. 南宁：广西科学技术出版社，2014.

[18] 刘光.乡村旅游发展研究 [M].青岛：中国海洋大学出版社，2016.

[19] 罗言云，揭筱纹，王霞，等.乡村旅游目的地环境生态性规划与管理 [M].成都：四川大学出版社，2018.

[20] 骆高远.观光农业与乡村旅游 [M].杭州：浙江大学出版社，2009.

[21] 沈和江.区域乡村旅游发展表现形态研究 [M].徐州：中国矿业大学出版社，2009.

[22] 史云，张锐.乡村旅游经营与管理 [M].石家庄：河北科学技术出版社，2017.

[23] 陶玉霞.乡村旅游建构与发展研究 [M].北京：经济日报出版社，2009.

[24] 涂同明，涂俊一，杜凤珍.乡村旅游电子商务 [M].武汉：湖北科学技术出版社，2011.

[25] 王莹.乡村旅游公共服务市场化供给研究 [M].杭州：浙江工商大学出版社，2016.

[26] 夏林根.乡村旅游概论 [M].上海：东方出版中心，2007.

[27] 熊金银.乡村旅游开发研究与实践案例 [M].成都：四川大学出版社，2013.

[28] 杨敏.乡村旅游 [M].昆明：云南科学技术出版社，2007.

[29] 杨永杰，耿红菊.乡村旅游经营管理 [M].北京：中国农业大学出版社，2011.

[30] 云南农村干部学院.农村环境保护与乡村旅游 [M].昆明：云南人民出版社，2012.

[31] 郑健雄，郭焕成，陈田.休闲农业与乡村旅游发展 [M].徐州：中国矿业大学出版社，2005.

[32] 周丹敏.乡村旅游可持续性发展的多理论视角研究 [M].南昌：江西高校出版社，2014.

[33] 周玲强.乡村旅游产业组织研究 [M].北京：科学出版社，2013.

[34] 周培，周颖.乡村旅游企业服务质量理论与实践 [M].成都：西南交通大学出版社，2016.

[35] 朱姝.中国乡村旅游发展研究 [M].北京：中国经济出版社，2009.

[36] 朱专法.山西乡村旅游发展研究 [M].太原：山西经济出版社，2016.